경기도 제사유적

KB150198

경기그레이트북스 **09**

www.ggcf.kr

경기도 제사유적

경기문화재단

이 책은 경기문화재단 경기문화재연구원이

경기도의 고유성과 역사성을 밝히기 위한 목적으로 발간하였습니다.

경기학연구센터가 기획하였고 관련전문가가 집필하였습니다.

1부

시작하며

본서는 경기도의 제사유적과 그 현황에 대한 것이다. 경기도의 제사유적과 관련된 기록은 주로 중앙정부 주도나 지방관아가 주체가 되어 편찬한 관찬지리서나 『조선왕조실록』에서 찾을 수 있다. 본서에서 살펴보는 지리서는 『신증동국여지승람』과 『여지도서』, 고종 때 편찬된 『경기읍지京畿邑誌』이다.

『신증동국여지승람』은 우리나라 단묘壇廟, 제단과 사당에 대해 체계적으로 종합 정리한 지리서로, 성종 12년(1481)에 50권으로 편찬된 『동국여지승람』을 중종 25년(1530)에 수정 보완한 것이다. 그리고 조선 후기에는 각 군현에서 여러 차례 읍지를 간행하여 단묘를 소개하였다. 이 중 『여지도서』는 『신증동국여지승람』을 개수改修·속성續成한 것으로, 313개의 읍지邑誌, 17개의 영지營誌, 1개의 진지鎭誌를 모은 전국 각 군현의 읍지이다. 각 읍지 호구조의 기준 연도는 기묘장적己卯帳籍(1759)으로, 『여지도서』는 1760년 이후에 수집된 읍지들로 이루어졌고 영조 33년(1757)~영조 65년에 편찬되었다. 경기도도지京畿道道誌인 『경기읍지』는 35개 군현의 읍지를 합철한 것으로, 읍지의 서명에 '동치同治 10년'이 보인다. '동치同治 10년'은 고종 8년(1871)이다. 『조선왕조실록』의 연대기 자료와 『세종실록』지리지地理志, 오례의五禮儀 중 길례吉禮에는 단묘, 제단과 사당 및 각 제사의 내용과 각 제사의 정비 등을 찾을 수 있다.

조선시대에는 종묘와 사직을 비롯한 국가제사가 대·중·소사에 편제되어 있는데, 여기에는 각 지방의 명산대천도 포함되어 있다. 조선시대 대부분의 군현에는 3단 1묘三壇一廟로 말해지는 사직단社稷壇·문묘文廟·성황사城隍祠·여단厲壇이 설치되었다. 3단 1묘, 지방제사는 『신증동국여지승람』사묘祠廟조를 기초로 했을 때 대략 경기도 160개, 강원도 111개, 충청도 228개, 전라도 233개, 경상도 284개, 제주도 9개이다.

본서는 이와 같은 조선시대의 국가제사와 지방제사 중 경기도의 제사유적을 살펴볼 것이다.『신증동국여지승람』을 보면 경기도는 이천도호부 · 수원도 호부 · 부평도호부 · 남양도호부 · 인천도부 · 장단도호부 · 강화도호부와 광주 목 · 여주목 · 양주목 · 파주목, 양근군 · 안산군 · 안성군 · 고양군 · 풍덕군 · 마 전군, 지평현 · 음죽현 · 죽산현 · 과천현 · 진위현 · 양천현 · 용인현 · 김포현 · 금천현 · 양성현 · 통진현 · 영평현 · 포천현 · 적성현 · 교하현 · 가평현 · 연천 현 · 교동현으로 이루어져 있다.『여지도서』에는 경기도의 군현이 제1책~제5책 에 수록되어 있으며, 1871년 편찬『경기읍지』에는 그 정확한 이유는 알 수 없지 만, 수원 · 강화 · 광주 유수부留守府의 읍지는 빠져 있다. 본서는 개성부도 포함 하였다.『신증동국여지승람』의 개성부,『여지도서』의 송도松都, 1857년에 편찬 된『중경지中京誌』의 내용이다.

　　『신증동국여지승람』 사묘조에 보이는 경기도의 제사유적은 대체로 160개 로, 3단 1묘와 기타 제사이다. 본서는 이것을 비롯하여『여지도서』, 1871년에 편 찬된『경기읍지』,『조선왕조실록』 등에 나오는 경기도의 국제사와 지방제사의 내용을 살펴보고 그것을 분석함으로써 경기도 제사유적의 현재를 생각해 보려 고 한다.

　　이를 위해 우선 경기도의 국가제사와 지방제사가 정비되어 가는 과정을 살 펴볼 것이다. 다음으로『신증동국여지승람』을 비롯한『여지도서』와 1871년에 편찬된『경기읍지』에 보이는 경기도 지역의 3단 1묘를 포함한 기타 제사에 대한 내용을 검토할 것이다. 이를 통해 경기도 각 군현에서 행해진 제사의 시기별 변 화를 알 수 있을 것이다. 다음으로 경기도 제사 유적 현황을 사직단 · 문묘 · 성 황사 · 여단 · 기우제단, 기타 순順으로 알아보고 경기도 제사유적에 대한 정리 와 평가를 할 것이다.

2부

경기도의 국가제사와
지방제사

01
국가제사[1]

전근대 유교문화권의 여러 국가에서 제사는 중요한 국가행사의 하나였다. "국가의 대사大事가 제사와 군사에 있다"[2]고 하였던 것이나, "무릇 치인治人의 도道는 예禮보다 급한 것이 없고, 예에는 오례五禮가 있으되 제사보다 중한 것이 없다"[3]고 한 것은 이를 알려준다. 뿐만 아니라 『상서尙書』「홍범洪範」에는 사祀, 곧 제사를 식食·화貨와 더불어 팔정八政의 하나로 여기고 있는데,[4] 이것은 제사가 정치의 요건으로 제시되기도 하였음을 말해 준다.

　이와 같은 국가제사는 『주례周禮』 춘관春官 사사肆師에서 대사大祀·차사次祀·소사小祀로, 천관天官 주정酒正에는 대·중·소제大·中·小祭로 구분하여 편제되어 있다. 중국 역사에서 국가제사를 대·중·소사로 분류하기 시작한 것은

---

1) 이하의 내용은 채미하, 2016, 「문헌에 나타난 삼각산의 산신과 기우제」, 『북한산성 연구논문집』, 경기학연구센터 : 2018, 『한국고대국가제의와 정치』, 혜안 참고

2) 國之大事 在祀與戎(『左傳』成公 13年)

3) 凡治人之道 莫急於禮 禮有五經 莫重於祭(『禮記』祭統)

4) 八政 一曰食 二曰貨 三曰祀(하략)(『尙書』周書 洪範)

수대隋代 이후 부터이다. 당唐에서 대사는 유교의 최고신 및 왕조의 조상제사가 가장 중요한 것이다. 중사는 일월日月 · 성신星辰 등 대륙 내부의 민간신앙을 기초로 한 것과 악 · 진 · 해 · 독 등 자연지세를 대상으로 한 지역신 제사, 유교관계의 석전釋奠, 태자묘太子廟 등의 제사를 행하였다. 소사에는 중사의 계통을 이은 산림 · 천택 등을 신으로 제사한 외에도 풍사 · 우사 · 영성 등 특정 기능을 지닌 신들을 제사하고 있다.

신라의 대 · 중 · 소사체계는 수 · 당으로부터 영향을 받았지만, 신라의 대사인 삼산은 경주를 중심으로 한 경기에 위치하고 있다. 중사의 대상은 오악 · 사진 · 사해 · 사독과 속리악 이하 6곳이 있다. 이 중 오악 · 사진 · 사해 · 사독은 신라의 동 · 서 · 남 · 북 사방을 원칙으로 하고, 때로는 거기에 중中이 끼기도 한다. 여기의 동 · 서 · 남 · 북은 삼국시대의 신라가 아니라 통일 신라의 그것이다. 소사의 대상은 상악霜岳 이하 서술西述까지 24곳의 산천으로, 소사의 제산諸山은 신라 영토 안의 각지에 흩어져 있다. 고려와 조선의 국가제사 역시 대 · 중 · 소사 체계로 되어 있는데, 그 내용은 조상제사인 종묘를 비롯하여 사직, 악 · 진 · 해 · 독, 풍사 · 우사 · 영성 등이 있다. 이를 「표 1」로 제시하면 다음과 같다.

:: [표 1] 전근대 동아시아의 대 · 중 · 소사 내용[5]

	大祀	中 (次) 祀	小祀
『주례』	天地, 宗廟	日月星辰, 社稷, 五祀, 五岳	司命, 司中, 風師, 雨師, 山川 百物
수	昊天上帝, 五方上帝, 日月, 皇地祇, 神州社稷, 宗廟	星辰, 五祀, 四望	司中, 司命, 風師, 雨師及諸星, 諸山川

5) 『周禮』 春官 肆師條 鄭司農의 주석에는 大祀는 天地, 次祀는 日月星辰, 小祀는 司命 이하라 하였고, 鄭玄은 大祀에 天地 외에 宗廟, 次祀는 日月星辰 외에 社稷, 五祀, 五岳이, 小祀에는 司命 외에 司中, 風師, 雨師, 山川, 百物을, 『周禮』 天官 酒正조에서 정사농은 大祭에 天地, 中祭에 宗廟, 小祭에 五祀를 넣고 있다. 여기에는 鄭玄說을 따랐다. 隋의 경우는 『隋書』 禮儀志를 참조하였다. 唐의 경우는 大唐開元禮 7년조와 25년조의 祠令을 참조하였다(仁井田陞, 1933, 『唐令拾遺』, 東京大學校出版會) 高麗 · 朝鮮의 大 · 中 · 小祀 體系(『高麗史』 禮志 吉禮와 『經國大典』 禮典 祭禮 참조)

	大祀	中(次)祀	小祀
당	昊天上帝, 五方上帝, 皇地祇, 神州, 宗廟	日月, 星辰, 社稷, 先代帝王, 嶽, 鎭, 海, 瀆, 帝社, 先蠶, 孔宣父, 齊太公, 諸太子廟	司中, 司命, 風師, 雨師, 靈星, 山林, 川澤,
신라	三山	五岳, 四鎭, 四海, 四瀆, 기타 6곳	霜岳 이하 西述까지
고려[6]	丘, 方澤, 社稷, 太廟, 別廟, 景靈殿, 諸陵	籍田, 先蠶, 文宣王	風師, 雨師, 雷神, 靈星, 馬祖, 先牧, 馬社, 馬步, 司寒, 諸州縣文宣王廟
조선	宗廟, 永寧殿, 社稷	風, 雲, 雷, 雨, 嶽, 海, 瀆, 先農, 先蠶, 雩祀, 文宣王, 歷代始祖	馬祖, 先牧, 馬社, 馬步, 靈星, 老人星, 名山大川, 司寒, 禡祭, 纛祭, 厲祭

위의「표 1」의 내용 중 조선시대 국가제사 내용을 소개하면 다음과 같다.

대사大祀. 사직社稷과 종묘宗廟이다.

중사中祀. 풍운뢰우風雲雷雨 [산천山川과 성황城隍도 붙여 제사한다.]와 악·해·독嶽海瀆 [지리산智異山은 전라도 남원南原의 남쪽에 있고, 삼각산三角山은 한성부漢城府의 중앙에 있고, 송악산松嶽山은 개성부開城府의 서쪽에 있고, 비백산鼻白山은 영길도永吉道 정평定平의 북쪽에 있고, 동해東海는 강원도江原道 양주襄州의 동쪽에 있고, 남해南海는 전라도 나주羅州의 남쪽에 있고, 서해西海는 풍해도豐海道 풍천豐川의 서쪽에 있다. 웅진熊津은 충청도의 연기燕岐에 있고, 가야진伽倻津은 경상도의 양산梁山에 있으니, 이상은 남쪽이요, 한강漢江은 한성부 안에 있고, 덕진德津은 경기京畿 임진臨津에 있고, 평양강平壤江)은 평안도 평양부平壤府에 있고, 압록강鴨綠江은 평안도 의주義州에 있으니, 이상

6) 고려는 국가제사는 대중소사 외에 잡사도 있다. 잡사의 내용은 厭兵祭, 紺岳神祠, 西京木覓祠, 醮祭, 南海神, 川上祭, 老人星, 城隍神祠, 天祥祭, 五溫神, 名山大川, 箕子, 東明聖帝祠, 禖祭, 無等山神, 錦城山神, 纛祭이다.

은 서쪽이다. 두만강豆滿江은 함길도咸吉道 경원慶源에 있다.] 선농先農 · 선잠先
蠶 · 우사雩祀 [구망句芒은 목정木正이요, 축융祝融은 화정火正이요, 후토后土는
토정土正이요, 욕수蓐收는 금정金正이요, 현명玄冥은 수정水正이요, 후직后稷이
다.] 와 문선왕文宣王 · 조선단군朝鮮檀君 · 후조선 시조後朝鮮始祖 기자箕子 · 고
려 시조高麗始祖이다.

소사小祀. 영성靈星 · 명산대천名山大川 [치악산雉嶽山은 강원도 원주原州의 동
쪽에 있고, 계룡산鷄龍山은 충청도 공주公州에 있고, 죽령산竹嶺山은 충청도 단
양丹陽에 있고, 우불산于弗山은 경상도 울산蔚山에 있고, 주흘산主屹山은 경상도
문경聞慶에 있고, 전주 성황全州城隍은 전라도에 있고, 금성산錦城山은 전라도
나주羅州에 있으니, 이상은 남쪽이요, 목멱산木覓山은 한성부 안에 있고, 오관
산五冠山은 송림松林에 있고, 우이산牛耳山은 풍해도豐海道 해주海州에 있으니,
이상은 서쪽이요, 감악산紺嶽山은 경기京畿 적성積城에 있고, 의관령義館嶺은 강
원도 회양淮陽에 있고, 영흥 성황은 영길도永吉道에 있으니, 이상은 북쪽이요,
장진명소場津溟所는 충청도 충주忠州에 있고, 양진楊津은 경기 양주楊州에 있으
니, 이상은 남쪽이요, 장산곶長山串은 풍해도 장연長淵에 있고, 아사진송곶阿斯
津松串은 풍해도 안악安岳에 있고, 청천강淸川江은 평안도 안주安州에 있고, 구
진익수九津溺水는 평안도 평양부에 있으니, 이상은 서쪽이요, 덕진명소德津溟
所는 강원도 회양淮陽에 있고, 비류수沸流水는 영길도永吉道 영흥부永興府에 있
으니, 이상은 북쪽이다.]과 사한司寒 · 마조馬祖 · 선목先牧 · 마사馬社 · 마보馬
步 · 칠사七祀 · 영제禜祭 [禜의 음音은 영永이다.]이다.
무릇 제사祭祀의 예禮는 천신天神에게 '사祀'라 하고, 지기地祇에게는 '제祭'라 하

고, 인귀人鬼에게는 '향享'이라 하고, 문선왕文宣王에게는 '석전釋奠'이라 한다.

(『세종실록』 권128, 오례(五禮) 길례(吉禮) 서례(序例) 변사(辨祀))[7]

그리고 「표 1」을 보면 전근대 동아시아 국가제사는 대·중·소사에 편제되었고, 이 중 산천제사가 국가제사에 편입되어 상례화된 것은 한漢 신작神爵 원년(서기전 61)으로, 태산과 황하의 제사는 매년 5차례, 강수江水는 매년 4차례, 그 밖의 것은 3차례 제사를 드리는 것으로 규정되었다.[8] 수대에는 사망四望이 중사에[9] 제산천諸山川이 소사에, 당대에는 오악五嶽·사진四鎭·사해四海·사독四瀆에 대한 제사가 중사에 산림천택山林川澤이 소사에 편제되었다.[10] 신라는 대·중·소사가 모두 산천으로 편제되었고[11] 고려는 산천제사가 잡사雜祀에 편제되었으며[12] 조선은 악·해·독과 산천이 중사에, 명산대천이 소사에 편제하였다.[13] 다음은 조선시대 국가제사에서 명산대천이 정비되는 과정과 관련된 내용이다.

---

7) ○ 大祀 社稷宗廟 ○ 中祀 風雲雷雨[山川城隍附]嶽海瀆[智異山 全羅道南原南 三角山 漢城府中 松嶽山 開城府西 鼻白山 永吉道定平北 東海 江原道襄州東 南海 全羅道羅州南 西海 豊海道豊川西 熊津 忠淸道燕歧 伽倻津 慶尙道梁山 已上南 漢江 漢城府中 德津 京畿臨津 平壤江 平安道平壤郡 鴨綠江 平安道義州 已上西 豆滿江 咸吉道慶源先農先蠶雩祀[句芒木正 祝融火正 后土土正 蓐收金正 玄冥水正 后稷]文宣王朝鮮檀君後朝鮮始祖箕子高麗始祖 ○ 凡祭祀之禮 天神曰祀 地祇曰祭 人鬼曰享 文宣王曰釋奠 ○ 小祀 靈星名山大川[雉岳山 江原道原州東 鷄龍山 忠淸道公州 竹嶺山 忠淸道丹陽 亐弗山 慶尙道蔚山 主屹山 慶尙道聞慶 全州城隍 全羅道錦城山全羅道羅州 已上南 木覓 漢城府中 五冠山 松林 牛耳山 豊海道海州 已上西 紺嶽山 京畿積城 義館嶺 江原道淮陽 永興城隍 永吉道 已上北 場津寬所 忠淸道忠州 楊津 京畿楊州 已上南 長山串 豊海道長淵 阿斯津松串 豊海道安岳 淸川江 平安道安州 九津弱水 平安道平壤郡 已上西 德津溟所 江原道淮陽 沸流水 永吉道永興府 已上北] 司寒馬祖先牧馬社馬步七祀禜[音永]祭 ○ 凡祭祀之禮 天神曰祀 地祇曰祭 人鬼曰享 文宣王曰釋奠

8) 『漢書』 郊祀志(下), 김상범, 2005, 『당대 국가권력과 민간신앙』, 신서원, 44쪽도 참고.

9) 『隋書』 禮儀志.

10) 당 개원령 7년조와 25년조.

11) 『삼국사기』 권32, 잡지 1, 제사.

12) 『고려사』 권63, 지 17, 예 5 길례 소사 잡사

13) 『國朝五禮序例』 권1, 吉禮 辨祀.

예조에서 산천의 사전祀典제도를 올렸다. "삼가 당 『예악지』를 보니, 악嶽·진鎭·해海·독瀆은 중사로 하였고, 산림천택은 소사로 하였고,『문헌통고』의 송宋 제도에서도 악·진·해·독은 중사로 하였습니다. 본조에는 전조前朝의 제도를 이어받아 산천의 제사는 등제等第를 나누지 않았는데, 경내의 명산대천과 여러 산천을 빌건대 古制에 의하여 등제를 나누소서." 임금이 그대로 따라서 악·해·독은 중사로 삼고, 여러 산천은 소사로 삼았다. 경성 삼각산의 신·한강의 신, 경기의 송악산·덕진, 충청도의 웅진, 경기도의 가야진, 전라도의 지리산·남해, 강원도의 동해, 풍해도의 서해, 영길도의 비백산, 평안도의 압록강·평양강은 모두 중사이고, 경성의 목멱, 경기의 오관산·감악산·양진, 충청도의 계룡산·죽령산·양진명소, 경상도의 울불산·주흘산, 전라도의 전주성황·금성산, 강원도의 치악산·의관령·덕진명소, 풍해도의 우이산·장산곶이長山串·아사진·송곶이松串, 영길도의 영흥성황·함흥성황·비류수, 평안의 청천강·구진닉수는 모두 소사이니, 전에는 소재관所在官에서 행하던 것이다. 경기의 용호산·화악, 경상도의 진주성황, 영길도의 현덕진·백두산, 이것들은 모두 옛날 그대로 소재관에서 스스로 행하게 하고, 영안성·정주목감·구룡산·인달암은 모두 혁거革去하였다. 또 아뢰었다. "개성의 대정·우봉의 박연은 이미 명산대천이 아니니, 빌건대, 화악산·용호산의 예에 의하여 소재관에서 제사를 행하게 하소서." 임금이 그대로 따랐다.

(『태종실록』권28, 태종 14년 8월 21일(신유))

위의 내용을 보면 태종 14년(1414) 8월 예조에 산천의 등제를 정하였는데, 악·해·독을 중사로 하였고 여러 산천을 소사로 정하였다. 이 중 경기도의 산천으로 송악산과 덕진은 중사에, 오관산·감악산·양진은 소사였다. 이와 같은 경기도의 산천이 국가제사에 편제되는 것과 관련해서는 다음이 주목된다.

1) 임금이 예조禮曹에 명하기를, "송악松岳·덕적德積·감악紺岳 등 명산名山의 신神에게도 축문祝文을 쓰고, 신하를 보내어 분향焚香하게 하는 것이 예禮이다. 전조前朝 이래로 '내행 기은內行祈恩'이라 일컬어 사절四節을 당할 때마다 양전兩殿께서 내신內臣·사약司鑰과 무녀巫女로 하여금 몰래 이름도 없는 제사를 행하여 왔는데, 오늘날에 이르기까지도 그만두지 아니하니 예법禮法에 맞지 아니한다. 너희들은 전조前朝의 사전祀典에 실린 것을 상고하여 시종始終과 본말本末을 모두 써서 아뢰라. 내 마땅히 예禮로써 행하겠다."하였다.

(『태종실록』권21, 태종 11년 5월 23일(계미))

2) 예조에 명하여 덕적·감악과 개성 대정의 제례를 개정하다. 예조에 명하여 덕적德積·감악紺岳과 개성開城 대정大井의 제례祭禮를 정하였다. 이보다 앞서 국가에서 전조前朝의 잘못을 이어받아 덕적德積·백악白岳·송악松岳·목멱木覓·감악紺岳·개성開城 대정大井·삼성三聖·주작朱雀 등지에 춘추春秋로 기은祈恩 하였는데, 매양 환시宦寺·무녀巫女·사약司鑰으로 하여금 제사하고, 또 여악女樂을 베풀게 하였었다. 이때에 이르러 임금이, "신神은 예禮가 아닌 것을 흠향하지 않는다." 하고, 널리 고전古典을 상고하여 모두 파하고, 내시 별감內侍別監으로 하여금 향을 받들어 제사지내게 하였다.

(『태종실록』권22, 태종 11년 7월 15일(갑술))

3) 송악松嶽·감악紺嶽의 제사를 금지하지 말라고 명하였다. 임금이 예조禮
曹에 명하였다. "잡인雜人들이 송악松嶽·감악紺嶽에 치제致祭하는 습속習
俗이 이미 오래 되었으니, 갑자기 변경하기가 어려울 것이다. 만약 무지한
서인庶人들이 어쩌다가 시령時令이 고르지 못한 때를 만나 질병疾病이라도
나게 되면 반드시 송악·감악의 제사 때문이라고 구실을 삼을 것이니, 아직
금하지 말고 점차로 풍속이 바뀌어지기를 기다리도록 하라."

(『태종실록』 권35. 태종 18년 1월 24일(을해))

위의 내용 1)을 보면 태종 11년(1411) 5월 23일에 송악·덕적·감악 등 명
산의 신神에게도 축문祝文을 쓰고, 신하를 보내어 분향焚香하게 하였고 2)에서는
태종 11년 7월 15일에 예조에 명하여 덕적·감악과 개성 대정의 제례를 정하였
으며, 3)에서는 태종 18년 1월 24일에 송악·감악의 제사를 금지하지 말라고 명
하였음을 알 수 있다.

이와 같은 과정을 거쳐 태종 14년 8월 21일에 예조에서 올린 산천의 등제에
서 경기도의 송악산·덕진은 중사에, 경기도의 오관산·감악산·양진은 소사에
편제되었고 경기도의 용호산·화악은 옛날 그대로 소재관에서 제사지내게 하였
으며 개성의 대정·우봉의 박연 역시 화악산·용호산의 예에 의하여 소재관에
서 제사를 지내게 하였다. 이것은 『세종실록』 오례 길례에 반영되었다.

조선에서는 태조 2년(1393)에 삼각산을 비롯한 전국의 명산대천과 성황, 해
도의 신에게 봉작을 내렸는데, 이 때 송악의 성황은 진국공鎮國公에, 감악산은 호
국백護國伯에 봉해졌다.[14] 분봉의 사상적 기원은 『서경書經』 순전舜典에 "봉십유이

---

14) 이조에서 境內의 名山·大川, 城隍·海島의 神을 封하기를 청하니. 松岳의 성황은 鎮國公이라 하고, 和寧·安邊·
完山의 성황은 啓國伯이라 하고, 智異山·無等山·錦城山·鷄龍山·紺嶽山·삼각산·白嶽의 여러 산과 晉州의 성
황은 護國伯이라 하고, 그 나머지는 호국의 신이라 하였으니, 대개 大司成 劉敬이 진술한 말에 따라서 예조에 명하
여 상정한 것이었다.(『태조실록』 권3. 태조 2년 1월 21일(정묘))

산封十有二山"에서 알 수 있으며, 『예기』왕제편의 "천자는 천하의 명산대천에 제사지내며天子祭天下名山大川 오악은 삼공에 비견되고五嶽視三公 사독은 제후에 비견된다四瀆視諸侯"라는 데서도 찾을 수 있다. 당 측천무후는 낙수신洛水神을 현성후顯聖侯로, 숭산신嵩山神을 악천중왕嶽天中王으로 봉하고 있다.[15] 이로 보면 산천에 대한 분봉은 당 측천무후로부터였다.[16] 선천先天 2년(713)과 개원開元 13년(725)에는 화악신華岳神을 금천왕金天王으로 태산신泰山神을 천제왕天齊王으로 봉하고, 천보天寶 5년(746)과 10년에는 오악과 사해의 신을 모두 왕王으로 봉하였고 사진·사독은 공公으로 봉하였다.[17]

신라의 대왕 봉작은 산신을 모시는 사당의 설치[18]와 함께 오악이 성립할 때 있었다.[19] 다음도 주목된다.

---

15) (則天)武后垂拱四年 封洛水神爲顯聖侯 享齊於四瀆 封嵩山爲神嶽天中王(하략)(『文獻通考』83. 郊社考16. 祀山川)

16) 김태영, 1973, 「조선초기 사전의 성립에 대하여」, 『역사학보』58, 註39 참고.

17) 先天二年 封華岳神爲金天王 開元十三年 封泰山神爲天齊王 天寶五載 封中岳神爲中天王 南岳神爲司天王 北岳神爲安天王 六載 河瀆封爲靈源公 濟瀆封爲淸源公 江瀆封爲廣源公 淮瀆封爲長源公 會稽山爲永興公 岳山爲成德公 霍山爲應聖公 醫無閭山爲廣寧公 八載閏六月 封太白山爲神應公 其九州鎭山 除入諸岳外 並宜封公 十載正月 以東海爲廣德王 南海爲廣利王 西海爲廣潤王 北海爲廣澤王 分命卿監詣岳瀆及山 取三月十七日 一時備禮 兼冊祭 儀具開元禮(『通典』예6, 연혁6, 길례5, 산천). 『文苑英華』879(『韓昌黎集』31, 南海神廟碑)도 참고.

18) 이기백, 1974, 『신라정치사회사연구』, 일조각, 209쪽. 오악에는 각기 산신이 있었고, 이 산신들을 彫像하여 모시는 사당이 있었다. 산신을 모시는 聖母祠가 언제부터 있었는지 확인할 수 없으나, 적어도 신라의 오악이 성립할 때는 있었다고 보아야 할 것이다(이기백, 1974, 위의 책, 208~209쪽). 신라의 山川神祠로 仙桃山 神母祠(中國 帝室文女 婆蘇), 雲悌山 聖母祠(南解王妃 雲梯夫人), 伽倻山 聖母祠(伽倻國王妃 正見王后), 地理山 聖母祠(高麗 太祖 太祖母), 雉述嶺 神母祠(朴堤上 妻), 東岳神祠(脫解王), 胎靈山 神祠(金庾信)가 있는데, 산신이 인격신일 때 신사를 세웠다고 한다(김영진, 1985, 『한국자연신앙연구』, 민속원. 68~69쪽). 한편 중국에서 공식적으로 祠廟로서 제사지내는 것에 대한 관심을 기울인 것은 北魏 시대 이후로 추정하고 있고, 당대에 국가제사 차원에서 사묘에서 드리는 산천제사가 처음으로 채택되는 것은 무측천정권의 성립과정과 관련이 있다고 한다(김상범, 2005, 앞의 책. 46쪽 및 48쪽). 그리고 『위서』예지의 기록에 의하면 泰常 3년(418)에 수도 부근의 祭地에 5악4진을 제사하는 廟宇가 국가주도로 건립되었고 지방에도 현지 자연신을 제사드리는 324개소의 묘우가 지정되었다. 또한 太延 원년(435)에 이르면 국가의 명의로 恒嶽·華嶽·嵩嶽 등 5악신의 소재지에도 사묘가 세워졌다고 한다(『魏書』108. 禮志1).

19) 문경현, 1992, 「신라의 산악숭배와 산신」, 『신라사상의 재조명』(신라문화제학술발표회논문집12), 35쪽. 한편 서술신모에게 대왕의 봉작을 한 사실도 있다. 第五十四代景明王好使鷹 嘗登此放鷹而失之 禱於神母曰 若得鷹 當封爵 俄而鷹飛來止机上 因封爵大王焉(『삼국유사』권5, 감통 7, 선도성모수희불사) 곧 경명왕은 西述神母의 영험으로 잃었던 매를 찾자, 서술신모에게 대왕의 봉작을 올리고 있다.

1) ① 재위 23년 건초建初 4년 기묘년에 죽었다. 소천구疏川丘 속에 장사지냈다. 후에 신의 명령이 있어 "내 뼈를 조심히 묻으라"고 하였다.… 뼈를 부셔 소상塑像을 만들어 대궐 안에 두었다. ② 신이 또 말하기를 "내 뼈를 동악東岳에 안치하라"고 하였다. 따라서 그 곳에 모셨다[혹은 왕이 죽은 뒤 27대 문무왕 때인 조로調露 2년 경신년 3월 15일 신유일 밤에 태종의 꿈에 몹시 사나운 노인이 나타나 말하기를 '나는 탈해이다. 내 뼈를 소천구에서 파내 소상을 만들어 토함산에 안치하라'고 하였다. 왕을 그 말을 따랐다. 때문에 지금까지至今 국사國祀가 끊이지 않았으니, 동악신이라고 한다].

(『삼국유사』 권1, 기이1, 제4탈해왕)

2) ① 왕이 죽었다. 미소소정구未召疏井丘 안에 수장水葬하였다. ② 소골塑骨을 동악에 두었는데, 지금의[今] 동악대왕이다.

(『삼국유사』 권1, 왕력1, 제4탈해이질금)

위의 내용에서 탈해의 소상이 토함산에 안치되어 동악신이라 불리었다고 한다(1)). 또 그것이 '동악대왕'이라 불리기도 하였다(2)). 사료의 '지금至今', '금今'으로 보아 고려시대에 '대왕'을 칭했을 가능성이 있다. 신라의 남악 지리산과 중악 공산의 산신도 고려시대 대왕으로 호칭되고 있다.[20]

고려의 경우 비록 명산대천이 잡사에 편제되어 있지만, 각 명산대천에 대해 봉호를 내리고 있다. 가호加號는 목종 즉위년(997) 국내 신들에게 훈호勳號를 사

---

20) 고려시대 이규보가 지은 『동국이상국집』 권38, 道場齋醮祭文에 智異山大王前願文ㆍ祭公山大王文ㆍ獻馬公山大王文ㆍ公山大王謝祭文이 실려있다.

여한 이래[21] 성종대 유교의례의 정비를 거친 이후부터 집중적으로 나타나고 있다. 왜냐하면 경내 신들에게 가호한 것은 성종대 유교적 통치이념의 정비와 강화된 왕권을 바탕으로 전국토가 왕의 영지領地에 속한다고 하는 왕토의식의 관념과도 밀접한 관계를 이루는 것으로 보여지기 때문이다.[22] 그리고 고려 후기 예제를 정비하는 과정에서 명산대천에 대한 봉작이 이루어졌고,[23] 조선 초기까지 계속되었다.[24]

산천신에게 봉작을 내리고 산천신의 신상을 만들어 형상화하는 것은 산천신을 인격화하는 것이다. 이와 같은 산천신에게 봉작을 내리고 신상을 받드는 것을 고려시대에도 비판하였다.[25] 특히 고려 후기 산천신에 대한 제사를 통해 고려의 지배권을 주장하고자 했던 명 태조는 기존의 산천신에 대한 봉작을 금지하였다.[26] 하지만 공민왕은 사전祀典에 올려진 국내 명산대천의 덕호를 더하고 정결한 제사를 드릴 것을 명하였다.[27]

---

21) 목종은 즉위년 12월에 "國內神祇 皆加勳號", 7년 11월에 "加方嶽州鎭神祇勳號"하였다. 그리고 목종의 뒤를 이어 왕위에 오른 현종은 즉위년 4월에 "群望神祇 加勳號"하였다.

22) 박호원, 1995, 「고려의 산신신앙」, 『민속학연구』 2, 191쪽.

23) 김철웅, 2000, 「고려시대잡사연구」, 고려대학교박사학위논문, 146~147쪽 : 2007, 『한국 중세의 길례와 잡사』, 경인문화사.

24) 이와 관련해서 채미하, 2007, 「신라의 명산대천의 사전 편제 이유와 특징」, 『민속학연구』 20 및 2008, 「신라의 사해와 사독」, 『역사민속학』 26 참고.

25) 이욱, 1998, 「조선전기의 산천제」, 『종교학연구』 17, 100~101쪽.

26) 황제가 秘書監直長 夏祥鳳을 파견하여 詔書를 내렸는데, 그 조서에 이르기를, … 여러 祀典을 상고하여 보니, 오악·오진·사해·사독을 책봉하는 것은 堯임금이 다스릴 때부터 시작되었는데, 숭상하는 아름다운 칭호를 역대 왕조가 더하여 주었다. (그러나) 짐이 생각에는 그렇게 생각되지 않는 부분이 있다. 대체로 오악·오진·사해·사독은 모두 높은 산이나 넓은 물이므로, 天地가 개벽한 뒤부터 지금에 이르기까지 英靈한 기운들이 모여 신령한 존재가 된 것이다. 필시 모두 上帝로부터 천명을 받아 그 심오함을 헤아릴 수 없는데, 어찌 국가가 封號를 더할 수 있겠는가? … 지금 옛 제도에 의하여 제도를 정하라고 명령하였으니, 무릇 오악·오진·사해·사독은 모두 전대에 봉하였던 명호를 제거하고 단지 산과 물의 본래 칭호로써 그 신을 부르도록 한다. 郡縣의 城隍神의 칭호도 모두 봉호를 고치며, 역대의 충신과 열사도 또한 처음 봉해질 당시의 칭호에 따라 실제 칭호로 삼으며 뒷시대에 붙여진 정도를 뛰어넘는 美稱은 모두 제거한다. … 라고 하였다.(『고려사』, 권42, 세가 42, 공민왕 19년(1379) 7월 16일(임인))

27) (왕이) 교서를 내려 이르기를, 국내 명산대천으로 祀典에 등재되어 있으면 모두 德號를 더해주고 제사를 정결히 지내라. … 라고 하였다.(『고려사』, 권43, 세가 42, 공민왕 20년(1371) 12월 20일(기해))

그럼에도 불구하고 유교적 명분의식과 함께 고려 말에 본격적인 비판이 이루어졌고 조선 태조 1년(1392) 8월에는 조박이 사전의 개혁을 제기하면서 여러 신묘와 성황의 이름에서 봉호를 제거할 것을 주장하였다.[28) 태종 13년(1413)에는 예조에서 산천에 봉작하는 음사를 행함을 비판하고 신상의 설치와 처첩 등의 설치도 비판하였으며 성황·산천·해도의 신은 주신 1위만 남기고 나무로 만든 신패를 쓰고 신상을 모두 철거하여 사전을 바르게 할 것을 건의하자 시행되었다.[29) 세종 6년(1424)에는 신판을 두어서 다만 '모산지신某山之神'이라고 쓰라고 하였으며,[30) 세종 12년과 19년 두 차례에 걸쳐 산천단묘순심별감山川壇廟巡審

---

28) 禮曹典書 趙璞 등이 上書하였다. 신 등이 삼가 歷代의 祀典을 보옵건대, … 봄·가을에 藏經 百高座의 法席과 7所의 친히 행차하는 道場과 여러 道殿, 神祠, 醮祭 등의 일을 고려의 君王이 각기 일신상의 소원으로써 때에 따라 설치한 것을, 후세의 자손들이 舊習에 따라 혁파하지 못하였으니, 지금 天命을 받아 새로 建國함에 어찌 前弊를 그대로 따라 하며 떳떳한 법으로 삼겠습니까? 모두 폐지해 버리기를 청합니다.…(『태조실록』, 권1, 태조 1년(1392) 8월 11일(경신))

29) 祀典을 개정하여 예조에서 아뢰었다. "삼가 『文獻通考』를 살펴보건대, 山川에 爵을 봉해 준 것은 武后 로부터 시작하였고, 송나라 眞宗 때에 이르러 五嶽을 모두 봉하여 帝로 삼았으며, 또 각기 后로 봉했습니다. 陳武가 말하기를, '帝는 단지 하나의 上帝가 있을 뿐인데, 어찌 山을 帝라 이를 수 있겠는가? 또 后殿을 그 뒤에다 세운다하니 알지 못하겠지만, 어느 산이 그 짝으로서 부부가 되겠는가?'하였습니다. 『洪武禮制』에는 악진해독을 제사하는데, 모두 某岳·某海의 神이라 일컬었고, 아직 爵을 봉한 號는 없었습니다. 前朝에 境內의 산천에 대하여 각기 封爵을 가하고, 혹은 妻妾·자녀·甥姪의 像을 설치하여 모두 제사에 참여했으니 진실로 未便하였습니다. 우리 太祖가 즉위하자 本曹에서 건의하기를, '各官의 城隍之神 작호를 革去하소서, 단지 某州의 성황지신이라 부르게 하소서.'하여, 즉시 兪允을 받아 이미 뚜렷한 법령으로 되었으나, 有司에서 지금까지 그대로 따라 이를 행하지 않아 爵號와 像說이 아직도 그전대로이어서 淫祀를 행하니, 엎드려 바라건대, 태조가 이미 내린 교지를 거듭 밝혀 단지 '某州의 城隍之神이라' 부르게 하고, 神主 1位만 남겨 두되 그 처첩 등의 신은 모두 다 버리게 하소서. 산천·海島의 신 역시 主神 1위만을 남겨 두고 모두 木主에 쓰기를, '某海·某山川之神'이라 하고, 그 像設은 모두 다 철거하여 사전을 바루소서." 임금이 그대로 따랐다.(『태종실록』, 권25, 태종 13년(1413) 6월 8일(을묘))

30) 임금이 詳定提調 星山府院君 李稷 등에게 명하기를, "여러 곳의 城隍과 山神을 흔히 太王·太后·太子·太孫·妃라고 칭하는 것은 심히 무리하다. 이것들은 진실로 요망한 귀신이니, 옛날에는 壇을 산 밑에 설치하고 제사하였는데, 이제 紺嶽 등과 같은 산에는 廟를 산 위에 세우고 그 산을 밟으며 귀신에게 제사를 지내고 있으니, 親狎하고 褻慢하여 不敬하다. 옛날 禮에는 오직 국왕만이 封疆안에 있는 산천에 제사하게 되었는데, 지금은 서민이 다 제사할 수 있게 되었으니, 명분이 엄숙하지 아니하다. 나의 생각으로는 壇을 산 밑에 설치하고 神板을 두되, 다만 아무 산신령[某山之神]이라 하여 다만 국가에서만 제사하고, 민간에서 지나친 제사는 금지하여 사람의 마음을 바르게 하려 하니, 경 등은 모두 산천에 爵을 봉하는 것과 廟를 세우는 옛날 법제를 상고하여 아뢰라."하였다. 이에 이직이 大提學 卞季良·이조판서 허조·예조판서 申商 등과 함께 古典을 상고하여 보고서 아뢰기를, "산신에 爵을 봉하는 것은 唐·宋 때에 시작되었고, 본국에서도 산신에 爵을 봉하고 산 위에 廟를 세워서 윗사람이나 아랫사람이 공동으로 제사하는 역사는 이미 오래 되었으며, 또 귀신의 配匹이 있고 없는 것도 臆測하기 어려우나, 신 등은 생각건대, 옛날대로 나가는 것이 무방합니다."하였다. 처음에 허조와 신상은 기어이 없애려고 하였으나, 稷과 季良의 말을 듣고서 드디어 같은 말로 계한 것이었다.(『세종실록』, 권23, 세종 6년 2월 11일(을사))

別監이 전국의 산천을 조사하여 규제에 나서면서,[31] 산천신에 대한 봉작이 폐지되고 신상이 철거되었다.[32]

이와 같이 조선 초에 행해진 명산대천·성황·해도에 행해진 봉작은 오래지 않아 사라졌다. 즉 산천신을 형상화한 산천신의 신상은 조선에 들어 와 봉작의 폐지와 함께 철거되었고 신판을 두었다. 이것은 유교적 국가제사 체계 정비와 밀접한 관련을 가지고 있었다.

한편 국가제사에서 산천은 인간에게 재물을 제공해 주는 신이자 진호하는 신이다.[33] 『국조의례의』에 실려 있는 산천 관련 기양의례는 기우제와 영제禜祭이지만, 그 외에 기청제[34]와 기설제[35]에서도 산천은 기도의 대상이 되었으며, 전염병이 발생했을 때 여제가 있음에도 불구하고 산천 역시 기도의 대상이 되었다.[36] 산천신은 가뭄과 홍수[37] 뿐만 아니라 질병이 발생하였을 때에도 찾아가서 비는

---

31) 『세종실록』 권49, 세종 12년 8월 6일甲戌 ; 『세종실록』 권76, 세종 19년 3월 13일(계묘)

32) 이상과 관련해서, 이욱, 1998, 앞의 논문, 137~139쪽 및 김아네스, 2010, 「조선시대 산신 숭배와 지리산의 신사」, 『역사학연구』 39, 99~101쪽 참고.

33) 특히 兵亂과 관련해서 고려시대 호국의 목적에서 산천신에 대한 제사가 행해지기도 하였다. 이와 관련해서 김철웅, 2001, 「고려시대의 산천제」, 『한국중세사연구』 11, 134~138쪽 참고.

34) 종묘·사직·북교·삼각·백악·목멱·한강 등 여러 곳에서 祈晴하였다.(『명종실록』 권16, 명종 9년(1554) 6월 12일(신사))

35) 정원에 전교하기를 "이처럼 눈이 내리지 않을 적에는 중국에서도 눈 오기를 비는 일이 있었고, 우리나라에서도 눈 오기를 빌었던 때가 있었던 것 같으니, 해조에 일러서 살펴 아뢰게 하라." 하니, 예조가 회계하기를 "大明會典에 의하면, 嘉靖 8년 봄에는 비를 빌고 겨울에는 눈을 빌었는데 축문은 모두 임금이 지었고 임금이 몸소 南郊에 나아가 皇天과 后土에 제사지낸 다음 몸소 산천단에서 산천 神祇에게 제사지내고 다음날은 사직단에서 제사지내었는데, 관복은 엷은 색이고 儀仗을 베풀지 않았으며 길에서 벽제를 하지 않고 모두 設配하지 않았으며 奏樂도 하지 않았던 것으로 되어 있습니다. 우리나라에서 눈을 비는 것은 근래에 시행한 적이 있는데, 年月과 節目은 비록 상고할 만한 기록이 없으나 대개 기우제의 예에 의하여 먼저 삼각산·목멱산·한강에서 행하고, 그 다음 사직·종묘 및 풍운뇌우와 北郊에서 행하였으니 속히 택일하여 거행하소서." 하였다.(『선조실록』 권58, 선조 27년(1594) 12월 9일(임자)) ; 承旨·重臣을 風雲雷雨·山川雪祀·삼각산·목멱산·백악산·한강 등에 나누어 보내어 祈雪祭를 지내게 하였다.(『숙종실록』 권22, 숙종 16년(1690) 12월 15일(신미))

36) 송충이의 災害를 비는 제사를 삼각산·백악산·목멱산·송악산 등 여러 산에서 거행하였다.(『숙종실록』 권16, 숙종 11년(1685) 9월 27일(甲申))

37) 다시 國巫堂과 紺岳山·德積山·木覓山 三聖에 祈禳祭를 행하였다.(『태종실록』 권31, 태종 16년 5월 25일 병진)

신이다.[38] 다음은 경기도 지역의 산천신에게 질병이 낫기를 기도하는 내용이다.

1) 병조 판서 조말생과 이조 판서 허조 등이 임금의 병환이 심하였다는 것을 듣고 걱정하여, 여러 대언과 의논하고 종묘와 산천에 기도하고자 하여, 이조 정랑 김종서金宗瑞를 시켜 영돈녕 유정현·영의정 이직·우의정 유관에게 가서 가부를 물으니, 모두 "기도를 속히 행하는 것이 마땅하다. 이전에도 임금이 병이 있으면 종묘와 산천에만은 기도하였다."고 하고, 지신사 곽존중이 말하기를, "사직은 일국 토신의 으뜸인데, 산천에만 기도하고 사직에는 기도하지 않는 것은 의리상 부족한 일인가 합니다." 하니, 대신들이 모두 옳다 하였다. 이에 금등고사金縢故事를 본받아서 길일吉日을 가려, 대신과 근시近侍가 종묘·사직·소격전昭格殿·삼각산·백악산·목멱산·송악산·개성 덕적도·삼성산·감악산·양주 서낭당에 기도하였는데, 그 제문에는 "영의정부사領議政府事 신 이직 등은 …"이라 하였다. 처음에 대신이 부처를 모신 절에도 기도하려고 하였는데, 임금이 이 소문을 듣고 중지시켰다.

(『세종실록』 권29, 세종 7년 윤7월 24일(신유))

2) 전교하기를, "자전慈殿의 증세는 차도가 있다가 없다가 하여 일정하지 않다. 이런 때를 당하여 조종조에서도 종묘·사직·산천에 기도했었는지 임오년[이 해 12월에도 대비大妃가 미령했었다.] 및 조종조에서 기도한 전례를 조사하여 아뢰라." 하였다. 정원이 이에 종묘·영녕전永寧殿·사직·소격서·삼각산·목멱산·백악·한강과 경기의 오관산·감악산·양진·덕

---

38) 山川之神 則水旱癘疫之災 於是乎禜之 日月星辰之神 則雪霜風雨之不時 於是乎禜之(『춘추좌씨전』 소공 1년 12월); 산천에 대한 제사는 한재나 수재 외에도 지진을 위시한 여타 엄중한 자연재해가 발생할 때도 지내고 있다.(『開元22年』二月壬寅 秦州地震 (…) 命尙書左丞相蕭嵩 往祭山川(『구당서』 현종본기). 이와 관련해서 김상범, 2005, 앞의 책, 47쪽 참고.

진 등처를 써서 아뢰기를, "이곳은 모두가 임오년에 대비께서 미령하셨을 때 성종조의 예에 따라 관원을 보내어 기도한 데입니다." 하니, 전교하였다.

(『중종실록』권46, 중종 17년 12월 17일(기축))

3) 세자의 병 때문에 행상호군行上護軍 김수온金守溫을 소격전에 보내고, 행상호군 이중李重을 송악에 보내고, 행상호군 이연손李延孫을 감악산에 보내고, 판서운관사判書雲觀使 양성지梁誠之를 대정大井에 보내고, 판사재감사判司宰監事 성임成任을 덕진·양진·덕적도에 보내어, 향과 축문을 내려서 기도하게 하였다.

(『세조실록』권8, 세조 3년 8월 2일(계사))

4) 상이 미령하여 시약청侍藥廳을 설치하였는데, 밤에 병세가 위급하자 중신을 사직·종묘·목멱산·삼각산·소격서·한강·양진·감악·오관·송악 등처에 나누어 보내 각각 기도를 드리도록 하였다.

(『선조실록』권14, 선조 13년 11월 4일(경오))

위의 내용을 보면 1) 세종이 병이 나자 대신과 근시近侍가 종묘·사직·소격전昭格殿·삼각산·백악산·목멱산·송악산·개성 덕적도·삼성산·감악산·양주 서낭당에 기도하였다고 하며, 2) 중종의 어머니가 병이 나자 종묘·영녕전永寧殿·사직·소격서·삼각산·목멱산·백악·한강과 경기의 오관산·감악산·양진·덕진 등에서 기도하는 것을 전교하였다. 3)은 세조의 세자가 아프자 송악·감악산·대정·덕진·양진·덕적도에서 기도하였다고 하며 4)에는 선조가 병이 나자 사직 · 종묘 · 목멱산 · 삼각산 · 소격서 · 한강 · 양진 · 감악 · 오관 · 송악 등처에서 기도하였다고 한다.

이와 같이 산천이 국가제사에서 다양한 기양의례의 대상이 될 수 있었던 것은 사직과 종묘가 국가의 수호신적 성격이 있듯이, 산천 또한 해당 지역에서 다양한 삶에 반응하며 진호하는 수호신적 역할을 가지고 있었기 때문이다.

국가제사에서 산천신의 기능은 무엇보다도 가뭄 때 비를 부르는 신으로 부각되었다. 산천이 가진 구름을 일으키고 비를 내리는 임무는 산천의 보편적인 기능이라 할 수 있다.[39] 하지만 산천에 대한 기우제 외에도 신라에는 하지가 지나도록 비가 오지 않을 때에 비가 오기를 비는 제사인 기우제가 혜수惠樹에서 행해졌으며[40] 수재나 한재 때 기청 · 기우를 드리던 제사인 사천상제四川上祭는 견수犬首, 문열림文熱林, 청연靑淵), 박수樸樹에서 행하여졌다.[41] 고려의 경우에는 우제雩祭와 천상제川上祭에서 기우제를 지냈다고 한다.[42] 다음은『국조오례의』소재 기우의례를「표 2」로 제시하였다.

---

39) 이욱, 2000,「조선전기 국가기우제와 산천」,『Journal Korean Culture』1, 178쪽.

40) 정구복 외 4인, 1997,『역주 삼국사기』3(주석편 상), 37쪽 ; 나희라, 2003,『신라의 국가제사』, 지식산업사, 51쪽.

41) 고려시대에 수재나 한재 때 松嶽溪上에서 百神에게 祈晴 · 祈雨를 드리던 제사를 川上祭라고 하였는데, 이것은 신라 사천상제와 대응되는 것으로 볼 수 있다(김동욱, 1983,「신라의 祭典」,『신라민속의 신연구』(신라문화제학술발표회논문집 4), 33쪽).

42) 고려시대의 기우제는 雩祭와 천상제가 있었으며 가장 먼저 기우제가 행해졌던 곳은 악 · 진 · 해 · 독이었다. 기우처로는 태묘, 사직을 비롯해 사원과 악진, 해독 등으로 다양하였다. 특히 송악산, 동신당과 제신묘, 천상, 박연 등 5개소는 가장 중요한 기우처로 여겨졌다(김철웅, 2000, 앞의 논문. 125쪽). 천상제와 관련해서는 다음 사료가 참고된다. 靖宗元年五月甲辰 祈晴于川上 每水旱 祭百神於松岳溪上 號曰川上祭 (…) 文宗五年十二月戊子 制 大雪之候 雪不盈尺 宜令諏日 祈雪於川上 禮部奏 仲冬以來 雖無盈尺之雪雨 復需然 況今節近立春 不宜祈雪 從之 (…) 睿宗十一年四月丁卯 遣使祈雨 於上京川上松嶽東神諸神廟朴淵及西京木覓東明祠道哲嵒梯淵(『고려사』권63, 지17. 예5(잡사)). 한편 고려와 조선의 기우제에 대해서는 서영대, 1994,「민속종교」,『한국사』16, 358~365쪽과 김해영, 1994,「상정고금례와 고려조의 사전」,『국사관논총』55, 144~147쪽도 참고.

儀禮	대상신(장소)
祈告社稷儀	社 · 稷(社稷壇)
風雲雷雨壇祈雨儀	風 · 雲 · 雷 · 雨神(南壇)
雩祀壇祈雨儀	句芒 · 祝融 · 蓐收 · 玄冥 · 后土 · 后稷(雩祀壇)
時旱北郊望祈嶽海瀆及諸山川儀	嶽 · 海 · 瀆 · 鎭, 名山 · 大川(北郊 望祭)
時旱就祈嶽海瀆及諸山川儀	三角山 · 木覓山 · 漢江

위의 「표 2」에서 볼 수 있듯이, 조선의 경우도 기우는 산천 외에도 다양한 장소에서 행해졌다. 이와 같은 조선시대 국가제사로 행해진 기우제는 유교식의 기고의례祈告儀禮 방식이다. 유교의 기고의례는 변고가 발생했을 때 행해진 비정기적인 임시의례로, 정기적인 의례와 행례 절차가 유사하였다. 하지만 초헌관이 복주를 마시는 음복飮福과 고기의 일부를 받는 수조受胙의 절차가 생략되었다. 이와 같이 신과 인간의 공감을 확인하는 음복수조의 절차가 생략된 기고의례는 감사와 보은 보다는 구복이 강조되는 기원의례의 성격을 갖는다.

중국 당의 경우를 보면 경사京師지역에 한여름 이후에 가뭄이 있으면 먼저 북교北郊에서 악 · 진 · 해 · 독과 제산천에 기우제를 지내고 이어서 비가 내리지 않을 때는 악 · 독을 시작으로 다시 제사를 드렸고, 가뭄이 사직과 종묘에서 다시 제사를 올렸는데, 7일을 한 주기로 삼았다. 만약 그래도 아주 심할 경우에는 대우례大雩禮를 거행하였다고 한다.[43] 다음은 고려시대의 내용이다.

---

43) 京師孟夏以後旱 則祈雨 審理寃獄 賑恤窮乏 掩骼埋胔 先祈嶽鎭海瀆及諸山川 能出雲雨 皆於北郊望而告之 又祈社稷 又祈宗廟 每七日皆一祈 不雨 還從嶽瀆 旱甚 則大雩 秋分後不雩(『舊唐書』 권24, 지4, 예의4), 『通典』 권120, 예80, 개원례찬류15, 길례12의 '時旱祈嶽鎭以下於北郊', '時旱就祈嶽鎭海瀆' 항목 및 다음도 참고. 後魏明元帝立五岳四瀆廟於桑乾水之陰 春秋遣有司祭 其餘山川諸神三百二十四所 每歲十月 遣祠官詣州鎭編祀 有水旱災厲 則牧守各隨其界內而祈謁 王機內諸山川 有水旱則禱之(『通典』 권46, 예6, 연혁6, 길례5, 산천)

유사有司에서 아뢰기를, "(올해는) 봄부터 비가 적게 내리므로, 전례古典에 따라 억울한 옥사獄事를 심사하고 궁핍한 사람을 구휼하며 버려진 시신을 수습하여 매장하여 주십시오. 먼저 북쪽 교외에서 구름과 비를 일으킬 수 있는 명산岳鎭, 강과 바다海瀆, 여러 산천에서 기도하고, 다음 7일마다 한 번씩 종묘에서 기도하십시오.(그래도) 비가 오지 않으면 다시 처음에 했던 것처럼 명산, 강과 바다에 기도하십시오. 가뭄이 심하면 기우제를 지내고 시장을 옮기며 일산日傘을 사용하지 않고, 도축을 금지하며 관청의 말에게 곡식을 먹이지 말아야 합니다."라고 하자, 왕이 이를 허락하고, 정전正殿을 피하며 일상 식사의 반찬 수를 줄였다.

(『고려사』 권6, 정종 2년 5월)

위의 내용에 따르면 가뭄에 국왕은 먼저 백성을 구휼하고 기우제를 지내는데, 그 순서는 북쪽 교외에서 악·진·해·독과 모든 산천에, 다음으로 종묘에 7일마다 한 번씩 지냈다고 한다. 그래도 비가 오지 않으면 악·진·해·독부터 다시 제사를 지내야 했다. 만약 가뭄이 심하면 우제雩祭를 행하고, 시장을 옮기며 산선繖扇을 꺽고 도살을 금하며 관마를 먹이지 않는 것 등을 행하였다. 조선시대의 기우제와 관련해서는 우선 다음이 관심을 끈다.

예조에서 가뭄을 근심하는 데 필요한 사의事宜를 올렸다. "삼가 『문헌통고文獻通考』와 전조前朝의 『상정고금례詳定古今禮』를 살펴보건대, 수隋와 당唐의 고제古制를 본받았습니다. 거기에 이르기를, '무릇 경도京都에 맹하孟夏 이후에 가뭄이 들면 악嶽·진鎭·해海·독瀆에 비를 빌고, 산천으로 능히 구름과 비를 일으킬 수 있는 곳에 북교에서 제사하며, 또 사직과 종묘에 빌되, 7일마다 한 번씩 빌며, 그래도 비가 오지 않으면 다시 악·해·독에 기우하기를 처음과 같이 행한다. 그리고 가뭄이 심하면 우제雩祭를 지내는데, 처음에 빈 뒤 10일이 되어도 비가 안오면, 저자市를 옮기고, 도살을 금하며, 산선傘扇을 끊고 토룡土龍을 만든다.' 하였으며, 또 고전古典에 말하기를, '가뭄이 있으면 원통한 옥사를 심리審理하고, 궁하고 가난한 사람을 구제하며, 뼈를 덮고 썩은 고기를 묻으며, 도랑[溝洫]을 치고 천맥阡陌을 깨끗이 치운다.'고 하였으니, 고전古典에 따라 시행하심이 옳겠습니다." 하니, 그대로 따랐다.

(『태종실록』 권21, 태종 11년 5월 20일(경진))

위의 내용에 따르면 조선시대 기우제는 악·진·해·독 → 산천 → 사직·종묘 → 우사의 순서로 이루어졌다고 한다. 물론 그 순서가 바뀌는 경우가 있지만, 성종대까지 대체적인 추세였고 실제로 악·해·독과 관련된 기사는 기우와 보사報祀의 시행이 대다수였다고 한다.[44]

조선시대 기우제는 비가 올 때까지 수차례의 다양한 기우양식이 동원되었는데, 그 제의 절차나 양식은 여러 차례를 거쳐 숙종대 정비되었다. 이것은 다음과 같다.

1) 예조에서 보사報祀의 제도를 올렸다. 예조에서 아뢰기를, "근자에 제철에 와야 할 비가 시기를 어기고 오지 아니하매, 전하께서 백성들을 걱정하시어 종묘·사직과 북교·목멱·양진·한강·백악 등에 기도하게 하시고, 토룡土

---

44) 한형주, 2001, 「조선초기 국가제례 연구」, 고려대학교박사학위논문, 146쪽 ; 2002, 『조선초기국가제례연구』, 일조각.

龍과 화룡畫龍 · 석척蜥蜴 등에 이르기까지 무릇 옛사람이 비를 빌던 방법이란 방법은 행하지 않은 것이 없습니다. 신 등이 교지를 받들어 옛 제도에 따라 공문公文을 유사攸司에 나누어 보내어, 이달 임오일에 삼가 이미 제사를 행하였으며, 토룡제로 말할 것 같으면 헌관獻官은 벌써 갖추어 놓았으나, 아직 제사는 지내지 못하였습니다. 그러나 전하께서 비를 근심하는 정성이 먼저 황천皇天에 이르러서 비의 혜택이 넘쳐 흘렸습니다. 그러므로 비로소 이달 신사일에 삼가 보사의 제도를 상고해 보았사온데, 『문헌통고』와 전조의 『상정고금례』에 의하면, '무릇 기우제를 행하려고 이미 재계齋戒를 하였는데, 기우제를 지내기 전에 비가 내렸거나, 이미 기도를 행하여 비가 왔다 하더라도 모두 보사를 행하여 전물奠物을 드리는데, 마땅히 소뢰小牢를 사용한다.' 하였으니, 상항上項의 일곱 군데의 보사를 옛 제도에 의하여 행하소서." 하니, 그대로 따랐다. 임금이 예조에 명하기를, "송악 · 덕적 · 감악 등 명산의 신에게도 축문을 쓰고, 신하를 보내어 분향하게 하는 것이 예이다. 전조 이래로 '내행기은內行祈恩'이라 일컬어 사절四節을 당할 때마다 양전兩殿께서 내신內臣 · 사약司鑰과 무녀로 하여금 몰래 이름도 없는 제사를 행하여 왔는데, 오늘날에 이르기까지도 그만두지 아니하니 예법에 맞지 아니한다. 너희들은 전조의 사전祀典에 실린 것을 상고하여 시종始終과 시말本末을 모두 써서 아뢰라. 내 마땅히 예로써 행하겠다." 하였다.

(『태종실록』 21, 태종 11년 5월 23일(계미))

2) 예조에서 기우계목祈雨啓目을 올렸다. "1. 『문헌통고』 안에 '4월 이후에 가물면 사직 · 산림 · 천택에 두루 비는데, 연고 있는 곳에 나아가 대우大雩할 때

무동舞童 14인이 모두 현의玄衣를 입고 8열列로 서서 각각 우예羽翳, 日傘를 잡고 열마다 운한시雲漢詩를 노래한다.'고 하였습니다. 본조에서 일찍이 재 랑齋郎으로 하여금 운한편雲漢篇을 외우도록 익히게 하였는데, 이제 우사雩 祀와 원단圓壇에 이것을 부르도록 청합니다. 또 북교에 망기望祈할 때와 풍 운뇌우·삼각산·한강·목멱·사직·종묘·우사·기우사祈雨祀에 나아갈 때에도 또한 모두 이를 부르게 하소서. 1. 동중서董仲舒의 기우하는 방법에 말하기를 '남문을 닫고 북문을 열어 놓는다.'고 하였으니, 대개 음陰을 창달 하게 하는 뜻입니다. 청컨대 도성의 남문을 닫고 북문을 여는 것이요 어떠 하겠습니까? 1. 동중서가 말하기를 '가물면 군읍으로 하여금 수일水日에 백 성들로 하여금 사직에 빌게 한다.' 하였고, 또 말하기를 '가인家人은 호신戶 神에 제사한다.'고 하였으니, 또 이 법을 가지고 외방의 백성들로 하여금 이 사里社에 나아가 빌게 하고, 또한 중외의 가인家人으로 하여금 호신戶神에 제 사하여 비를 빌게 하소서." 임금이 그대로 따랐다.

(『태종실록』 권31, 태종 16년(1416) 6월 5일(을축))

3) 예조에서 아뢰기를 "각 처의 기우 행사 요건을 후면에 갖추어 기록하오 니, 이에 의하여 실행함이 어떠하겠습니까? 1. 종묘·사직·북교·한강· 삼각·목멱은 풍운뇌우·우사雩祀로 기우제를 시행할 것 1. 태일太一과 뇌 성보화천존雷聲普化天尊은 기초祈醮를 베풀 것 1. 한강의 양진에는 침호두沈 虎頭, 기우제 때 호랑이 머리 모양을 만들어 강에 담그는 것)하게 하고, 또 도 류道流로 하여금 용왕경龍王經을 읽게 하며, 박연에도 침호두할 것 1. 경성의 각 호구는 문에 분향하고 제사할 것 1. 모화관慕華館의 못가에는 석척蜥蜴을

써서 기도할 것 1. 동방은 청룡, 남방은 적룡, 중앙은 황룡, 서방은 백룡, 북방은 흑룡을 만들어 기우제를 시행할 것 1. 저자도楮子島는 화룡제畵龍祭를 시행할 것 1. 북문을 열고 남문은 닫을 것. 1. 북을 치지 말 것."등을 올렸다.

(『성종실록』 권44, 성종 5년(1474) 閏6월 10일(계사))

4) 비망기備忘記를 써서 내렸다. 이어서 전교하기를, "성종조의 치부置簿를 상고하건대 성화成化 10년에도 가뭄이 심하여 윤달 그믐께 이르러서도 비가 오지 않아서 여러 곳에서 기우제를 일시에 거행하였다. 그때 기우한 곳을 내가 다 초서抄書하여 내려 보내고 근시를 보내어 일시에 제사지내려 하니, 어떠한가? 만일 해도 된다면 어느 날에 어느 곳에서 거행해야겠는가? 예조로 하여금 의논하여 아뢰게 하라."고 하자, 예조가 회계回啓하였다. "종묘·사직에서부터 마니산에 이르기까지는 준례에 의하여 항상 거행하는 곳입니다. 개성부 송악산에서 안주安州 청천강淸川江에 이르기까지는 사전祀典에 실려 있습니다. 경기에는 근신을 보내어 제사 드리되 인원이 부족하면 출입하는 시종侍從 중에서 직품이 높은 사람으로 택해 보내면 되겠습니다. 황해·평안 등의 도에는 관찰사·도사都事로 하여금 친히 거행하게 하고 그밖의 곳은 소재지의 수령으로 하여금 거행하게 하는 것이 어떨까 합니다. 그리고 사전에 실려 있는 곳은 이뿐 만이 아닙니다. 경기·황해·평안 3도가 가뭄이 더욱 심하므로 이렇게 서계書啓합니다." [단자單子의 내용은 이러했다. 사직·종묘·북교·한강·풍운·뇌우·삼각·목멱·우사6위雩祀六位·저자도화룡楮子島畵龍·오방토룡五方土龍·마니산·개성부 송악산·장단 오관산·덕진·적성 감악산·양주 양진·풍천 서해·해주 우이산牛

耳山 · 장연 장산관 · 장련 아사진송관 · 평양 평양강 · 구진익수 · 의주 압록 강 · 안주 청천강 · 개성부 대정 · 인천의 자연도紫烟島 · 심수도深水島 · 대 인도大忍島 · 우음도雩音島 · 용매도龍媒島 · 검풍도黔葑島 · 고도孤島 · 어울 도馭鬱島 · 미정도彌正島 · 마전도麻田島 · 구상도構桑島 · 송가도松家島 · 영 흥도靈興島 · 독우도犢牛島 · 용류도龍流島 · 장봉도長峰島 · 부령도婦靈島 · 구자굴도求子屈島 · 우도牛島 · 소홀도召忽島 · 원도猿島. 원도의 제도諸島에 는 신단神壇이 있으니 이상 제도는 원도에서 치제致祭. 양주 성황城隍 · 임 강臨江 용호산龍虎山 · 가평加平 화악산華岳山 · 해풍海豐 백마산白馬山.] 전교 하였다. "마니산 이상은 지내지 않는 것이 가하다. 송악산에서 청천강에 이 르기까지의 13처는擇日하여 아뢰라. 뒤에 위에서 짐작하여 근신을 보내어 치제致祭하겠다. 다른 곳에도 향축香祝을 내려 보내어 일시에 함께 거행하 게 하라."

(『중종실록』 권59, 중종 22년 5월 28일(갑진))

우선 1)을 보면 태종 11년(1411) 5월 23일에 예조에서 보사報祀의 제도를 올 렸고, 2)에서 태종 16년(1416) 6월 5일에 예조에서 삼각산 등지에 기우제를 지내 는 계목을 올렸으며, 3)을 보면 『국조오례의』 단계의 성종 5년(1474)의 기우제는 유교의 기고의례, 기우제룡 방식, 고전적인 기우제 관습이 결합되어 단묘, 산천, 용소 등에서 기우제가 거행되었다. 4)에서 중종 22년(1527)에는 가뭄에 기우제 를 지낼 일시와 장소를 예조에 묻고 단자를 올렸다. 특히 기우를 행할 때 용을 그 리고 제사지냈는데, 제문祭文으로는 다음이 있다.

용을 그리고 기우祈雨하는 제사를 행하였으니, 그 제문은 다음과 같다. "백성은 나라의 근본이 되고, 먹는 것은 백성의 하늘이라, 심고 가꾸는 일은 정치의 먼저 할 바이나, 진실로 단비甘雨가 아니면 이를 어찌 성취하리오. 마침 이 여름 달에 한재를 당하매, 덕이 적고 책임이 중난하여 앞으로 어떻게 밀어나갈까 두려워하는데, 벼는 마침내 병들어가니, 기근이 장차 닥쳐올 것이라, 근심하고 근심하여 신령에게 비는 길 밖에 없어, 산천山川에 달려가 고하고 신령의 도와주심을 입을까 바라며 비를 주소서, 비를 주소서 하였건만, 바람과 햇볕은 더욱 불고 쬐니, 아픈 마음으로 내 스스로 책망하여 이를 바가 없는 것 같도다. 생각하건대, 그대 용신은 그 직책이 비를 주는 것이니, 구름을 일으키고 비를 내려 부족함이 없게 하라. 삼가 예전 사실에 의빙하여 그림으로 형용을 그리고 간략한 의식을 갖추어 드리면서 나의 작은 정성을 고하노니, 단비를 내려 신령한 혜택을 밝게 빛내 주기를 바라노라."

(『세종실록』권28, 세종 7년 6월 25일(계해))

한편 조선후기에는 조선전기의 기고의례와 기우제룡 방식, 외산천 기우의 특징을 유지하면서 기우제가 의례화되면서 정비되었다. 선조대의 기우제차는 기고의례, 기우제룡, 외산천기우가 종합하여 거행되었으며,[45] 인조 25년(1647) 4월 6일부터 5월 23일까지의 기우제는 15차로 설행되었는데,[46] 기고의례, 기우제룡, 외산천기우가 반복되었다. 이후 숙종 30년(1703)에 국행기우제의 연차가 정식화되고, 기우제의 순서, 제장, 제관의 위계 등이 결정되었다. 이것은 다음과 같다.

---

45) 『선조실록』 참고.
46) 『祈雨祭謄錄』 참고. 『祈雨祭謄錄』은 인조 14년(1636)부터 고종 26년(1889)까지 가뭄이 심할 때 기우제를 지낸 것에 관한 기록을 예조에서 모아 편찬한 책이다.

기우제의 차례를 개정하기를, "첫 번째로 삼각산·목멱산·한강에 3품관을 보낸다. 두 번째로 용산강龍山江과 저자도에 재신宰臣을 보낸다. 세 번째로 풍운뇌우·산천·우사에 재신을 보낸다. 네 번째로 북교에는 재신을 보내고 사직에는 중신을 보낸다. 다섯 번째로 종묘에 중신을 보낸다. 여섯 번째로 삼각산·목멱산, 한강의 침호두沈虎頭에 근시近侍를 보낸다. 일곱 번째로 용산강과 저자도에 중신을 보낸다. 여덟 번째로 풍운뇌우·산천·우사에 중신을 보낸다. 아홉 번째로 북교에는 중신을 보내고 모화관 못가의 석척동자蜥蜴童子는 무신武臣 가선대부嘉善大夫를 보내며, 여염閭閻에는 병류屛柳한다. 열 번째로 사직에는 대신을 보내고, 경회루 못가의 석척동자는 무신 가선 대부를 보낸다. 열한 번째로 종묘에는 대신을 보내고 춘당대春塘臺 못가의 석척동자는 무신 가선대부를 보내며, 남문을 닫고, 북문을 열며 저자市를 옮긴다. 열두 번째로 오방토룡제를 지내고, 양진·덕진·오관산·감악·송악·관악·박연·화적연·도미진渡迷津·진암辰巖에는 분시焚柴하되, 모두 본도本道로 하여금 설행하게 한다." 하였는데, 예조판서 민진후閔鎭厚가 일찍이 기우제의 차례가 착란되었으므로, 마땅히 바로 잡아야 한다고 하니, 대신에게 의논하여 개정하라 명한 것이다.

(『숙종실록』39. 숙종 30년 6월 26일(갑오))

위의 내용을 보면 국가제사에 포함된 신들을 대상으로 한 기고의례, 용을 대상으로 한 용신제, 한양 주변의 주요 산천제가 상호 결합하여 만들어진 것이다. 12제차의 내용을 보면 1차는 삼각산·목멱산·한강(기고의례), 2차는 용산강과 저자도(기우제룡), 3차는 풍운뇌우·산천·우사(기고의례), 4차는 북교, 사직(기고의례), 5차는 종묘, 6차는 삼각산·목멱산·한강의 침호두(기고의례와 기우제룡),

7차는 용산강과 저자도(기우제룡), 8차는 풍운뇌우·산천·우사(기고의례), 9차는 북교, 모화관, 못가의 석척동자(기고의례와 기우제룡), 10차는 사직, 경회루 못가의 석척동자(기고의례와 기우제룡), 11차는 종묘, 춘당대 못가의 석척동자, 남문을 닫고 북문을 열며 저자市를 옮긴다(기고의례와 기우제룡). 12차는 오방토룡제, 양진·덕진·오관산·감악·송악·관악·박연·화적연·도미진·진암에는 분시焚柴하였다(기우제룡과 외산천기우). 분시는 용암으로 인식된 진암에 불을 피워 불과 열로 용의 처소를 위협하는 용암분시의 일종이었다.

이상과 같이 조선시대 기우제는 그 제의 절차와 양식이 여러 차례를 거쳐 숙종 30년(1703)에 유교적 기우제로 완결되어 조선후기 사회까지 그대로 지속되었다.[47] 숙종 30년의 12제차 중 전반부에 해당하는 기고의례는 신의 위계적 서열에 따라 산천 → 풍운뇌우·우사 → 종묘·사직 순서로 진행되었고, 용신기우제는 침호두 → 화룡제 → 석척기우 → 오방토룡제 순서로 정해졌다. 그리고 산천의 비중이 줄고 단묘의 신들이 중심으로 구성되었으며 용신제가 단묘, 한성의 산천 사이에 들어와 있다.[48]

조선시대 12제차 기우제에서 12차 기우제는 양진·덕진·오관산·감악·송악·관악·박연·화적연·도미진에서 행해졌다. 이것은 경기도에 있는 산천으로, 송악산·덕진은 중사에, 오관산·감악산·양진은 소사에 편제되어 국가제사의 대상이었다. 이와 관련해서 중종 11년(1516) 4월 17일(무진)에 '가뭄으로 관원을 보내 종묘·사직에 제사하여 비를 빌게 하고, 또 향香을 내려 8도의 악·해·독嶽海瀆의 신에게 비를 빌도록 하였다'고 한 것도 참고된다. 여기에서 악·

---

47) 최종성, 1998, 「국행 무당 기우제의 역사적 연구」, 『진단학보』 86, 68~69쪽.
48) 17세기와 18세기의 기우제차의 과정과 관련해서 이욱, 2000, 「조선시대 국가사전과 영험성의 수용-기우제차의 정비를 중심으로」, 『종교와 문화』 6 참고.

해 · 독은 조선 국가제사에 편제된 4악 · 3해 · 7독으로 4악은 남원南原의 지리산 · 도성都城의 삼각산 · 개성開城의 송악산 · 정평定平의 비백산鼻白山이고, 3해는 양양襄陽의 동해 · 나주羅州의 남해 · 풍천豊川의 서해이며, 7독은 공주公州의 웅진熊津 · 양산梁山의 가야진伽倻津 · 도성의 한강 · 장단長湍의 덕진德津 · 평양平壤의 평양강 · 의주의 압록강 · 경원慶源의 두만강이다.

4악의 하나인 개성의 송악산은 고려시대부터 중시되었다. 이와 관련해서 『연려실기술』별집 제4권 사전전고祀典典故 음사淫祠의 내용이 참고된다.

> 고려 때에 덕적산 · 백악산 · 송악산 · 목멱산 등에서 봄, 가을로 환시宦寺와 무당巫張이 여악女樂을 벌여 제사를 지내게 하였는데, 이 제사를 '기은祈恩'이라 한다. 태종이 이르기를, "신은 예禮가 아니면 흠향하지 아니한다." 하고, 예관禮官을 시켜 고전古典을 널리 상고한 뒤 이것을 없애고 조관朝官을 보내 향을 갖고 가서 제사를 지내게 했다. 병조는 중방重房의 전례에 따라 해마다 축수재祝壽齋를 설행했는데, 임금이 이르기를, "길고 짧은 것은 명이 있는 것인데, 기도는 하여 무엇하느냐." 하고, 드디어 모두 파해버렸다.
>
> (『국조보감』)

개성부는 민속이 신도神道를 좋아하여 송악산에 사당을 짓고 제사지냈다. 이 제사 이름을 '대왕제大王祭'라 불렸는데 전국에서 물결처럼 달려와서 지성으로 섬기는 바람에 경비의 소모가 한이 없었으며 남녀가 뒤섞이는 바람에 추문醜聞이 많이 생겼다. 명종 병인년에 유생들이 발분發憤하여 이 음사淫祠를 불태우고 잡신의 상像을 헐어버렸다. 왕대비가 중인中人, 환관을 시켜 가서 말렸으나 유생이 듣지 아니하였다. 임금이 명을 내려 유생들을 금부禁府로 잡아다가 그 죄를 다스리려고 하자 조정의 신하들이 많이 간하고 성균관과 사학四學에서 상소하여 다투니 명을 내려 석방하였다.

『석담유사(石潭遺事)』

우리나라는 문물의 빛남이 볼 만하나 무당과 불상에 비는 오랑캐의 풍속이 아직도 남아 있었다. 조종조祖宗朝로부터 임금이 병이 나 승려들과 무당들이 인정전仁政殿에서 경을 읽으면서 빌었고, 또 송악신사를 높여 더욱 극진히 숭봉하였다. 제사를 지낸 뒤에 무녀들이 잔치를 베풀면 개성유수도 들어가 참여하여 무녀와 함께 노래와 춤을 추면서 조금도 괴이한 줄 몰랐다. 무당의 내왕과 신사神祠에 소용되는 집물什物은 모두 역참驛站을 통하여 관에서 공급하였다. 성종조에 이르러 처음 말하는 자가 있어 이를 폐지한 적이 있었는데, 중종 기묘년에 국속國俗이 크게 변하였다.

『상촌휘언象村彙言』

송악신사는 성종 때의 대신이 건의하여 엄금하게 하였으나 임금의 외척戚里과 귀족貴家들이 옛날 풍습을 답습하였고, 시정市井의 부상富商들이 호화롭게 차려서 한번 차리는 비용이 중류 가정 한 집 재산이 다 들어가는 정도였다. 문정왕후文定王后 때는 환관中官과 궁녀들의 왕래가 도로에 이어졌으며 왕실의 주방廚房이 바치는 것만도 적지 않았다. 여기에 모여든 남녀가 산골짜기를 메우고, 여러 날을 머물고 있어 추문이 적지 않게 있었다. 개성부에 사는 강생원生員이 앞장서서 유생 40여 명을 이끌고 가서 사당을 불사르고 상像과 시설을 깡그리 부수었다. 문정왕후는 진노하여 모두 잡아다가 중죄를 가하려고 여러 날을 옥에 가두었으며, 유수 심수경沈守慶도 미리 막지 못하였다고 견책譴責을 당하였다. 삼사三司에서 번갈아 소장을 올려 석방하기를 청하였지만, 달이 넘어도 문정왕후의 진노가 풀리지 않더니, 명종께서 틈을 봐서 여러 번 간하자 비로소 석방을 허락하였다. 무당들은 '반드시 귀신의 벌이 있을 것' 이라고 겁을 줬지만 그 뒤에 강씨는 아무런 재앙도 없이 오래 살았고, 유생들도 사마시司馬試와 문과文科에 오른 자가 적지 않자 사람들의 의혹이 비로소 풀렸다. 송악신사는 폐지된 지 몇 해 뒤에 차츰차츰 다시 세워졌다.

(『송도기이(松都記異)』)

그리고 고려시대 송악산에서 기우제와 기청제 등도 드렸다. 다음이 그것이다.

1) 4월 신유일에 송악산에서 기우제를 지냈더니 큰 비가 내렸다.[49]

    (『고려사』 권4, 세가 4 현종 2년)

2) 4월 무진일에 박연에서 비를 빌었다.(중략) 갑신일에 송악산 동쪽 신사에서 비를 빌었다.[50]

    (『고려사』 권12, 세가12 예종 2년)

3) 12월 을유일에 해당기관에 명령하여 송악산 및 모든 신사들에 제사를 지내

---

49) 四月 辛酉 禱雨于松嶽大雨
50) 夏四月 戊辰 禱雨于朴淵… 甲申 禱雨于松嶽東神祠

어 역귀를 물리치게 하였다.[51]

(『고려사』 권 13, 세가13 예종 4년)

4) 정종 1년 5월 갑진일에 냇가에서 비 오지 말라는 기도를 드렸는데, 언제든
지 수재나 한재가 있을 때에는 여러 신들을 송악산 시내 위에서 제사지내고
이것을 천상제라고 불렀다.

(『고려사』 권63, 지 17 예 5 잡사)

다음은 7독의 하나인 장단長湍의 덕진德津과 관련된 내용이다.

1) 대천大川은 덕진德津 사방 경계는 동쪽으로 장단長湍에 이르기 10리, 서쪽으
로 해풍海豐에 이르기 20리, 남쪽으로 원평原平에 이르기 3리, 북쪽으로 송
림松林에 이르기 5리이다.[현 동남쪽에 있으니, 임진강의 하류이다. 봄·가
을에 나라에서 향·축香祝을 내리어 제사를 지내는데, 중사中祀이다.]

(『세종실록』 권148, 지리지 경기 양주도호부 임진현)

2) 개성開城 한우물大井 [선의문宣義門 밖 11리에 있다. 물이 솟아나오는데, 그
깊이가 2척 남짓하다. 봄·가을에 나라에서 제사를 지내며, 가뭄을 만나면
박연·덕진과 함께 기우제를 지내며, 세 곳 용왕이라 한다. 속설에 "우물물
이 붉게 흐리면 반드시 병란이 있다."고 한다.]

(『세종실록』 권148, 지리지 구도 개성 유후사)

---

51) 十二月 乙酉 命有司分祭于松嶽及諸神祠以禳疾疫

위의 내용을 보면 덕진은 임진강의 하류로 중사中祀의 하나였고, 개성의 대정大井 · 박연朴淵과 함께 가뭄이 들면 기우제를 지냈다고 한다. 개성의 대정과 박연에 대해서는 다음이 참고된다.

1) 대정大井 [부의 서쪽 22리에 있는데, 샘물이 솟아나고 깊이가 2자쯤 된다. 세상에서 전하기를 의조 작제건이 용녀에게 장가들고 처음 개성 산기슭에 이르러서, 은그릇으로 땅을 파니 물이 따라 솟아나서 그대로 우물을 만들었다 하며, 해마다 봄 · 가을에 제사 드리고 모두 기도하는 일이 있을 때면 역시 제사드렸다. 속담에는 우물 물이 붉고 흐리면 전쟁이 있다고 한다. 공민왕 10년 6월에 물이 누렇게 끓었다.] 52)

   (『신증동국여지승람』권4, 개성부 상 산천)

2) 박연제단朴淵祭壇 [가뭄이 들면 기우제를 지낸다] 대정제단大井祭壇 [예전에는 봄 · 가을로 제사지냈다. 지금은 기우제만 지낸다]

   (『여지도서』상, 보유편 송도 사묘)

3) 박연제단 [가뭄이 들면 기우제를 지낸다.] 대정제단 [예전에는 봄 · 가을로 제사지냈다. 지금은 기우제만 지낸다.]

   (1857년 편찬『중경지』3-5 53) 단묘)

---

52) 大井[在府西二十二里 有泉湧出深二尺許 世傳懿祖作帝建娶龍女 初到開城山麓 以銀盂掘地水隨湧出因以爲井 每春秋致祭凡有祈禱亦祀之 談云井水赤濁則有兵變 恭愍王十年六月井水黃沸]

53) 1896년 편찬『中京誌』3-5 社壇조도 같은 내용이다.

위의 내용에서 대정은 고려 왕실과 밀접한 관련을 가지고 있었기 때문에 고려시대에 중시되었던 장소였지만, 조선시대에는 박연과 함께 기우제만 지낸다고 하였다. 『고려사』예지 등에는 박연·제연 梯淵, 54) 휴류암연(鵂鶹岩淵),55) 개성대정 등56)이 국가제사의 대상으로 나온다. 이중 개성대정은 태조의 할머니인 용녀가 팠으며 친정인 용궁을 드나들 때 이용했다고 전해지는 곳이다.57) 박연과 관련해서는 고려 문종이 박연 가운데 있는 반석 위에 올라가자 갑자기 풍우가 일어나 반석이 진동하였다고 한다. 그 때 왕을 호종한 이영한이 글을 지어 용의 죄를 헤아려 못에 던지자 용이 곧 그 등을 나타내거늘 이에 매를 치니 못 물이 이 때문에 다 붉어졌다고 한다.58) 다음은 덕진과 대정과 관련된 제문이다.

1) 홍천사興天寺와 명통사明通寺에 비오기를 빌었는데, 맹인盲人도 또한 비가 오기를 빌었다. 비오기를 기도한 동자童子에게 베를 차등있게 내리었다. 또 박연朴淵에 비가 오기를 기도했는데, 그 제문은 다음과 같다. "생각하고 생각건대, 영연靈淵에 사는 신룡神龍이여, 구름을 일으켜 만물을 적시시니 많고 많은 은공은 헤아릴 수 없사오나, 해마다 가물어서 많은 백성이 주립니

---

54) 睿宗 十一年四月丁卯 遣使祈雨於上京川上松岳東神諸神廟朴淵及西京木覓東明祠道哲邑梯淵(『고려사』 권63, 지17, 예5, 잡사). 한편 박연과 관련해서는 다음도 참고된다. 戊寅 禮部奏自孟夏雨澤愆期 又廣州報田野乾焦殆失歲望請於松岳東神堂諸神廟山川朴淵等五所 每七日一祈 又令廣州等州郡各行祈雨 制可(『고려사』 8, 세가8, 문종 11년 5월); 戊戌 禱雨于諸神祠及朴淵川上(『고려사』 권11, 세가11, 숙종 4년 6월); 戊辰 禱雨于朴淵(『고려사』 12, 세가12, 예종 2년 하4월); 甲辰 遣近臣禱雨于朴淵及諸神廟祭瘟神于五部仍設般若道場以禳疾疫(『고려사』 13, 세가13, 예종 4년 하4월)

55) … 轉監察御史出爲黃州判官屬郡鳳州 有鵂鶹岩淵世謂靈湫 有一集郡人填以穢物 忽興雲暴雨雷電大作 人皆驚仆俄頃開霽 悉出穢物 置遠岸 王聞之 命近臣祭之 始載祀典(『고려사』 권99, 열전12, 함유일)

56) 辛禑 … 五年五月辛未攝事行端午祭 是時朝夕風寒久旱不雨兼行祈雨祭 乙酉以旱雩祀圜丘又祈于宗廟社稷朴淵開城大井貞州等處 … 八年四月己巳禱雨于佛宇神祠丙午又禱于朴淵及開城大井(『고려사』 권54, 지8, 오행2(금)

57) 『고려사』 권1, 세가 1.

58) 朴淵(有上下淵 深淵不測 遇旱禱雨輒應 上淵心有盤石 可登覽 文宗嘗登其上 忽風雨暴作石震動 文宗驚怖 時李靈幹扈從 作書數龍之罪 投于淵 龍卽出其脊 乃杖之 淵水爲之盡赤)(『고려사』 권56, 지10, 지리1, 우봉군 박연)

다. 고요히 뉘우치고 쉬임없이 자책自責해도 금년에는 봄철부터 초가을까지 가물었도다. 곡식은 병이 들고, 산과 내가 메말랐으니, 하토下土의 백성들은 무엇을 의뢰하랴. 더욱더 조심되고 두려움만 절실하도다. 신령님이 아니시면 아무 일도 안 되리니, 진실한 나의 정성 오로지 바치오나, 조금만 내렸으니 흡족하지 않습니다. 무럭무럭 자라는 벼와 갓 피기 시작한 곡식들이 여물지도 못하도록 이처럼 극단에 이르도록 하십니까. 신룡神龍님 당신만은 신령스런 변화가 특이한데 어찌 나에게만 그 변화를 부리지 아니하여, 찌는 듯한 무더움을 구제하지 않습니까. 이에 좋은 날을 가려서 사자를 시키어 술잔을 진설하니, 신룡님은 도우시어 하늘의 비를 인도하여, 구름을 뭉게뭉게 일어나게 하옵시고 비를 쏟게 하여, 단비를 때 맞추어 내리게 하옵시어 많은 농작물을 여물게 하소서."

(『세종실록』 권37, 세종 9년 7월 11일(정유))

2) 신물은 매우 신령하시어 / 惟神物之孔神兮

　못에 깊이 잠겨서 스스로 칩거하나이다 / 蓋淵潛以自蟄

　그 변화 헤아릴 수 없어 / 厥變化其莫測兮

　한순간에 천지 사방에 비를 뿌리나이다 / 雨一瞬於六合

　가뭄과 홍수의 어긋난 재앙이 있게 되면 / 苟乾溢之有乖兮

　오직 신에게 의탁하는 수밖에 없나이다 / 賴惟神之可托

　지금 큰 한재가 중하까지 계속되니 / 茲大旱之迄于仲夏兮

　내가 어쩔 바를 모르겠나이다 / 予罔知其所爲

　가여운 만백성이 무슨 죄입니까 / 哀萬姓之何辜兮

아, 아침부터 밤까지 우려하고 있습니다 / 羌早夜以憂危

길일을 택하여 내가 다시 제사를 드리면서 / 卜日吉予再祀兮

오직 윤택한 비를 내려주기 바랐나이다 / 惟膏澤之是祈庶

나의 깊은 충심 헤아리시어 / 諒予之深衷兮

문득 구름을 일으켜 세찬 비를 뿌리시니 / 俄作雲以沛雨

이삭이 생기를 얻어 일어나매 / 苗勃然而興之兮

근심하던 자가 기뻐하여 병이 나았나이다 / 憂者喜而病以愈

내가 이렇게 밝은 은혜를 받았기에 / 予其受玆明賜兮

영구히 신의 보살핌에 보답하길 서약하나이다 / 誓報神庥於永久

(『춘정집』11 祭文, 開城大井德津祈雨祭文)

위의 1)은『세종실록』37, 세종 9년 7월 11일 정유에 박연에서 행한 기우 제의 제문이고 2)는『춘정집』개성의 대정과 덕진德津에 고하는 기우제문이다.

한편 경기도의 오관산·감악산·양진은 소사小祀에 편제되어 국가제사의 대상이었고 기우제가 행해졌다. 개성의 오관산에는 오관산사五冠山祠가 있어, 여기에서 제사지냈다. 다음이 그것이다.

1) 오관산사 [사전에 소사小祀로 기록되었다. 매년 봄·가을로 향과 축을 내려 제사했다. 사祠는 영통사靈通寺 북쪽 언덕에 있다.]

(『신증동국여지승람』권12, 경기도 장단도호부 사묘)

2) 오관산사 [영통동靈通洞 북쪽에 있다. 해마다 연초 및 봄·가을로 향과 축문

을 내려준다. 소사小祀로 제사지낸다.]

『여지도서』 상(上) 보유편 송도 사묘)

　3) 오관산사 [영통동 북쪽에 있다. 해마다 연초 및 봄 · 가을로 향과 축문을 내
　　　려준다.]

(1857년 편찬 『중경지(中京誌)』 3-5 묘단)

　　위의 내용에서 오관산사는 조선시대 소사의 하나로, 해마다 연초와 봄 · 가
을에 향과 축문을 내려 주어 제사지내게 했다고 한다. 적성현積城縣의 감악산紺岳
山과 관련해서는 다음이 주목된다.

　1) 기묘일에 감악산 산신의 둘째 아들을 봉하여 도만호로 임명하였는바 이것
　　　은 원정을 도와 주기를 바라기 때문이었다.

(『고려사』 권30, 세가30 충렬왕 13년 6월)

　2) 적성현 감악산의 신당神堂 남쪽 봉우리의 돌이 무너졌는데, 길이가 87척이
　　　고, 너비가 38척이었다.

(『태종실록』 권17, 태종 9년 5월 22일(계사))

　3) 내시별감內侍別監을 보내어 감악과 해룡산海龍山의 신神에게 제사지냈다.

(『태종실록』 권27, 태종 14년 2월 28일(임신))

4) 내시별감을 보내어 감악과 양주楊州 대탄大灘의 신에게 제사하였다.

(『태종실록』 권32, 태종 16년 10월 15일(계유))

5) 내시 별감을 보내어 감악의 신에게 제사를 드렸다.

(『세종실록』 권7, 세종 2년 2월 21일(기미))

6) 임금의 수레가 장단長湍 나루 북쪽에 이르렀는데, 사람을 보내어 감악의 산신에 제사하게 하고, 지내는 대로 명산과 대천에는 다 제사하게 하였다.

(『세종실록』 권13, 세종 3년 10월 12일(신축))

7) 사람을 보내어 감악산의 산신에게 제사를 지냈다.

(『세종실록』 권15, 세종 4년 3월 10일(정묘))

8) 내시별감을 보내어 감악 · 대탄의 신에게 치제致祭하였다.

(『세종실록』 권65, 세종 16년 9월 28일(임인))

9) 여러 신하를 나누어 보내 두루 제도諸道의 명산 · 대천과 신사 · 불우에 기도하게 하였다. 겸판통례문사兼判通禮門事 정이한鄭而漢이 감악의 행향사行香使가 되었다가 돌아와 아뢰기를, "국가에서 악신嶽神에게만 제사하고 당하堂下의 잡신雜神에게 제사하지 아니함은 진실로 불가하오니, 아울러 제사하기를 청하옵니다."하매, 그대로 따랐으나, 이로부터 한 고을의 폐단은 생민이 살지 못하는 지경에 이르렀으니, 그 아첨함이 이와 같았다.

(『세종실록』 권126, 세종 31년 11월 5일(신시))

10) 길창부원군吉昌府院君 권남權擥이 병病으로 항상 집에 있었는데, 그날 그 어미를 모시고 개성부開城府에 갔다가 온다고 임금에게 하직하였다. 임금이 불러서 내전內殿에 들어가 술을 올리도록 하고, 그를 보낸 뒤에 승정원承政院에 명하여 경기관찰사京畿觀察使에게 치서馳書하여 후하게 음식을 준비하여 공돈供頓하게 하였다. 권남이 병들면서부터 오랫동안 나오지 않다가 이때에 이르러 송악松岳에 기도하러 집을 다 비우고 가서 수일 동안 머물렀다. 드디어 감악에 기도하는데, 마침 풍우風雨가 있으니, 세상에서 전하기를, 감악산신紺岳山神은 곧 당唐 장수 설인귀薛仁貴라고 하므로 권남이 신神에게 말하기를, "신神은 당唐 장수이고, 나는 일국一國의 재상宰相이니, 비록 선후先後가 같지 않더라도 세勢는 서로 비슷한데, 어찌 서로 군박窘迫하게 굴기를 이와 같이 하는가?"하였다. 무당이 신어神語를 하는데, 노怒하여 말하기를, "그대가 감히 나와 서로 버티는데 돌아가면 병이 날 것이다."하니, 그때 사람들이 이상하게 여겼다. 권남이 불사佛事를 좋아하지 아니하고 집을 예禮로써 다스리면서 신神을 모독冒瀆하기를 이와 같이 하니, 사람들이 자못 의아하게 여겼다.

(『세조실록』권34, 세조 10년 9월 2일(임자))

위의 내용 중 1)~9)는 조선시대 소사의 하나인 감악산의 산신에게 제사지냈고 10)은 고려시대에 감악산신의 둘째 아들이 도호로 봉해졌으며 감악산신은 설인귀라고 하였다. 양주목의 양진과 관련해서는 다음이 참고된다.

1) 양진사楊津祠 [광나루廣津 아래에 있다. 용에게 제사하는 단이 있다. 봄·가

을에 나라에서 향축香祝을 내린다. 신라 때는 북독北瀆이라 불렸고 중사中祀에 올랐다. 지금은 소사小祀에 기록되었다.]

(『신증동국여지승람』 권11, 경기도 양주목 사묘)

2) 절제처節祭處 양진당楊津堂 [고양주면古楊州面에 있다. 남쪽으로 80리다.]

(『여지도서』 상, 경기도 양주목 단묘)

3) 양진사楊津祠 [주의 남쪽 70리에 있다. 고양주면古楊州面 광진廣津 물가이다.] 양진은 소사였다.

(『경기읍지』 4 양주목 사묘)

위의 내용을 보면 양진은 신라 때의 북독이던 한산하漢山河로 중사中祀였는데,[59] 조선에서는 소사로 편제되었음을 알 수 있다. 『세종실록지리지』 경기 대천大川조에 따르면, 한강은 그 근원이 강원도 오대산五臺山으로부터 나와 … (양근) 남쪽에서 용진도龍津渡가 되고, 사포蛇浦로 들어가서 두 물이 합하여 흘러 광주廣州 경계에 이르러서 도미진渡迷津이 되고, (다음에) 광나루가 되었다고 하였다.

이외 송악의 박연과 과천의 관악, 영평의 화적연 및 광주의 도미진은 지방에서 지낸 제사로 12차 기우제에 포함되었다. 송악의 박연에 대해서는 앞에서 서술하였고 관악과 관련해서는 다음이 참고된다.

---

59) 『고려사』 권56, 지리1 양광도 남경유수관 양주

예조가 아뢰기를, "향실香室 문서와 『여지승람與地勝覽』을 가져다 참고해 보니 이번 거둥 시에 경유할 각읍 중에 사전祀典에 실려 있는 명산대천名山大川으로는 한강과 과천果川 관악산 밖에 없는데 이곳들은 항시 제사를 지내는 곳입니다. 그리고 직산稷山의 성거산聖居山은 고려 태조께서 직산현의 서쪽에 어가를 멈추고 제사를 지내신 곳이고, 우리 태조 대왕·세종 대왕께서 온천에 행차하실 때 역시 제사를 지냈습니다. 비록 사전祀典에는 실려 있지 않지만 모두 전일에 탑전에서 여쭈어 정한 대로 각기 어가가 머무는 날에 제사지내소서. 관악산에는 17일 새벽에 제사지내되, 향과 축祝·폐백·제관祭官·제사 음식 등은 서울에서 미리 내려보내고, 희생犧牲은 해당 도에서 마련해 보내도록 하고, 한강은 해당 관서에게 전례대로 수송케 하소서." 하니, 상이 따랐다.

(『현종실록』 권10, 현종 6년 4월 15일(신미))

위의 내용을 보면 관악은 사전에 실려 있는데, 현종이 거둥할 때 제사를 지내게 하고 있음을 일 수 있다. 영평의 화적연에는 기우제단이 있었다. 다음이 그것이다.

1) 기우제단祈雨祭壇 두 곳二所 [하나는 현의 북쪽 30리 화적연禾積淵에 있다. 하나는 현의 동쪽 60리 백운산白雲山에 있다.]

(『여지도서』 상, 경기도 영평현 단묘)

2) 기우제단 두 곳二所 [하나는 군의 북쪽 30리 화적연에 있다. 하나는 군의 동쪽 60리 백운산白雲山에 있다.]

(『경기읍지』 4, 영평군 단묘)

화적연은 영평의 기우제단 중 한 곳으로, 현의 북쪽 30리에 있었고 또 다른 한 곳은 백운산이라고 하였다. 도미진과 관련해서는 다음이 참고되는데, 도미진은 한강의 지류로 광주 경계에 도미진이 되고, 광주에서는 동북쪽에 있다고 하였다.

> 1) 대천大川으로 말하면, 한강漢江은 그 근원이 강원도 오대산五臺山으로부터 나와 … 또 양근 남쪽에서 용진도龍津渡가 되고, 사포蛇浦로 들어가서 두 물이 합하여 흘러 광주廣州 경계에 이르러서 도미진渡迷津이 되고, 다음에 광나루廣津가 되었으며, …
>
> 『세종실록』권148, 지리지 경기)[60]

> 2) 도미진渡迷津 [주州 동북쪽에 있으며, 나룻배가 있다.] 그 서쪽을 진촌진津村津이라 하며, [주州 북쪽에 있으니, 나루머리津頭에 수참水站을 두었고, 참선站船이 15척이다.]
>
> 『세종실록』권148, 지리지 경기 광주목)[61]

이상에서 조선시대 국가제사에 편제된 명산대천과 각 지역 산천의 가장 중요한 기능은 기우제였다. 이것은 경기도의 명산대천 등도 마찬가지였는데, 중사에 편제된 송악산·덕진, 소사에 편제된 오관산·감악산·양진과 기타의 관악·박연·화적연·도미진에서 기우제가 행해졌다. 다음 「표 3」은 경기도의 산천에서 행해진 기우제의 내용이다.

---

60) 大川曰漢江 其源出自江原道 五臺山 (…) 又南爲龍津渡 入于蛇浦 二水合流至廣州界 爲渡迷津爲廣津 (…)
61) 渡迷津[在州東北 有渡船] 其西曰津村津 [在州北 津頭置水站 站船十五艘]

:: [표 3] 『조선왕조실록』의 경기도에서 행한 기우제

	년	월	일	내용
태조	5	4	7	내시內侍를 유후사의 박연朴淵과, 임진현臨津縣의 덕진德津과, 개성현開城縣의 대정大井… 보내어 제사지내고… 비를 빌게 하였다.
태종	1	4	6	개성開城의 대정大井·박연朴淵·덕진德津에 나누어 보내어 비를 빌었다.
	5	6	11	여무女巫를 모아 송악松岳과 개성開城 대정大井에서 비를 빌었다.
	5	5	20	대신大臣들을 나누어 보내어 북교北郊 및 박연朴淵·개성開城 대정大井과 명산 대천名山大川에 비雨를 빌게 하고 … . 이날에 약간의 비가 내리었다.
	5	5	23	비가 흡족하게 내리었다. 임금이 기뻐하여 … 박연朴淵에 기우祈雨한 주법승主法僧에게는 저포苧布 한 필을, … 내려 주었다.
	5	7	1	송악에서 비를 빌다.
	6	7	25	종묘宗廟와 사직社稷에 비 내리기를 빌었다. 또 산천단山川壇·양진楊津·한강漢江에 빌었으며, 무당을 모아 백악白岳에서도 비 내리기를 빌었다.
	11	5	21	명하여 대신大臣 성산군星山君 이직李稷 등을 보내어 비를 빌게 하였으니, … 또 검교 참의檢校參議 최덕의崔德義를 보내어 화룡제畵龍祭를 양진楊津에 베풀게 하였다.
	13	7	5	옥천군玉川君 유창劉敞 등을 북교北郊·백악白岳·목멱木覓·양진楊津·한강漢江에 보내어 기우제祈雨祭를 행하고,
	14	5	21	대신大臣을 나누어 보내어 비를 빌었다. …판한성부사判漢城府事 최용소崔龍蘇는 양진楊津에 갔다.
	15	6	8	비를 빌었다. 예조에서 아뢰었다. "…15일은 삼각산三角山·목멱木覓·양진楊津·한강漢江 등 처에 비를 빌게 하소서."
세종	2	4	15	가물어서 범의 머리虎頭를 한강과 양화나루 물에 넣었다.
	2	4	17	흥복사에서 기우제를 지내고, 또 바람·우레·비를 맡은 신에게 비를 빌고, 삼각산·목멱산·한강·양화진에도 비를 빌었다.
	2	6	8	상왕이 공비恭妃를 명하여 백악白岳·목멱木覓·송악松岳·감악紺嶽 및 양주 성황楊州城隍의 신에 기도하게 하니, 공비가 곧 환관을 보내어 기도하였다.
	7	7	24	한강 양진楊津에다 호랑이 머리를 물 속에 넣었다.
	8	4	29	송악松嶽과 오관산五冠山에서 비를 빌었다.
	8	4	30	덕진德津과 양진楊津에서 비를 빌었다.
	9	5	26	범의 머리를 한강漢江의 양진楊津 물에 던져 넣고 기우제를 지냈다.
	9	6	12	송악산과 오관산五冠山에 비를 빌었다.
	9	6	13	중앙 토룡土龍과 덕진德津과 감악紺嶽에 기우제를 지내고, 또 향과 축문을 내리고 무당을 시켜 송악松岳·개성開城·덕진德津·삼성三聖·감악紺岳 등지에 비를 빌었다.
	9	6	14	서방의 토룡土龍 및 양진楊津에 비를 빌었다
	9	7	11	흥천사興天寺와 명통사明通寺에 비오기를 빌었는데, 맹인盲人도 또한 비오기를 빌었다. 비오기를 기도한 동자童子에게 베를 차등있게 내리었다. 또 박연朴淵에 비오기를 기도했는데,…
	11	7	2	예조에서 아뢰기를, "지금 가뭄이 매우 심하니, …, 또 범의 머리를 한강漢江의 양진楊津에 던지게 하소서."

	년	월	일	내용
	13	5	18	범의 머리를 양진楊津과 광나루廣津에 담갔다.
	17	5	28	호랑이 머리를 한강漢江의 양진楊津에 넣었다.
	17	8	4	범의 머리를 박연朴淵에 가라앉혔다.
	18	4	20	가뭄으로 인하여 한강 · 양진楊津 · 박연朴淵에 호랑이 머리를 넣었다.
	20	5	18	의정부에서 아뢰기를, "비의 혜택을 입어야 할 시기가 매우 지연되고 있사오니, …또 호두虎頭를 한강漢江 · 양진楊津 · 박연朴淵 등처에 잠겨 넣도록 하옵소서." 하니, 그대로 따랐다.
	21	4	20	가뭄으로 인하여 한강, 양진楊津과 박연朴淵에 호랑이 머리를 담그었다.
	25	4	27	가뭄으로 호랑이 머리를 한강漢江 · 박연朴淵 · 양진楊津에다 담갔다
	25	5	7	오관산五冠山 · 덕진德津 · 감악紺岳 · 양진楊津에 기우제를 지냈다.
	25	7	3	범의 머리虎頭를 한강漢江과 양진楊津과 박연朴淵에 넣었다.
	25	7	6	예조에서 아뢰기를, "근일近日의 한재旱災가 매우 두렵사오니, … 삼각三角 · 백악白岳 · 목멱木覓 · 송악松岳 · 감악紺岳 · 개성開城 · 덕적德積 · 삼성三聖 등지에도 또한 기도하게 하고, …" 하니, 그대로 따랐다.
	26	6	29	무당과 중들을 모아서 석척 기우제蜥蜴祈雨祭를 행하고, 범虎의 머리를 한강漢江 · 박연朴淵 · 양진楊津에 넣었다.
	27	5	6	의정부에서 예조의 첩정牒呈에 의거하여 아뢰기를, "지난해 가을에도 가물었고, 금년에도 가물어 장래가 염려스럽습니다. … 송악松嶽 · 개성 · 덕적德積 · 삼성三聖 · 감악紺岳 · 마리산摩利山 등처에 향축香祝을 내려 기도하게 하며, 또 각도의 사전祀典에 기재된 외의 영험靈驗이 있다는 산천에도 그곳의 수령으로 하여금 제사하여 기도하게 하고, …" 하니, 그대로 따랐다.
	27	5	7	가뭄으로 인하여 호랑이 머리를 한강 · 양진楊津 · 박연朴淵 등처에 담구었다.
	30	4	20	예조에서 계청啓請하기를, "북교北郊에 비를 빌고 호랑이 머리를 한강漢江 · 양진楊津 · 박연朴淵에 담그소서." 하니, 그대로 따랐다.
	31	5	29	경회루慶會樓의 못가에서 석척 기우제蜥蜴祈雨祭를 행하고, 호랑이 머리를 양진楊津과 박연朴淵에 담그었다.
	31	6	3	예조에서 아뢰기를, "지금 가뭄이 너무 심하니, 청하옵건대, 다시 북교北郊 · 사직社稷 · 종묘宗廟 · 풍운뢰우風雲雷雨 · 우사雩祀 · 삼각三角 · 목멱木覓 · 한강漢江 · 소격전昭格殿에 빌고, 호랑이 머리를 양진楊津 · 박연朴淵에 담그고, 또 승도僧徒 · 석척蜥蜴 · 취무聚巫의 기우제를 행하고, 개성부開城府와 각도의 사전祀典에 실려 있는 악岳 · 해海 · 독瀆 · 명산名山 · 대천大川과 사전에 실린 것 외의 영험이 있는 곳에 정성을 다하여 빌도록 하소서." 하니, 그대로 따랐다.
문종	1	4	24	의정부議政府에서 예조禮曹의 정문呈文에 의하여 아뢰기를, "지금 벼의 모가 나는 때를 당하여 우택雨澤이 시기를 어기니, 청컨대 구례舊例에 따라 한강漢江 · 양진楊津 · 박연朴淵에 호랑이 머리를 가라앉히소서." 우택雨澤 비의 은택. 하니, 그대로 따랐다.
단종	1	4	28	의정부에서 예조의 정문에 의거하여 아뢰기를, "이제 농사철을 당하여 우택雨澤이 시기를 어기니, … 한강漢江 · 양진楊津 · 박연朴淵에 호랑이의 머리를 담그고, …" 하니, 그대로 따랐다.
	2	7	18	의정부議政府에서 예조禮曹의 정문呈文에 의거하여 아뢰기를, "지금 한재旱災가 절박하니, … 한강漢江 · 양진楊津 · 박연朴淵 등에 호두虎頭를 물 속에 잡기게 하며, 아울러 사의蛇醫로 기우祈雨하게 하시고, … 나아가 빌도록 하소서." 하니, 그대로 따랐다.

	년	월	일	내용
	3	5	19	의정부에서 예조의 정문呈文에 의거하여 아뢰기를, "이달 12일에 기우제를 지낸 뒤로 비가 비록 내렸으나, 아직도 흡족하지 아니하니, 청컨대 …『용왕경龍王經』을 한강漢江과 양진楊津에서 독경讀經하게 하고, …"하니, 그대로 따랐다.
중종	26	5	22	전교하기를, "근래의 날씨가 구름이 꽉 끼기도 하고 비가 뿌리기도 하더니 지금은 도로 맑게 갰다. 내가 너무 안타까와 …, 경기 근처에서 가장 드러나게 영검靈驗한 곳에 예조로 하여금 서계書啓하게 하라. …"하니, 예조가 경기 근방에서 비를 빌어 가장 영검이 있었던 곳 【개성부開城府의 송악산松岳山, 장단長湍의 오관산五冠山과 덕진德津, 양주楊州의 양진楊津, 적성積城의 감악산紺岳山】을 서계하였다. 상이 직접 헌관獻官의 이름을 써서 내리고 일렀다. "…정성을 다하여 기도해서 기어코 비를 내리게 하라."
명종	12	6	24	정원에 전교하였다. "근일 가뭄이 극심해서 비를 바란 지가 오래인데 … 기도祈禱하는 일을 거행하지 않을 수 없으니 내일 오관산五冠山 등에서 기우祈雨한 다음에 형편을 보아서 … 전례를 상고해서 아울러 거행할 것으로 예조에 이르라."
	15	5	21	전교하였다. "한발旱魃이 크게 성하니 민망한 생각이 날로 심하다. 오는 26일, 묘사廟社에는 대신大臣을 보내고, 양진楊津과 감악紺岳에는 중신重臣을 보내어 특별히 기우제祈雨祭를 지내라."
선조	32	5	3	예조가 특별 기우제를 박연朴淵·도미진渡迷津·화적연花積淵·관악冠岳·마리摩利 등 산에서 지낼 것을 청하니, 상이 따랐다. 【당시 6차나 기우제를 지냈는데도 비가 오지 않았기 때문이다.】
	36	5	17	이달에 가뭄이 매우 혹심했다. 예조가 아뢰기를, "전에는 그날그날의 기우제祈雨祭를 첩정牒呈에 따라 시행하여, 양진楊津·덕진德津·오관산五冠山·감악산紺岳山·송악산松岳山에는 헌관獻官·전사관典祀官·겸대축兼大祝·제물은 서울에서 내려보내고, 제집사諸執事와 희생犧牲은 본도로 하여금 준비해 오도록 했습니다. …"하니, 윤허하다고 전교하였다.
광해군	1	5	4	예조가 아뢰기를, "기우제를 절목에 따라 차례차례 거행하여 이미 네 번이나 지냈으나 가뭄이 날로 심하여 그 재해가 모든 것을 다 말려버릴 듯합니다.…사전祀典에 실려 있는 송악松岳·오관五冠·감악紺岳 등 산과 덕진德津·양진楊津 등처에는 중신을 파견하여 오는 8일에 기우제를 올리도록 하되, 정성스레 기도하여 귀신이 감응하도록 하는 것이 어떻겠습니까?"하니, 윤허한다고 전교하였다.
	1	5	9	[중초본] 예조가 아뢰기를, "여러 곳의 기우제祈雨祭를 이미 다섯 차례나 지냈는데 비는 오지 않고 가뭄만 더욱 심해졌습니다.… 저자도楮子島·용산강龍山江·박연朴淵에 먼저 중신重臣을 보내어 별도로 기우제를 지내고…"하니, 아뢴 대로 하라고 하였다.
	7	5	9	[중초본][정초본] 예조가 아뢰기를, "사직·종묘·북교北郊·저자도楮子島에는 중신重臣을 보내고 용산강龍山江에는 근신近臣을 보내어 비를 빌고, 박연朴淵·양진楊津에는 호랑이 머리를 가라앉히고, …, 덕진德津·송악松嶽·감악紺嶽·오관산五冠山에도 중신을 보내어…"하니, 전교하기를, "윤허한다.…"하였다.
현종	8	윤4	21	[개수실록] 중신을 보내어 덕진德津·양진楊津·오관五冠·감악紺岳·송악松岳에 기우제를 지냈다.
	8	5	11	[개수실록] 중신을 보내어 양진楊津·덕진德津·감악紺岳·송악松岳·오관산五冠山 등에 기우제를 지냈다.
	8	7	22	[개수실록] 중신을 보내어 양진楊津·덕진德津·오관五冠·감악紺岳에 기우제를 지냈다.
	8	7	26	[개수실록] 중신을 보내어 저자도楮子島·용산강龍山江·관악산冠岳山에 기우제를 지냈다.

	년	월	일	내용
숙종	7	5	12	양진楊津·덕진德津·오관산五冠山·감악산紺岳山·송악산松岳山에 기우제祈雨祭를 거행하고, 근신近臣을 보내어 서교西郊의 민충단愍忠壇에서 치제致祭하였다. 또 동자童子로 하여금 모화관慕華館 연못가에서 석척 기우제蜥蜴祈雨祭 312를 거행하게 하고 3일 동안 병류屛柳를 설치하였다
	10	7	4	가물어 마르는 것이 더욱 심하, 중신重臣을 보내어 양진楊津·덕진德津·오관산五冠山에 기우祈雨하고, 또 특별히 근시近侍를 보내어 나라 안의 옛 싸움터 여러 곳에 치제致祭하게 하였다.
	16	5	6	중신重臣을 양진楊津·덕진德津·오관산五冠山·감악산紺岳山·송악산松岳山 등에 보내어 기우제祈雨祭를 지내게 하였다. 대개 전일 비가 내렸으나 곧 개어서 가뭄이 오히려 혹심하기 때문이다.
	21	5	7	다시 종신宗臣과 중신重臣을 보내어, 양진楊津·덕진德津·오관五冠·감악紺岳·송악松岳 등의 산에서 기우제祈雨祭를 지내게 하였다.
	21	5	11	또 종신宗臣·중신重臣·재신宰臣을 보내 관악산冠岳山·용산강龍山江·저자도楮子島·박연朴淵·화적연禾積淵·도미진渡迷津·진암長巖 등지에 기우제를 지내게 하였다.
	23	5	16	당시 오래도록 가물므로, 여러 신하들을 나누어 보내서 송경松京의 박연朴淵, 영평永平의 화적연禾積淵, 양근楊根의 도미진渡迷津, 과천果川의 관악산冠岳山에서 비를 빌게 하였다.
	27	5	18	중신重臣을 보내어 6번째 기우제祈雨祭를 거행하였다. 그리고 박연朴淵·화적연禾積淵·도미진渡迷津·진암長巖 등처等處에서 섶을 태웠다.
영조	8	6	27	재신宰臣을 송악松岳·양진楊津·박연朴淵에 파견하여 비를 내리도록 기도하게 하였다.

02
지방제사

조선시대에는 전국 각 지역에 관청을 중심으로 3단壇 1묘廟 즉 사직단社稷壇 · 문묘文廟 · 성황사城隍祠 · 여단厲壇을 두었는데, 경기도 각 지역도 마찬가지였다.

사직은 종묘宗廟와 더불어 국가를 상징하는 것이기도 하였다. 전근대 유교문화권 사회에서 국가를 종묘 · 사직이라고 하는 것은 이를 잘 말해준다. 이 중 종묘는 국왕과 왕실의 정통성을 확인하는 것이었다. 주제周制에 따르면 국가에서 대사大事를 일으켜 대중을 움직일 때는 반드시 사직에 고한다고 하였다.[62] 고려와 조선의 경우 사직제사의 가장 중요한 임무는 기우와 기영祈禜이었지만, 국가적인 대사大事가 있으면 반드시 사직에 고하였다.[63]

이러한 사직단의 사社는 토지신土地神, 직稷은 곡신穀神을 상징한다. 사직은 농경사회에서 농사의 풍년을 주재하는 관념적 신주神主이다. 특히 직신은 농경을 주관하는 곡신의 가장 명백한 형태이다.[64] 옛 부터 중국의 천자나 제후 또는

---

62) 金海榮, 1994, 「朝鮮初期 祀典에 관한 硏究」, 韓國精神文化硏究院 博士學位論文, 170쪽에서 재인용.
63) 한형주, 2001, 앞의 논문, 70~77쪽.
64) 琴章泰, 1994, 『儒敎思想과 宗敎文化』, 서울대학교출판부, 191쪽.

우리나라의 왕이 나라를 세워 백성을 다스릴 때는 사직단을 만들어 국태민안國泰民安을 기원하는 제사를 지냈고, 일반적으로 종묘제사와 사직제사는 함께 갖추어졌다.

『예기』 제법祭法에 의하면 천자天子는 태사太社 · 왕사王社를, 제후諸侯는 국사國社 · 후사侯社를 세워 천자와 제후가 세우는 사社를 구분하고 있고, 대부 이하는 치사置社를 세우고 있다.[65] 이로 본다면 사직의 사社는 천자, 제후, 대부 이하가 세우는 것으로, 천자天子의 사社를 정점으로 하여 운영되었다.

우리나라에서는 고구려가 고국양왕 9년(392)에 '국사國社를 세우고 종묘宗廟를 수修'하였다고 한다. 신라는 신문왕 7년(687)에 오묘제五廟制를 시정始定하였고[66] 선덕왕宣德王 4년(783)에 사직단을 설치하였다.[67] 고려는 성종 7년(988) 12월에 오묘제에 의거한 종묘제 시행 방침이 정해지고 이듬해 4월에 태묘太廟를 건설하기 시작하여 성종 11년 11월에 이르러 완공하였다. 성종 10년(991) 윤 2월에는 사직단을 건립하였다. 조선은 태조의 즉위교서에 의하면 궁성을 중심으로 하여 좌우에 종묘 · 사직을 세우되 사직의 경우 '고제古制'에 부합되게 고쳐 정한다는 원칙을 정하였다.

이처럼 한국 고대 시기부터 조선시대에는 국가가 건국되면 종묘와 함께 사직단을 세웠다. 특히 조선의 경우 태조 2년(1394)에 현재의 자리에 세운 사직단은 사단社壇과 직단稷壇 2개의 단壇으로, 토신土神에 제사를 지내는 제단인 사단은 동쪽에, 곡신穀神에게 제사 지내던 제단인 직단은 서쪽에 배치하였다. 사단에는 국사國社의 신위를 남쪽에서 북쪽을 향해 봉안하고 후토신后土神을 배향시켰

---

65) 王爲群姓立社 曰太社 王自爲立社 曰王社 諸侯爲百姓立社 曰國社 諸侯自爲立社 曰侯社 大夫以下成群立社 曰置社

66) 蔡美夏, 2008, 『신라 국가제사와 왕권』, 혜안 참고.

67) 社稷은 社와 稷의 합성어이다. 이 중 社는 고대 중국인의 수목신앙, 토지신, 마을공동체의 집단모임소 등 여러 형태로 인식되다가 漢代 이후 토지신으로 확정되었고, 稷은 역대로 五穀의 대표자로 이해되었다.

으며, 직단에는 국직國稷의 신위를 봉안하고 후직后稷의 신을 배향하였다. 그리고 조선은 각 군현에도 사직단을 설치하였는데, 경기도의 사직단과 관련해서는 3부에서 후술된다.

문묘文廟는 공자孔子를 받드는 묘우廟宇로, 우리나라에서 문묘가 처음 설치된 것은 신라 성덕왕 13년(714)에 김수충金守忠이 당에서 돌아오면서 문선왕文宣王孔子과 10철, 72제자의 화상畵像을 가지고 와서 왕명에 의해 국학國學에 두면서부터이다. 고려시대의 문묘는 국가제사인 중사에 편제되어 있었는데, 이와 관련해서 다음이 주목된다.

> 1) 선종 8년(1091) 9월 경술 예부에서 아뢰기를, "국학國學의 벽 위에 72현賢의 초상을 그리되 그 위차는 宋의 국자감國子監에서 찬한 바 있는 이름의 차례에 의거하고 그 장복章服은 모두 10철哲을 모방하시옵소서."라고 하였다. 이를 따랐다.
>
> (『고려사』 권62, 지 16 예 4 길례 중사)
>
> 2) 숙종 6년(1101) 4월 계사 국자감國子監에서 아뢰기를, "문선왕묘文宣王廟의 좌랑左郞과 우랑右郞에 61자子와 21현賢을 새롭게 그려 넣고 청하건대 석전釋奠에 종사從祀하시옵소서."라고 하였다. 이를 따랐다.
>
> (『고려사』 권62, 지 16 예 4 길례 중사)

위의 내용을 보면 선종 8년(1091)년에 예부의 건의를 수용하여 국학의 벽에 72현의 초상을 그리게 하였고, 숙종 6년(1101)에 국자감의 건의를 수용하여 문선왕의 사당에 61자와 21현의 초상을 그리게 하였다. 그리고 시학에서 헌작하는 의례視學酌獻儀와 2월과 8월 첫 정일에 행하는 석전의仲春仲秋上丁釋奠儀가 있었다. 이와 관련해서 다음도 참고된다.

1) ① 문종 6월 계축 왕이 봉은사奉恩寺에 갔다가 그 길로 국자감國子監에 거둥하여 시신侍臣들에게 이르기를, "공자仲尼는 모든 군왕의 스승이니 감히 공경을 다하지 않겠는가?"라고 하고, 드디어 왕이 두 차례 절하였다.

　(『고려사』 권8, 세가 8, 문종 15년(1061) 6월 계축(2))

　② 8월 병오(2) 왕이 문묘(文廟)를 참배하였고, 또 왕륜사王輪寺에 행차하여 영전(影殿)을 보았다.

　(『고려사』 권41, 세가41 공민왕 16년(1367))

2) ① 공민왕 18년(1369) 8월 정묘 삼사우사三司右使 이색李穡에게 명하여 문묘에서 석전釋奠을 지내도록 하였다. 신축년辛丑年의 파천 이후로 예문禮文이 끊기고 퇴락하면서 석채釋菜의 의식이 법식에 맞지 않게 되었으므로 이색이 그 잘못을 고찰하여 바로잡고 여러 생도들을 선발하여 집사執事로 삼아 3일간 의식을 익히도록 하니, 예법의 제도가 볼 만하게 되었다.

　(『고려사』 권62 志 16 예 4 길례 중사)

　② 8월 기사(10) 왕이 문묘를 참배하고, 대사성大司成 송문중宋文中으로 하여금 『시경詩經』 「칠월편七月篇」을 강독하게 하고, 적경원積慶園에 갔다.

　(『고려사』 권45, 세가45 공양왕 2년 (1390))

　위의 내용 1)은 문종과 공민왕이 국자감, 문묘에 참배하였다고 하며 2)는 공민왕이 이색에게 문묘에서 석전을 지내게 하였다고 하며 공양왕은 문묘에서 시경을 강론하게 하였다고 한다. 고려의 문묘건축에 대해서는 『고려도경高麗圖經』에 "대문에 국자감國子監이라는 현판을 걸고, 중앙에 선성전宣聖殿을 건축하고, 또 양무兩廡와 재사齋舍들을 건축하였다."고 기록되어 있다. 선성전은 바로 조선시대 성균관의 문묘 대성전으로 이어진다.

조선에는 중앙에 성균관이 있었고, 지방에는 각 향교를 세웠다. 현재 보존된 성균관의 문묘는 태조 7년(1398)에 완성되었다. 임진왜란 때 소실된 것을 선조 34년(1601)에 중건해 몇 차례의 중수를 거쳐 지금에 이르고 있다. 문묘에는 공자를 정위正位로 하여 4성四聖[안자(顔子)·증자(曾子)·자사자(子思子)·맹자(孟子)]과 공문10철孔門十哲, 송조6현宋朝六賢을 대성전大成殿의 좌우에 배열, 배향하고, 동무東廡에 중국 명현 47위位와 우리나라의 명현 9위를 종사하고, 서무西廡에 역시 중국 명현 47위와 우리나라의 명현 9위를 종사하였다. 이로 볼 때 우리나라의 유현儒賢은 모두 18위인데, 신라의 최치원崔致遠이 현종 11년(1020)에 종사되었고 현종 13년(1022)에 설총薛聰이 종사되었으며, 충숙왕 6년(1319) 안유安裕가 종사된 뒤 고려의 정몽주鄭夢周 이하 15위는 조선조의 태종 때부터 정조 때까지의 사이에 종사하게 되었다.

지방 군현에는 향교에 문묘를 두어, 성현을 모셨다. 조선은 유교문화이념을 수용하여 지방 사회질서를 유교문화 논리에 접목시키며, 과거제 운영을 유교교육과 연계시키려 했다. 이러한 사회문화의 기초기구로 그 기능을 담당한 것이 향교이다. 춘추의 석전례釋奠禮와 삭망朔望의 분향焚香이 향교의 문묘에서 이루어졌고, 사직제·성황제·기우제·여제 등도 향교를 중심으로 거행되었다. 때문에 향교는 지방민의 기원이 규합되는 장소였다고 할 수 있다. 경기도 소재 문묘와 관련해서는 3부에서 후술된다.

성황사城隍祠는 성황신城隍神에게 제사를 지내는 사당祠堂을 뜻하며, 성황단성壇城隍壇 · 성황신묘城隍神廟 · 성황신사城隍神祠 · 성황당城隍堂 등과 같이 사용된다. 성황에서 성은 성벽을, 황은 성벽을 둘러싸고 파 놓은 물 없는 도랑, 공호空濠를 뜻한다.[68] 이와 같이 성황은 성벽과 공호로 둘러싸인 일정지역의 거주지라는 의미를 가지고 있는 것으로, 일종의 방어시설에 대한 명칭이었다.[69] 성황은 신神에 대한 칭호이기도 하였다.[70] 중국에는 일찍부터 한 해의 수확을 마친 뒤에 8신에 대한 제사를 지냈는데,[71] 그것의 신체는 선잠先嗇(=신농), 사색司嗇(=후직), 백종百種, 농農(농사에 공(功)이 있는 관리, 즉 전준田畯), 우표철郵表畷(전준의 거소(居所)), 묘호猫虎, 방坊, 수용水庸이다.[72] 이 중 수용, 도랑의 신은 성황신이라고도 하며[73] 성황의 기원을 여기에서 찾기도 한다.[74]

우리나라에서는 신라 말 국가의 공권력이 와해되면서 지방사회에는 지역 공동체가 출현하였고, 이것은 성城을 거점으로 하였다.[75] 당시 성은 지방을 주도한 호족층의 지배와 방어의 거점임과 동시에 지역민들이 안위를 의지하는 곳이

---

68) 隍 城池也 有水曰池 無水曰隍矣(『說文解字』 14편 하. 隍조); 城隍 城壕 有水爲池 無水爲隍(『辭源』 城隍조) 이하의 내용은 채미하, 2009, 「신라의 城제사와 그 의미」, 『역사민속학』 30 : 2018, 『한국고대 국가제의와 정치』, 혜안.

69) 성황신앙은 원래 城과 그에 부속된 방어시설에 대한 신앙에서 비롯된 것으로 우리나라는 산성이 많고 그 신의 기능이 우리 고유의 산신과 같은 수호신이었기 때문에 정치적으로 혼합된 것이라고 한다(김갑동, 1993, 「고려시대의 산악신앙」, 『진산한기두박사화갑기념 한국종교사상의 재조명, 상』, 53쪽).

70) 김갑동,1991, 「고려시대의 성황신앙과 지방통치」, 『한국사연구』 74. 2〜3쪽.

71) 嗇之義(嗇字亦從虫昔 今取祭義 故從示) 自伊耆之代 而有其禮 古之君子 使之必報之 是報田之祭也 其神神農 初爲田事 故以報之(『통전』 44. 예4. 연혁4. 길례3. 1235쪽). 蜡祭의 기원과 성격에 대해서는 池田末利, 「蜡 · 臘考—古代中國の農耕祭祀」, 『中國古代宗敎史硏究—制度と思想』, 東海大學出版會, 1981 참고.

72) 정구복 외 4인, 1997, 앞의 책, 14쪽.

73) 城隍…神名 禮郊特牲 "天子大蜡八" 中所說的蜡祭八神 其七爲水庸 相傳就是後来的城隍(『辭源』 城隍)

74) 唐 文宗 開成 연간에 睦州 자사를 지낸 呂述은 성황신은 八蜡 가운데 방과 수용을 제사한데서 나왔다고 한다(宋 趙與時『賓退錄』8). 여기에서 방은 제방을 말하고 수용은 수로를 뜻한다. 말하자면 수리시설, 배수시설을 뜻한다고 할 수 있다. 그리고 다른 한편으로 방은 성벽을 의미하고 황은 성벽을 둘러싸고 있는 해자를 의미하기도 했다(최갑순. 1997. 「중국의 성황신앙」, 『외대사학』 7. 445쪽). 한편 서영대는 2001, 「한국과 중국의 상황신앙 비교」, 『중국사연구』 12, 174〜176쪽에서 성황신앙이 6세기를 전후하여 양자강 유역에서 발생한 것으로 이해하고 성황은 도시신인데 반해 수용은 농촌의 신이라 하여 유교경전에서 구하는 설은 따르기 어렵다고 하였으나, 후술되듯이 성황신의 원형으로 보기에는 무리가 없을 것이다.

75) 후삼국시기 성주 · 장군은 城을 거점으로 하면서 성장하였다. 최종석, 2004, 「라말려초 성주 · 장군의 정치적 위상과 성」, 『한국사론』 50 참고.

편제와 해양신앙」, 『진단학보』 99 · 2007. 앞의 논문 : 2008. 위의 책, 330쪽 및 360쪽 참고).

었다. 이 시기 지방 호족세력들은 그 지역을 군사적으로 수호해 준다는 중국의

국가제사의 대상이 되었던 것은 11세기 중엽 이전부터라고 할 수 있을 것이다.

이처럼 우리나라에 성황신앙이 수용된 것은 신라 말이나 고려 초로 볼 수 있고 11세기 중엽 이전에 성황제사가 고려 국가제사에 편제되었다고 할 수 있다. 중국에서 성황신앙은 늦어도 6세기 경 양자강 유역에서 출현했고, 당대에는 지방관의 치제致祭가 상당히 보편화되었으며 송대에는 국가차원에서 그것에 대한 제사가 행해지기는 하지만, 국가제사체계에는 편입되지는 못하였다.[92] 그러다가 명대에 정식으로 국가제사에 편제되었다.

우리나라의 경우 고려시대에는 '잡사'의 하나로 '성황신사'에 대한 치제가 이루어지고 있고, 조선시대에는 성황신이 풍운뇌우·산신과 합사되었으며 각 읍치마다 성황사를 두고 있다.[93] 고려시대 성황사가 위치한 곳은 '치소가 위치한 성'이라고 한다.[94] 고종대 축조된 승천부성 안에는 성황사가 위치하고 있다.[95] 승천부성은 조선 초에 폐기된 채 승천포성昇天浦城으로 불려졌고[96] 당시 치소로부터 약 15리 떨어진 곳에 위치하고 있다.[97] 이처럼 승천포성 안에 있었던 성황사

---

92) 김갑동, 1991, 앞의 논문, 12쪽 ; 최갑순, 앞의 논문, 445~447쪽 ; 서영대, 2001, 앞의 논문, 174~177쪽 ; 이윤석, 2002, 「명청시대 강남의 문묘와 성황묘」, 『명청사학회』 17 ; 정순모, 2004, 앞의 논문 참고.

93) 조선은 예제를 정비하면서 고려시대에 성황신에게 주어졌던 봉작이 제거되었고 신상도 철거되어 신주로 대신하였다. 성황신은 고려말에 이르러 『홍무예제』의 영향으로 풍운뇌우·산신과 합사되었다. 이러한 사정은 『세종실록』 오례에서도 마찬가지였다. 그리고 『국조오례의』를 보면 성황제는 厲祭의 發告祭가 되었다. 그리고 『승람』을 보면 각 군현마다 사직단, 문묘, 여단과 함께 성황사가 기록되어 있다. 이것은 성황제가 군현에서 소재관의 관할하에 행해진 제사였음을 의미한다(김철웅, 2002, 앞의 논문, 48쪽).

94) 최종석, 2005, 「조선초기 성황사의 입지와 치소」, 『동방학지』, 131 참고. 성황사는 중국에서 기원한 것으로 성황신앙은 치소가 위치한 성을 신앙화한 것이다. 고려시기에 건립된 성황사는 중국과 같이 치소가 위치한 성 안 혹은 인근에 입지하였는데, 고려 치소성은 산성이어서 당시 건립된 성황사는 산성 안 혹은 그러한 성이 위치한 산에 입지하고 있었다. 성황사가 위치한 치소성은 여말선초 시기를 지나면서 치소 역할을 상실하였다(최종석, 2006, 「고려 전기 축성의 특징과 치소성의 형성」, 『진단학보』 102 . 112~113쪽). 한편 조선시기에는 '치소가 위치한 성', 곧 읍성 안에 성황사가 자리한 경우는 희소하였다고 한다. 그 이유와 관련해서는 최종석, 2008, 「조선시기 성황사 입지를 둘러싼 양상과 그 배경」, 『한국사연구』 143 참고.

95) 始營昇天府城廊(『고려사』 권82, 지36, 병2 城堡 고종 39년)
城隍祠(在昇天浦城)(『신증동국여지승람』 권13, 경기도 풍덕군 사묘)

96) 昇天古城 一云 白馬山 南四十里 昇天浦邊 高麗高宗三十九年築(『대동지지』 권2, 경기도 개성 城池)

97) 昇天浦(在郡南十五里)(『신증동국여지승람』 권13, 경기도 풍덕군 산천)

는 조선 초기 성황사와 달리 치소로부터 비교적 먼 곳에 위치하고 있다. 그 이유는 승천포성이 치소가 위치한 성으로 기능할 당시에 건립된 성황사가 치소가 다른 곳으로 이동[98]한 이후에도 이전 위치에 여전히 있었기 때문이었다.[99]

앞에서 살펴본 선덕진의 성황사는 신성 내에 있었는데, 신성은 선덕성이었다.[100] 이처럼 선덕진 신성에 성황신사를 두고 춘추로 제사를 지냈다는 기록은 치소성 내에 성황사를 두고 있음을 보여주는 것이다.[101] 선덕진은 여진의 군사적 위협에 대항하기 위해서 설치하였고[102] 의종 때 이 곳의 병고 300여간 및 민가 300호가 불탔다고 한다.[103] 이로 볼 때 선덕진은 국경지대의 중요한 군사 거점인 군사요충지로 그 규모도 상당하였다는 것을 알 수 있다. 게다가 선덕진 신성의 성황신에게 봉해진 '숭위'라는 호칭은 '군대의 위엄을 높인다'는 뜻이다.[104] 이러한 점에서 선덕진 신성의 성황신은 변방 방어를 위한 수호신적 의미를 지니고 있다고 할 수 있다.

한편 신라 국가제사에 편제된 성은 산성으로 '군현성'이었고 군사적 요충지였다. 이것은 고려시대 성황사 내지는 성황신에 대한 제사는 신라 국가제사에 편제된 성과 그것에 대한 제사와 비교된다. 고려시대 성황신은 전쟁의 승패와 가장 밀접한 관련을 가지고 있었다고 한다.[105] 인종 14년(1136) 김부식이 서경을

---

98) 치소 이동과 관련해서 『신증동국여지승람』 권13, 경기도 풍덕군 고적 古貞州조 참고.

99) 최종석, 2007, 「고려시대 '治所城' 연구」, 서울대학교박사학위논문, 49쪽.

100) 德州 文宗九年 始築宣德城 爲鎭 後稱德州防禦使(『고려사』 권58, 지12, 지리3 덕주)

101) 최종석, 2007, 앞의 논문, 88쪽.

102) 兵馬使金令器奏 今築長定二州及元興鎭城 不日告畢 勞效甚多…且三城之地 元是賊巢 侵擾可慮 兵馬軍事 分屯要害 水陸捍禦 賊不得近(『고려사』 권6, 세가6, 정종 10년 동11월(을해)) 行營兵馬奏 女眞寇宣德鎭 殺掠人物(『고려사』 권13, 세가13, 예종 4년 5월(경술))

103) 毅宗十五年三月乙丑 東界宣德鎭 兵庫三百餘間 及民家三百戶火(『고려사』 권53, 지7, 오행1(화))

104) 김철웅, 2007, 앞의 책, 130~131쪽.

105) 이와 관련해서 김철웅, 2007, 위의 책, 133~135쪽 및 서영대, 2001, 앞의 논문, 192~193쪽 참고. 이외 성황신은 천후를 조절한다든가, 미래를 예언하는 능력 등도 있었다. 김철웅, 2007, 위의 책, 136~138쪽 및 서영대, 2001, 위의 논문, 192~193쪽 참고.

함락한 후 여러 성황신묘에 제사하였다거나,[106] 고종 23년(1236) 온수군溫水郡에 침입한 몽고군을 물리친 것이 군의 성황신의 도움 때문이라 하여 신의 작호를 더한 것,[107] 공민왕 9년(1360) 홍건적을 물리친 후 여러 신묘에서 제도주군諸道州郡의 성황에게 제사하였다는데서[108] 알 수 있다. 신종 6년(1203) 경주에서 민란을 일으킨 이비利備 부자가 성황사를 찾아가 기원하였고[109] 충렬왕 7년(1281) 일본 정벌에 앞서 사전에 실려 있는 중외의 성황에 덕호를 더해 주었다는 것은[110] 전쟁에 앞서 성황신에게 가호를 빌었음을 알 수 있다.

이처럼 고려말 이전 성황사는 고려 치소성 안 혹은 그 인근에 위치하였다. 이것은 중국 성황사 역시 마찬가지였다. 그렇지만 중국과는 달리[111] 고려의 성황사는 산성 안 혹은 그러한 성이 위치한 산에 입지하고 있다.[112] 고려시대 성황신에 대한 제사는 전쟁의 승패와 밀접한 관련을 가진 것이었다.

조선은 건국 이후 군현제를 정비하면서 주·부·군·현에 사직단·문묘·여단과 함께 성황사를 두었으며, 매년 봄·가을에 국가에서 임명한 관리나 지방

---

106) 『고려사』 권98, 열전11, 김부식

107) 『고려사』 권23, 세가23, 고종 23년 9월(정사)

108) 『고려사』 권63, 지17, 예5, 잡사 공민왕 9년 3월(갑오)

109) 『고려사』 권100, 열전13, 丁彦眞

110) 『고려사』 권29, 세가29, 공민왕 7년 정월(병오)

111) 중국의 도시는 평원을 중심으로 발달했고 따라서 평지성이 많았기 때문에 중국의 성황사는 평지에 위치하고 있다. 우리나라는 산을 배경으로 취락이 발달했기 때문에 성곽도 산성을 중심으로 이루어졌다. 그리고 읍성이 평지에 축조되는 것은 조선 초기 이후이며 대부분은 평지와 산 기슭을 함께 감싸면서 돌아가도록 축조하였다(반영환, 1991. 『한국의 성곽』, 대원사, 27~29쪽).

112) 고려 우왕 1년(1385) 명나라 사신이 고려의 성황을 보여달라고 하자 淨事色이란 도교 관청을 보여주면서 성황이라고 속인 일이 있었는데, 이 곳은 국도가 훤히 내려다 보이는 곳이었다(『고려사』 권135, 열전48, 신우3, 11년 8월). 이로 볼 때 개경의 성황사는 산 위에 있었다고 할 수 있다. 조선시대에 성황사가 산 위에 있기도 하였다. 태조 1년(1392) 개국공신들이 왕자들과 합심할 것을 송악성황에 대고 맹세한 것이라든가(『태조실록』 권2, 태조 원년 9월 병오, 태조 2년) 송악성황을 진국공에 봉한 것(『태조실록』 권2, 태조 2년 정월(정묘)에서도 알 수 있다. 그리고 조선의 경우 태종 12년 이직이 성황은 높은 산에 있다고 한 것이라든가(『태종실록』 권24, 태종 12년 11월(을사)), 『신증동국여지승람』에 따르면 성황사가 산 위에 위치한 군현이 79개소에 달한다. 이와 관련해서 서영대, 2001, 앞의 논문, 218쪽 ; 최종석, 2005, 앞의 논문도 참고.

의 수령이 제사를 지냈다.[113] 조선 초기 성황사는 읍의 치소가 있는 읍치와 그와 인접한 주산主山에 대부분 위치하였다.[114] 조선전기 정사인 성황제는 대체로 고려시대 이래의 성황사에서 거행되었고 음사 형태의 성황제 역시 구래의 성황사를 매개로 행해졌다. 때문에 정사正祠인 성황사는 동시에 음사이기도 하였다. 이러한 현상은 구래의 성황사를 활용하는데서 비롯되었다고 한다.[115] 조선시대 경기 지역에 있었던 성황과 관련해서 다음이 참고된다.

> 1) 백악白嶽의 성황신城隍神에게 녹祿을 주었다. 이전에는 송악松嶽의 성황신에게 녹을 주었는데, 한양으로 도읍을 정하였기 때문에 옮겨서 준 것이다.
>
>   (『태종실록』 권11, 태종 6년 1월 7일(무술))

> 2) 사헌부에 명하여 대소 인원이 송악松岳의 성황城隍에 기복祈福하는 것을 금하게 하니, 왕래가 끊이지 않기 때문이었다.
>
>   (『태종실록』 권24, 태종 12년 12월 20일(신미))

> 3) 상왕이 공비恭妃를 명하여 백악白嶽 · 목멱木覓 · 송악 · 감악紺嶽 및 양주 성황楊州城隍의 신에 기도하게 하니, 공비가 곧 환관을 보내어 기도하였다.
>
>   (『세종실록』 권8, 세종 2년 6월 8일(을사))

---

113) 박호원, 1998, 「朝鮮 城隍祭의 祀典化와 民俗」, 『성황당과 성황제』, 민속원, 164~165쪽.
114) 조선시대 성황사는 성종 12년(1481)에 편찬된 『동국여지승람』에 의하면 전국 325개 군현 가운데 151개 군현의 성황사가 治所 부근에 있었고, 79개 군현의 성황사는 산에 있었다. 서영대, 앞의 논문 참고.
115) 최종석, 2009, 「조선 전시 음사적 성황제의 양상과 그 성격」, 『역사학보』 204 , 214~216쪽.

4) 권규權跬를 소격전昭格殿에 가서 북두칠성에 초제醮祭하고, 사알司謁·사약司鑰을 나누어 보내어 두루 송악·백악·감악·양주성황의 신에 기도하고, 저녁에 소경 중盲僧 7인을 불러 모아 삼십품 도량三十品道場을 낙천정 안뜰에 배설하고, 임금이 수라도 진어하지 아니하고 침소에도 들지 아니하며 정성을 다하여 기도하였다. 병조 판서 조말생과 이조 판서 허조 등이 임금의 병환이 심하였다는 것을 듣고 걱정하여, 여러 대언과 의논하고 종묘와 산천에 기도하고자 하여, 이조 정랑 김종서金宗瑞를 시켜 영돈녕 유정현·영의정 이직·우의정 유관에게 가서 가부를 물으니, 모두 "기도를 속히 행하는 것이 마땅하다. 이전에도 임금이 병이 있으면 종묘와 산천에만은 기도하였다."고 하고, 지신사 곽존중이 말하기를, "사직은 일국 토신의 으뜸인데, 산천에만 기도하고 사직에는 기도하지 않는 것은 의리상 부족한 일인가 합니다." 하니, 대신들이 모두 옳다 하였다. 이에 금등고사金縢故事를 본받아서 길일吉日을 가려, 대신과 근시近侍가 종묘·사직·소격전昭格殿·삼각산三角山·백악산·목멱산·송악산·개성 덕적도德積島·삼성산三聖山·감악산·양주 서낭당에 기도하였는데, 그 제문에는 "영의정부사領議政府事 신이직 등은…" 이라 하였다. 처음에 대신이 부처를 모신 절에도 기도하려고 하였는데, 임금이 이 소문을 듣고 중지시켰다.

(『세종실록』 권29, 세종 7년 윤7월 24일)

위의 내용 1)은 예전에 송악松嶽의 성황신에게 녹을 주었는데, 한양으로 도읍을 정하였기 때문에 옮겨서 준 것이라고 하였고 2)는 사람들의 왕래가 끊이지 않아, 송악성황에 기복祈福하는 것을 금하게 하였다고 하였다. 3)은 태종이 송악 · 감악紺嶽 및 양주성황楊州城隍 등의 신에게 기도 하게 하였고, 4)는 세종이 송악 · 감악 및 양주성황 등의 신에게 기도 하게 하였다고 한다.

이와 같은 성황과 관련해서 조선 태조 1년(1392) 8월에는 조박이 사전의 개혁을 제기하면서 여러 신묘와 성황의 이름에서 봉호를 제거할 것을 주장하였다. 하지만 태조 2년(1393)에 삼각산을 비롯한 전국의 명산대천과 성황, 해도의 신에게 봉작을 내렸는데, 이 때 송악의 성황은 진국공鎭國公에 봉해졌다. 태종 13년(1413)에는 예조에서 산천에 봉작하는 음사를 행함을 비판하고 신상의 설치와 처첩 등의 설치도 비판하였으며 성황, 산천 해도의 신은 주신 1위만 남기고 나무로 만든 신패를 쓰고 신상을 모두 철거하여 사전을 바르게 할 것을 건의하자 시행되었다. 이와 같이 조선 초에 행해진 명산대천 · 성황 · 해도에 행해진 봉작은 오래지 않아 사라졌고, 봉작의 폐지와 함께 신상이 철거되었고 신판을 두었고 그 주신은 1위가 원칙이었다.

이상과 같이 조선시대에는 각 군현에서 성황사에 대한 제사를 지냈다. 하지만 차츰 민간으로 전해져 마을마다 고갯마루 등에 돌무더기를 쌓아 성황신을 모셨고, 민간에는 서낭신으로 일컫게 되었다. 경기도의 성황사와 관련해서는 3부에서 후술된다.

조선시대 여단厲壇은 태종 1년(1401) 좌찬성 권근權近의 주청을 받아들여 대명제례大明祭禮에 따라 처음으로 북교北郊에 여단을 쌓아 여귀厲鬼에게 제사지낸 데서 비롯되었다. 그 뒤 각 주현에 명하여 여단을 만들어 여제를 지내도록 하였다. 우선 북교에서 여제를 지낸 기록과 관련해서는 다음이 있다.

예조 판서 이경증李景曾에게 명하여 북교北郊의 여단厲壇에서 여제厲祭를 지내게 하였다.

(『인조실록』 권45, 인조 22년 3월 4일(임진))

위의 내용은 인조가 북교의 여단에서 예조 판서 이경증에게 여제를 지내게 하였다는 것이다. 다음도 주목된다.

1) 전교하였다. "병이 없는 곳일지라도 각 고을에서 으레 여제厲祭를 거행하는 것이므로, 평안도에서만 거행할 수 없으니, 예문禮文에 따라 여단厲壇에 제사를 베풀 것을 팔도八道에 아울러 이르도록 하라."

(『중종실록』 권52, 중종 20년 1월 15일(갑술))

2) 조강에 나아갔다. 상이 이르기를, "이 책에서 말한 여제厲祭는 우리 나라의 경우 서울과 지방에서 모두들 여단厲壇을 설치하고 제사를 지내고 있다. 그러나 제사란 마땅히 성경誠敬을 주로 해야된다. 근래 여역厲疫이 매우 극성하여 옛날에 비해 더욱 심하니, 서울과 지방에서의 여제는 예사로 생각지 말고 정성을 다하도록 하라." 하니, 영사領事 이유청李惟淸이 아뢰기를, "여제는 외방外方의 각 고을이 과연 모두 여단을 만들어 지내고 있습니다. 그러나 정성을 다하지는 않는 것 같습니다." 하였다. 헌납獻納 정만종鄭萬鍾은 이장길李長吉 · 이귀령李龜齡 · 이현보李賢輔 · 유계종柳繼宗의 일을 아뢰었고, 지평持平 황헌黃憲도 이장길 · 이귀령 · 이현보 등의 일을 아뢰었다. 그러나 모두 윤허하지 않았다.

(『중종실록』 권60, 중종 23년 3월 17일(무자))

위의 내용은 중종이 병이 없는 곳일지라도 여제를 거행하므로 8도 전역에 여제를 베풀게 하라고 명하고 있고, 중종은 서울과 지방의 여제를 정성으로 모시라고 하였다.

여제는 1년에 세 차례 지낸다. 봄에는 청명일淸明日, 가을에는 7월 보름, 겨울에는 10월 초하루에 지냈다. 특별한 예로는 현종 12년(1671)에 돌림병이 극심하자 동교와 서교에 새로 단을 모으고 돌림병으로 죽은 역귀疫鬼에게 치제한 일이 있다. 그리고 지방에 특별한 괴변이 일어나거나 큰 전투가 있어 사람이 많이 죽은 곳에는 정례에 구애하지 않고 수시로 제관을 보내어 소사小祀로 제사를 지냈고 비망기를 내리기도 하였다. 다음이 그것이다.

1) 요동 도지휘사사遼東都指揮使司가, 왜적을 정벌하다 전사한 관군을 위해 그곳에 제단을 설치하고 충혼忠魂을 위안하여 군정軍情을 격려시킬 것을 내용으로 하여 성명聖明께 청한 제본題本을 받아 보냈는데, 그 내용은 이러하였다. "본부는 아래와 같은 예부禮部의 차부箚付를 받았습니다. 이는 예과禮科에서 순안 산동 감찰 어사巡按山東監察御史 주유한周維翰이 보고한 내용을 초출하여 보낸 것으로, 사제 청리사祠祭清吏司가 이를 근거로 주본奏本을 작성하였습니다. 주유한周維翰은 다음과 같이 제주하였습니다. 신이 사명을 받들어 조선 지방에 가서는 평양平壤에 이르러 그 곳 늙은이에게 물으니 '각 영營의 선후 진중에서 죽은 관군을 미처 수렴收殮하지 못하여 한꺼번에 30~50구의 시체를 쌓아 놓고 함께 불사른 것과 수십 인을 한 구덩이에 묻은 것이 있는데, 이따금 뼈가 모래밭 밖으로 드러난 것이 있었다.' 하기에, 신이 놀라움과 슬픔을 건딜 수 없었습니다. 이에 제문祭文을 만들고 간략히

희생을 갖추어 친히 가서 제사를 드렸는데, 그때 군사들과 곁에서 보는 자들이 소리 내어 울어서 들판을 뒤흔들었고, 신도 절로 눈자위 가득히 눈물이 흘렀습니다. 그리고는 조선에 통지하여 드러난 뼈를 묻게 하였습니다. 신이 생각하건대, 당唐이 고구려를 칠 때에 태종太宗이 들판에 널려 있는 수군隋軍의 뼈를 둘러보고 군사를 시켜 묻게 하고 글을 지어 제사하였는데, 옛일을 논평한 사람이 '마른 뼈가 봄을 만난 것'이라 하였습니다. 또 생각하건대, 우리 무종 황제武宗皇帝께서 남으로 강서江西를 정벌할 때 경군京軍이 호종扈從하였는데 이때에 강서 순무江西巡撫 왕수인王守仁이 널에 거둔 경군을 볼 때마다 곧 수레에서 내려 조문弔問하니, 경군이 감복하여 기뻐했고 다시는 강서에서 큰 소요가 없었다 합니다. 생각하건대, 당나라의 임금도 전대前代의 마른 뼈를 민망히 여겨 묻고 제사하였는데, 더구나 뭇 백성을 사랑하여 기르고 먼 지방까지 살피시는 우리 황상皇上이겠습니까. 군사가 죽어서 불살라지고 버려진 꼴을 한 번 보시면, 반드시 측연惻然히 성념聖念을 움직이실 것입니다. 또 선조先朝의 강서 순무 왕수인은 한낱 무신撫臣일 뿐인데도 수레에서 내려 한 번 조문하자 경군이 그 때문에 자제自制하였으니, 우리 황상께서 충혼을 생각하여 특별히 추도하여 제사하는 뜻을 보이신다면, 이 동정東征하는 군사 중에 송연悚然히 감동되지 않을 자가 있겠습니까. 불러도 여전히 응답하지 않는다거나 상을 주어도 더욱 피폐해진다고는 신은 믿지 않습니다. 살피건대, 각 부·주·현府州縣에 여단厲壇을 두어 해마다 봄·가을로 제사하여 가난하고 외로운 유혼幽魂을 위안하고 있습니다. 이제 평양平壤·개성開城·벽제碧蹄·왕경王京의 진중에서 싸우다 죽었거나 앓아 죽은 관군의 뼈가 구덩이에 버려지고 고육膏肉이 초야에 매흙질되어 유천幽泉에서 울부짖고 이역異域에서 원통해 하는 것은 제 고장에서 굶주려 죽은 것보다 더욱 민망한데, 암담한 비와 스산한 바람속에 그 누가 보리밥 한 덩이나마 던져 주겠습니까. 평양·개성·벽제·왕경 지방에 각각 단장壇場 한 구역을 설치하고 본도사本都司의 당상관堂上官 1원員을 보내어 제사를 지내야 하지 않겠습니까. 이 뒤로 해마다 관은官銀을 주어 향촉香燭·저양豬羊·주과酒果를 장만하여 그 나라에서 공물을 바치러 온 관원에게 건네 주어서 가져가 제사하게 하고, 군이 해마다 관원을 보내어 번거롭게 할 필요는 없겠습니다. 성재聖裁를 바랍니다. 단장의 명액名額은 아울러 황상께서 정하시기 바랍니다. 또 신들이 한림원翰林院에 통지하여 제문祭文을 지어서 시행하기를 청합니다. 위와 같은 안정案呈에 의하여 만력萬曆 21년(631) 10월 8일에 본부의 상서 겸 한림원 학사尙書兼翰林院學士 나羅 등이 연유를 갖추어 제주하여 10일에 받은 성지聖旨에 '그리하라. 제단의 이름은 민충愍忠으로 하라.' 하셨으니, 이를 공경히 따라서 시행해야 마땅합니다. 이 때문에 해사該司에 차부箚付하니, 차부와 본부가 제주하여 받든 분부의 사리事理를 살펴서 공경히 따라 시행하십시오. 위와 같은 차부를 받았으므로 시행해야 마땅합니다. 이 때문에 귀국에 자문咨文을 보냅니다. 바라건대, 관원을 선임하여 평양·개성·벽제·왕경 등 네 곳의 전투한 지방에 가서 각각 세로 20장丈 가로 10장의 단장壇場 한 구역을 설치하여 밖으로 담을 둘러 쌓고 그 안에 높이 4척尺 너비 4장의 단대壇臺를 쌓고, 단대 남쪽으로 너비 1장의 용도甬道를 내고, 단대와 5장 떨어져서 배위拜位를 만들되 모두 푸른 벽돌로 섬돌을 만들고, 단문壇門 남쪽에 민충愍忠이라는 패방牌榜을 만들고, 사면에 '대명정동진망관군지위大明征東陣亡官軍之位'라는 열 자를 쓴 위패位牌를 설

치하기 바랍니다. 그러면 제문이 오는 날을 기다려 본사本司에서 친히 가서
제사를 지내겠습니다. 단소壇所를 설치하거든 회답을 받아 전보轉報하여 시
행하겠으니, 늦추지 마소서. 자문이 꼭 들어가기를 바랍니다. 위와 같이 조
선 국왕에게 자咨합니다."

(『선조실록』 권45, 선조 26년 윤11월 20일(경자))

2) 좌부승지 구의강具義剛이 비변사의 뜻으로 아뢰기를, "강원도는 수재가 더
욱 극심하여 각 고을의 사람이 떠내려 가 사망한 곳에 사제賜祭하는 한 가
지 조목을 더 넣자고 입계하였더니 '빠져 죽었다니 참으로 불쌍하다. 그러
나 나랏일에 죽은 것이 아닌데 사제까지 하는 것은 발론한 것이 중도에 맞
지 않은 듯하니 다시 의논하여 시행하라. 명령이 일단 내려지면 유사가 즉시
명심하여 충실하게 봉행할 것이고, 또 수령들로 하여금 각자 삼가서 감히 불
법 행위를 하지 말게 하라. 그러면 백성들이 그 혜택을 입게 될 것이다. 그렇
지 않으면 보탬이 안 되는 빈 말이 아무리 절실하더라도 무슨 이익이 되겠
는가.'라고 전교하셨습니다. 지난번 강원도 수재가 비상하여 떠내려가 죽은
자가 매우 많았으니, 극히 참혹합니다. 수재·화재나 도적에게 죽음을 당했
을 경우 여제厲祭를 베풀어 제사하는 것은 사전祀典에 실려 있습니다. 이번
에 어사御史를 파견해 은덕을 내리는 뜻을 선포하여 살아남은 백성들을 위
무하고 아울러 제단을 설치해 제사를 지낸다면, 민심이 감동해 기뻐할 뿐만
아니라 빠져 죽은 원혼들도 조금은 위안이 될 것입니다. 신들의 구구한 뜻
으로 이 한 조항을 교서 가운데 삽입하고자 했는데 지금 하교를 받드니, 나
랏일에 죽은 것이 아니라고 하시었으므로 신들은 감히 다시 아뢸 말이 없

습니다. 오직 상의 재결에 달려 있습니다."하니, 전교하기를, "옛날의 역사를 보아도 수재가 있거나 황하의 둑이 터져 빠져 죽은 자가 수만 호였지만 제사지낸 일은 보지 못한 것 같다. 그러나 자세히 기억하지는 못하겠다. 이번에 관원을 보내어 제사지내는 것은 여단厲壇에 대한 사전의 규정과는 다를 듯하다. 모든 수재·화재나 도적에게 죽은 자들에게 반드시 제사를 지낸다면 그 죽은 자가 어찌 한이 있겠는가. 모두 나의 동포 백성이니 죽은 경우에도 똑같이 예를 행해야 한다. 누구는 지내주고 누구는 제사를 지내주지 않는 것은 온당하지 못하다. 그러나 아뢴 뜻은 좋으니 굳이 제사를 지내지 못하게 할 필요가 있겠는가. 아뢴 대로 하여 제사를 지내주는 것이 좋겠다."

(『선조실록』 권190, 선조 38년 8월 21일(계해))

3) 전교하였다. "여단에 양제禳祭를 이미 거행했는데도, 병의 기세가 수그러들지 않으니, 다시 제사를 지내라."

(『광해군일기』 [중초본] 권70, 광해 5년 9월 18일(계유))[116]

위의 내용 1)은 요동 도지휘사사의 전몰자 제사를 청한 제본本題이며 2)는 강원도의 수재로 인해 사망한 자들에게 여제 지내줄 것을 구의강이 아뢴 내용이고 3)은 병의 기세가 수그러들지 않으니 여단에 다시 양제를 지내게 한 것이다. 다음도 주목된다.

---

116) 전교하였다. "여단에 禳祭를 이미 거행했는데도, 병의 기세가 수그러들지 않으니, 다시 제사를 지내라."(『광해군일기』 [정초본] 70권, 광해 5년 9월 18일(계유))

1) 예조가 아뢰기를, "근래 사시의 운행이 차례를 잃어서 염병이 재앙이 되고 있습니다. 천행반진天行斑疹이 가을부터 크게 성해서 민간의 백성들이 많이 죽고 있는데, 이는 예전엔 거의 없던 증상입니다. 혹은 금기禁忌에 구애되고 혹은 치료할 줄 몰라 앉아서 죽는 것을 쳐다만 보고 감히 손을 쓰지 못하고 있습니다. 백성들이 돌림병에 일찍 죽는 것이 진실로 측은하니, 내국의 명의로 하여금 의방醫方에 관한 책을 널리 상고하여 경험해본 여러 처방을 한 책으로 만들어서 인쇄 반포케 하소서." 하니, 답하기를, "허준許浚 등으로 하여금 속히 편찬해 내게 하고, 여단厲壇에도 다시 기도하여 빌도록 하라." 하였다.[가을과 겨울 사이부터 이 돌림병이 생겼는데, 세속에는 당홍역唐紅疫이라 하였다. 또 염병이 간간이 돌아, 이때부터 끊인 해가 없었다. 수구문 밖에 시체들이 서로 겹칠 정도였는데, 사람들은 살륙을 당한 억울한 혼령들이 초래한 것이라 하였다.]

(『광해군일기』[중초본] 권71, 광해 5년 10월 25일(기유))

2) 임금이 비망기備忘記를 내리기를, "아! 국운의 불행이 어쩌면 이 지경에 이르렀단 말인가? 4년 동안의 큰 흉년에 구사일생으로 살아난 나머지 또 전에 없던 모진 여역癘疫에 걸렸는데, 봄부터 겨울까지 갈수록 더욱 치열해져 마치 물이 젖어들 듯 불이 타오르듯 하였다. 처음에는 서쪽 변방에서부터 시작하여 팔로八路에 두루 퍼져 마을에는 완전한 가호家戶가 없는가 하면, 백에 하나도 치유된 사람이 없다. 그리하여 벌려 세운 병막病幕이 서로 잇따랐고, 신음 소리가 그치지 않았는데, 그 가운데 더욱 혹독한 경우에는 온 집안이 함께 몰살하는 참담한 지경에까지 이르렀다. 시체가 무더기로 쌓여 망

령들의 울음 소리가 처연하니, 병화兵禍의 급박함을 어찌 이에 비유할 것인가? 아! 해마다 잇단 흉황凶荒의 재해가 혹독하였는데, 토착민土着民이 거의 다 죽기로는 지난해보다 더 심한 경우가 없었으니, 그에 대한 놀라움은 굶주리고 불에 타는 정도가 아니었다. 아! 백성들이 하나도 살아남지 못하게 되었으니 나라가 앞으로 무엇을 의지해야 하겠는가? 이 때문에 근심하고 두려워한 나머지 침식寢食도 편치 못하다. 삼가 정성을 들여 기양祈禳함에 있어 극진하게 하지 않는 것이 없는데도 신명神明이 돌보지 않아서 그 보응이 더욱 까마득하기만 하다. 그 원인을 궁구窮究하여 보면 죄가 진실로 나에게 있으니, 적자赤子들이야 무슨 잘못이 있겠는가? 아! 난로鸞輅가 봄을 맞아 화기가 애연하여 초목과 곤충들이 모두 우로雨露의 은택을 받고 있는데, 어찌하여 기근과 여역의 재해가 번갈아 찾아들어 우리 동토東土의 억만 창생들을 위망危亡의 지경에 밀어넣는단 말인가? 그런데도 구제할 수가 없으니, 백성의 부모가 되어 그 마음이 어떠하겠는가? 생각이 여기에 이름에 나도 모르게 눈물이 흘러내린다. 나의 마음이 이러하니, 안으로 경조京兆와 밖으로 도신道臣들도 어찌 나의 소의한식宵衣旰食 하는 근심을 몸받아 구제할 방안을 극진히 마련할 것을 생각하지 않을 까닭이 있겠는가? 모쪼록 이런 내용으로 특별히 칙유勅諭하여 사망하는 사람이 없도록 제 때에 약을 지급하여 구료救療하고, 시체는 거두어 매장함으로써 널려 있는 일이 없게 하도록 하는 등등의 일을 한만閑漫히 보지 말고 착실히 거행하게 하라. 그리고 여역이 좀 침식寢息되기를 기다려 특별히 진휼賑恤하는 혜택을 베풀도록 하라. 또한 근시近侍를 중외中外에 나누어 보내어 여단厲壇을 설치하여 제사를 지내고, 측은하게 여기는 뜻을 보임으로써 조금이나마 원통한 마음을 위로

해 주도록 하라."하였다. 뒤에 또 이를 거행하지 않으면 허문虛文으로 돌아
가게 되니, 반드시 속히 강정講定하라는 뜻을 경연經筵에서 하교下教하였다.

(『숙종실록』 권33, 숙종 25년 1월 1일(신미))

　위의 내용 중 1)은 돌림병에 대한 대책으로 허준에게 처방을 책으로 편찬
케 한 것이고 2)는 전염병을 구제할 방안과 백성을 진휼할 것을 명하는 비망기
를 내린 것이다. 경기도의 여단과 관련된 구체적인 내용은 3부에서 후술된다.

3부

경기도 부府 · 목牧 · 군郡 · 현縣 제사[117]

경기그레이트북스

---

117) 『경기읍지』에는 영종과 장봉진이 수록되어 있으나, 이 곳에는 단묘조가 없어 생략하였다. 그리고 각 군현의 이력은 『신증동국여지승람』, 『여지도서』, 『경기읍지』 등의 건치연혁조를 참고하였다.

01
개성부開城府

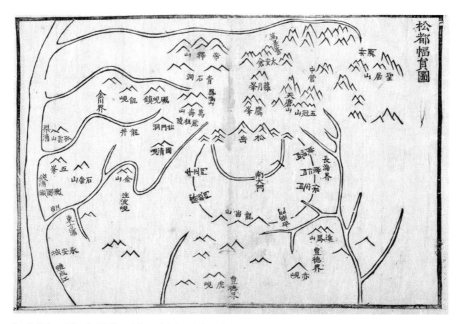

[도면 1] 정조 6년(1782) 간행 『송도지』(奎 4983)에 수록된 송도폭원도松都幅員圖
지도 가운데 부분에 개성부의 진산鎭山 송악松岳과 남쪽 용수산龍首山을 연결하는 외성外城, 羅城을
선으로 그리고 윗 부분 동북부쪽으로 오관산, 박연이 보인다.

개성부는 분단 이전의 경기도 개성시와 개풍군, 장단군의 대남면·소남면에 해당하며 현재 개성직할시의 개성시, 개풍군, 판문군, 장풍군의 서쪽 일대이다. 부의 중심지, 즉 읍치邑治는 개성시 시내에 있었다.

　　본래 고구려의 부소갑扶蘇岬이었다가 진흥왕 16년(555)에 신라 영토가 된 뒤 송악군松岳郡으로 개칭되었고, 신라 말에 궁예弓裔가 잠시 도읍으로 삼기도 하였다. 고려 태조 2년(919)에 송악 남쪽에 도읍을 정하고 개성군開城郡을 합쳐 개주開州라고 하였다. 광종 11년(960)에 황도皇都 개경開京이라고 칭했다가, 성종 14년(995)에 개성부開城府로 고쳤다. 몽골의 침입으로 강화도로 천도하면서 공도空都가 되기도 했다. 조선의 개국 이후 태종 5년(1405)에 개성유후사開城留後司를 두었다. 세종 20년(1438)에 개성부 유수留守로 고치고, 세조 12년(1466)에 경기도에 편입하여 부윤府尹과 판관判官을 두었으나 3년 뒤 다시 유수가 파견되었다. 숙종 37년(1711)에 관리영管理營이 설치되어 유수가 관리사管理使를 겸하였다. 순조 23년(1823)에 풍덕부豊德府가 합속되었다가, 고종 3년(1866)에 다시 복구되는 등 강역의 변화가 있었다.

	신증동국여지승람 사묘	여지도서 사묘	1857년 편찬 중경지 단묘[120]
사직단	×	午正門內	午正門內
문묘	×	成均館	×
성황사	×	太平館西琵瑟巖上 *城隍壇	太平館西琵瑟巖上 *城隍壇
여단	×	北十五里負兒峯南麓	府北十五里 負兒峯南麓
松岳山祠	5곳	皷巖上	松岳亭
八仙宮	松岳頂	×	×
龍首山祠	위치정보 없음	×	×
五冠山祠	×	靈通洞 北	靈通洞 北
朴淵祭壇	×	위치정보 없음	위치정보 없음
大井祭壇	×	위치정보 없음	위치정보 없음
蠹所	×	訓練院 後	訓練院 後
大國德物二神堂		午正門 外	午正門 外
德積山神堂	×	×	위치정보 없음

개성부의 지방제사는 『승람』 단계에는 3단 1묘가 보이지 않고, 송악산사와 팔선궁 · 용수산사가 보인다. 『여지도서』에는 3단 1묘가 기록되었고 『승람』의 송악산사 외에 오관산사와 박연제단 · 대정제단 · 독소가 새로 편제되었다. 『중경지』에는 3단 1묘 중 문묘가 빠져 있고, 기왕의 송악산사 · 오관산사 · 박연제단 · 독소 외에 덕적산신당이 첨가되었다.

문묘는 『여지도서』에만 보이는데, 성균관에 있다고 한다. 사직단의 위치는 『여지도서』와 『중경지』에 모두 오정문 안에 있다고 하였고, 성황사는 성황단으로 표기되어 있다. 그 위치는 태평관 서쪽 비슬암 위라고 하였다. 여단은 『여지도서』와 『중경지』에 부 북쪽 15리 부아봉 남쪽 기슭에 있는데, 내소릉內韶陵 냉정

---

118) 1896년 편찬 『中京誌』 3-5 社壇조도 같은 내용이 기록되어 있다. 1857년 편찬 『중경지』는 순조 24년(1824) 편찬된 개성부開城府 읍지 『중경지中京誌』를 유수留守 조병기趙秉夔가 증보한 책이다.

동冷井洞에서 옮겨 왔다고 한다.

송악산사는 5곳의 신당이 있는데, 성황城隍 · 대왕大王 · 국사國師 · 고녀姑女 · 부녀府女를 모셨다. 조선의 국가제사, 즉 사전祀典에는 서악西岳으로 중사(中祀)에 편제되어 있다. 해마다 1월에 향香과 축문祝文 및 예물을 내려주고 원장제元狀祭)를 지냈으며 봄 · 가을 중월仲月에 절제節祭를 지냈고 극심한 가뭄이 들면 기우제를 지냈다. 위치는 『승람』에는 기록하지 않았지만, 『여지도서』에는 고암 위, 『중경지』에 송악정에 있었다고 하였다.

팔선궁과 용수산사는 『승람』에만 보이는데, 전자는 송악 정상에 있었다고 하며 후자는 위치 정보가 없지만, 용수산에 있었을 것이다. 오관산사의 위치는 『여지도서』와 『중경지』에 영통동 북쪽에 있다고 하였고, 사전에는 소사小祀로 편제되어 있어 해마다 연초 및 봄 · 가을로 향과 축문을 내려 제사지내게 하였다.

박연제단은 『여지도서』와 『중경지』에 있는 것으로, 위치정보는 기록하지 않았다. 예전에는 봄 · 가을로 제사지냈으나, 지금은 기우제만 지낸다고 하였다. 대정제단은 『여지도서』와 『중경지』에 보이는데, 가뭄이 들면 기우제를 지냈으며, 신당이 있었다.

독소는 『여지도서』와 『중경지』에 훈련원 뒤 곽재리郭在里에 위치하였는데, 예전에는 흥국사興國寺 터에 있었다고 한다. 해마다 경칩驚蟄 · 상강霜降에 여기에서 제사지냈다. 대국 · 덕물 2신당은 『여지도서』와 『중경지』에 보이며, 오정문 밖에 위치하였고 대국은 회회세자回回世子의 소상塑像이, 덕물에는 최영崔瑩의 소상이 있었다고 하였다. 『중경지』의 덕적산신당에는 최영의 소상이 있다고 하였다.

02

광주목廣州牧 : 廣州府

[도면 2] 고종 8년(1871)에 편찬된 『광주부읍지』(奎 12180)에 수록된 광주부廣州府
지도를 보면 남한산성 안에 사직단과 성황사가, 동부면에 향교가 있다.

광주목^(부)은 현재의 경기도 광주군 · 하남시 · 성남시 · 의왕시, 군포시 일대와 화성군 매송면 일부지역(원리 · 송라리 · 야목리 등), 안산시 일부지역(일동 · 이동 · 본오동 · 성포동), 서울특별시 송파구 · 강동구 일부지역, 남양주시 와부읍 일부지역에 있었다. 1917년까지 남한산성 안의 광주군 중부면 산성리가 광주목^(부)의 중심지였다.

본래 백제의 남한산성으로, 백제 시조 온조왕 13년^(기원전 6) 위례성慰禮城에서 이곳으로 도읍을 옮겼고, 근초고왕 26년(371)에 또 도읍을 남평양성으로 옮겼다. 신라가 백제를 멸망시키고 남한산성을 고쳐 한산주라 하고, 또 남한산주라고도 불렀다. 경덕왕 15년(756)에는 한주漢州라 그 이름을 고쳤고, 고려 태조 23년(940)에 지금 이름으로 고쳤다. 성종 2년(983)에 처음으로 12목牧을 두었는데 광주는 그 하나이다. 성종 14년(995)에 절도사를 두어 봉국군奉國軍이라 이름하고 관내도關內道에 예속시켰다. 현종 3년(1012)에 폐하여 안무사가 되었다가 현종 9년에 8목牧을 정할 때에 다시 목이 되었다. 이후 충선왕 2년(1310) 8목에서 제외되었으나, 공민왕 5년(1356) 다시 광주목으로 복구되었다. 조선시대에 광주목은 건국 초까지는 고려 말의 행정구역인 양광도 소관으로 있었다가 태조 4년(1395)에 경기소관이 되었다. 세조 때 진鎭을 두었고 인조 14년(1636)에 광주목은 광주부로, 숙종 9년(1683)에 유수로 승격되었다.

:: [표 5] 광주목(부)의 제사유적

	신증동국여지승람 사묘	여지도서 단묘
사직단	州西	在山城
문묘	鄕校	×
성황사	州南七里	在山城
여단	州北	在山城
溫王廟	×	在山城

광주목(부)의 지방제사는 『승람』 단계에는 사직단·문묘·성황사·여단이 있었고, 『여지도서』에는 문묘가 빠지고 온왕묘가 새로 단묘조에 편입되었으며 『경기읍지』에는 광주목이 없다.

사직단의 위치는 『승람』에는 광주목 관아에서 서쪽에 있었다. 『여지도서』에는 남한산성에 있었다고 한다. 문묘는 『승람』에는 향교에 있었는데, 이 향교는 관아의 서쪽에 있었다. 『여지도서』에는 문묘가 기록되어 있지 않지만, 학교學校조에 주의 북쪽 동부면東部面에 있으며 관문官門으로부터 15리 떨어져 있다고 하였다. 성황사의 위치에 대해 『승람』에는 관아 남쪽 7리에 있다고 하였고 『여지도서』에는 남한산성에 있었다고 한다. 여단은 『승람』에는 관아 북쪽에 있었다고 하였고 『여지도서』에는 남한산성에 있었다고 한다. 그리고 『여지도서』에는 온왕묘가 새로 편제되는데,[119] 그 성격을 알 수 없지만 남한산성에 있었다고 한다.

---

119) 온왕묘溫王廟와 현절사顯節祠에 치제致祭하고, 하교하기를, "현절사에 방금 치제하라는 명을 내렸거니와, 그 사손祀孫은 벼슬자리가 나는 대로 조용調用하도록 하라." 하였다.(『철종실록』 권 14, 철종 13년 9월 19일(무진))

03
여주목驪州牧

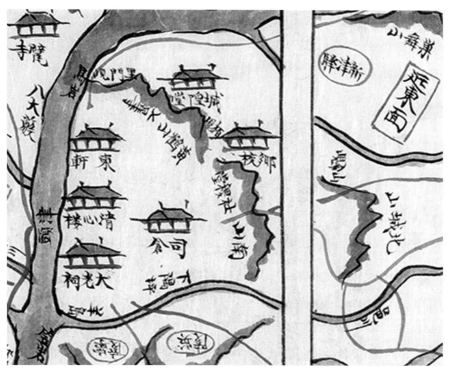

[도면 3] 고종 8년(1871)에 편찬된 규장각 소장 『경기읍지』(奎12177) 5책에 수록된 여주목
동헌의 오른쪽 윗부분에서 아래쪽으로 성황당·향교·사직당이 보인다.

여주목은 경기도 여주시의 시내(옛 여주읍)·가남면·금사면·능서면·대신면·산북면·점동면·흥천면 전체와 북내면의 내룡리·당우리·상교리·신남리·오금리·오학리·외룡리·주암리·천송리·현암리 그리고 양평군의 개군면에 있었다. 목의 중심지, 읍치邑治는 여주시 여주 시청 주변에 있었다.

본래 고구려의 골내근현骨乃斤縣이었고, 신라 경덕왕대에 황효黃驍로 고쳐 기천군沂川郡의 속현屬縣으로 삼았다. 고려 초에 황려현黃驪縣이라고 했고, 현종대 원주에 붙였다가, 뒤에 감무監務를 두었다. 고종대 영의永義로 명칭을 바꾸었고, 충렬왕 31년(1305)에 경순왕후敬順王后 김씨의 고향이므로 여흥군驪興郡으로 승격시켰다. 우왕이 황려부黃驪로 승격시켰다가 공양왕 원년(1389)에 다시 군이 되었다. 조선 태종 때 원경왕후의 관향이어서 도호부로 승격되었다. 조선 예종 1년(1469) 영릉을 천봉한 후 주州로 승격시켜 목사를 두었으며, 천녕현川寧縣을 이 고을로 옮긴 후 지금의 명칭인 여주驪州로 고쳤다.

:: [표 6] 여주목의 제사유적

	신증동국여지승람 사묘	여지도서 단묘	경기읍지 단유
사직단	州西	州南二里	州南二里
문묘	鄕校	鄕校	×
성황사	州南五里	州南三里	州南三里 *城隍壇
여단	州北	州北十里	州北十里 *厲祭壇
祈雨壇	×	州東三里	州東五里
沂川書院	×	州西三十里	×
孤山書院	×	州西三十里	×

여주목의 지방제사는 『승람』단계에는 사직단·문묘·성황사·여단이 있었고, 『여지도서』에는 이 1묘 3단 외에도 기우단과 기천서원·고산서원이 새

로 단묘조에 편입되었으며『경기읍지』에는 사직단·성황단·여제단·기우단
이 보인다.

사직단의 위치는『승람』에는 관아의 서쪽에 있었다고 하였고『여지도서』와
『경기읍지』에는 관아의 남쪽 2리에 있었다고 한다. 이로 볼 때 사직단이 서쪽에
서 남쪽으로 옮겨졌음을 알 수 있다. 문묘는『승람』과『여지도서』에는 향교에 있
었는데,『승람』을 보면 향교는 관아의 동쪽 2리에 있었다고 한다.『경기읍지』교
원校院조에 향교가 있는데, 이것은 관아의 남쪽 3리에 있었다고 한다. 성황사의
위치에 대해『승람』에는 관아 남쪽 5리에,『여지도서』와『경기읍지』에는 관아 남
쪽 3리에 있었다고 하였고『경기읍지』에는 성황사를 성황단이라고 하였다. 여단
은『승람』에는 관아 북쪽에,『여지도서』와『경기읍지』에는 관아 북쪽 10리에 있
었다고 하였다.『경기읍지』에는 여단을 여제단이라고 하였다.

『여지도서』에는 기우단과 기천서원, 고산서원이 새로 단묘조에 편입되었
다. 기우단은 주의 동쪽 10리에 있었고 기천서원과 고산서원은 주의 동쪽 30리
에 있었다고 한다. 기천서원은 김안국金安國의 신위를 가운데 모시고 이언적李彦
迪·홍인우洪仁佑·이원익李元翼·정엽鄭曄·홍명구洪命耉·이식李植의 신위를 곁
에 모셨다. 고산서원은 고려 때의 우정언右正言 이존오李存吾의 신위를 모셨다.

04
이천도호부利川都護府

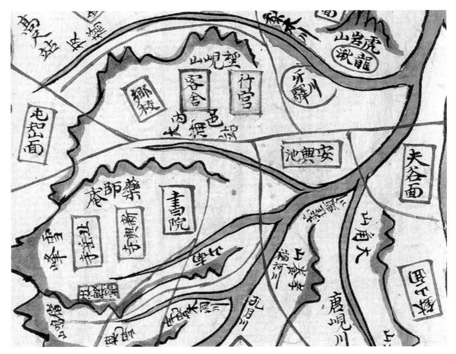

[도면 4] 고종 8년(1871)에 편찬된 규장각 소장 『경기읍지』(奎12177) 5책에 수록된 이천도호부의 그림식 지도
지도 윗 부분의 읍내에 향교와 망현산이 보이며, 지도 왼쪽에 설봉산이 그려져 있고 사직단도 보인다.

이천도호부는 현재의 이천시에서 설성면과 장호원읍, 율면을 제외한 이천시내 · 부발읍 · 대월면 · 모가면 · 호법면 · 마장면 · 신둔면 · 백사면에 있었다. 현재는 북한의 강원도 이천군과 판교군으로 나누어져 있다. 부의 중심지인 읍치邑治는 지금의 이천시내 창전동이다.

　　본래 고구려 남천현南川縣이었는데, 남매南買라고도 불렀다. 신라 진흥왕 때 주州로 승격되어 군주軍主를 두었다. 경덕왕 때 이름을 황무黃武라고 고치고 한주漢州의 영현으로 삼았다. 고려 태조가 남쪽을 정벌할 때 본군 사람 서목徐穆이 강을 건너는 것을 도와, 이천利川이라는 이름을 내리고 군으로 삼은 후 광주廣州에 속하게 했다. 고종 44년(1257)에 영창永昌이라고 불렀다. 공양왕 때에 왕의 조모 신씨의 고향이라는 이유로 남천군南川郡으로 승격되었다. 조선 태조 2년(1393)에 다시 이천현으로 고치고 감무를 두었다가, 태종 13년(1413)에 현감을 두었다. 세종 13년(1431)에 지현사를 두었고, 세종 26년(1444)에 천호 이상의 고을을 도호부로 승격시키면서 부로 승격되고, 정3품 부사 1인과 교수 1인을 두었다. 광해 5년(1613)에 이경준李景俊이 역적으로 주살되면서 현으로 강등되었다가, 인조 1년(1623)에 다시 부로 승격되었다. 인조 22년(1644)과 영조 5년(1729)에도 각각 역모로 인해 현으로 강등되었고, 효종 4년(1653)과 영조 14년(1738)에 회복되었다. 영조 26년(1750)에 수어청의 전영前營을 이천으로 옮겼다가 영조 34년(1758)에 다시 광주로 옮겼다. 정조 즉위년(1776)에도 역모로 현으로 강등되었다가, 정조 9년(1785)에 회복되었다.

	신증동국여지승람 사묘	여지도서 단묘	경기읍지 단묘
사직단	府西	府西四里 雪峯山東麓	府西四里雪峰山東麓
문묘	鄕校	×	×
성황사	雪峯山	府北一里 鄕校紅箭門外右邊 *城隍壇	府北一里許 鄕校外紅門右邊 *城隍壇
여단	府北	在府北五里 雪峯山北麓	府北五里 望峴山北麓
大成殿	×	府北一里許	×
書院祠宇	×	위치 정보 없음	×
三賢祠宇	×	府西二里許	×

　　이천도호부의 지방제사는 『승람』 단계에는 사직단·문묘·성황사·여단이 있었고, 『여지도서』에는 문묘가 빠지고 대성전이 단묘조에 편입되었으며, 서원사우와 삼현사우가 더해졌다. 『경기읍지』에는 사직단·문묘·성황단 만이 보인다.

　　사직단의 위치는 『승람』에는 부의 서쪽에, 『여지도서』와 『경기읍지』에는 부의 서쪽 설봉산 동쪽 기슭에 있었다고 한다. 문묘는 『승람』에는 향교에 있었는데, 이 향교는 부의 북쪽 3리에 있었다. 『여지도서』에는 문묘 대신 대성전이 편제되어 있는데, 이것은 부의 북쪽 1리쯤에 있었다고 한다. 성황사의 위치에 대해 『승람』에는 부의 북쪽에 있다고 하였고 『여지도서』와 『경기읍지』에는 부의 북쪽 1리에, 향교의 홍살문 밖 오른쪽에 있었다고 하였다. 여단은 『승람』에는 주 북쪽에, 『여지도서』에는 부의 북쪽 5리 설봉산 북쪽 기슭에, 『경기읍지』에는 부의 북쪽 5리 망현산 북쪽 기슭에 있었다.

　　『여지도서』의 서원사우는 복천福川 서희徐熙, 율정栗亭 이관의李寬義, 모재慕齋 김안국金安國의 신위를 모셨고, 삼현사우는 명종 19년(1564)에 부사 정현鄭礥이 고을의 안흥지安興池 가에 세웠으나, 선조 25년(1592)에 설봉산雪峯山 아래로 옮

겨 세웠는데, 부府의 서쪽 2리쯤에 있었다. 설봉서원雪峯書院이라고 이름을 짓고
봄 · 가을로 제사를 지냈는데, 사액賜額은 받지 못했다.

05
양근군楊根郡

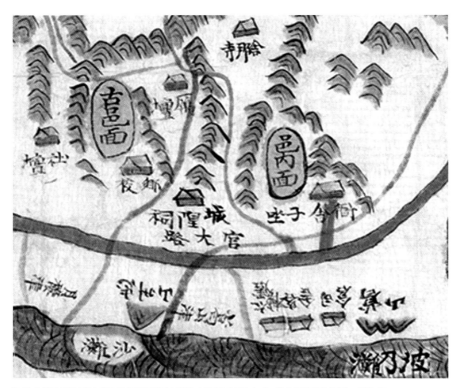

[도면 5] 헌종 8년(1842)과 헌종 9년경에 편찬된 규장각 소장 『경기지』(奎12178) 4책에 수록된 양근군의 그림식 지도
지도의 고읍면에 사단 · 향교 · 성황사 · 여단이 보인다.
읍내면邑內面은 고을의 중심지가 속한 면이고, 고읍면古邑面은 고을의 옛 중심지가 있는 면이기 때문에 붙은 이름이다.

양근군은 현재의 경기도 양평군 강상면 · 강하면 · 서종면 · 양서면 · 양평읍 · 옥천면, 가평군의 설악면 전체와 청평면의 삼회리, 광주시 남종면의 검천리 · 귀여리 · 분원리 · 수청리 · 우천리에 있었다. 원래 군의 중심지는 옥천면의 옥천리에 있었는데, 영조 23년(1747)에 양평읍의 양근리로 옮겼다.

　　본래 고구려의 양근군인데, 일명 항양恒陽이라고도 하였다. 신라에서 빈양濱陽이라 고쳐 기천군沂川郡의 영현領縣으로 삼았고, 고려에서 옛 이름을 회복하여 광주廣州에 예속하였다. 명종 5년(1175)에 감무監務를 두었고, 고종이 영화永化라고 일컬었으며, 원종 10년(1269)에 위사공신衛社功臣 김자정金自廷의 향리鄕里였으므로, 승격하여 익화 현령益和縣令으로 삼았으며, 공민왕 5년(1356)에 승격시켜 군으로 만들어 지금 이름으로 회복하였다. 조선 세조 12년(1466)에 양근군이 되어 조선시대 동안 유지되었다. 지방제도 개정에 의해 고종 32년(1895)에 춘천부 양근군, 고종 33년에 경기도 양근군이 되었다가, 순종 1년(1908)에 지평군과 통합, 양평군으로 이름이 바뀌었다.

:: [표 8] 양근군의 제사유적

	신증동국여지승람 祠廟	여지도서 단묘	경기읍지 祠宇
사직단	郡西	郡北13里	郡北十三里
문묘	鄕校	鄕校	×
성황사	郡西十里	郡北十里	郡北十里
여단	郡北	郡北十五里	郡北十里
迷源書院	×	郡北六十里	×

　　양근군의 지방제사는『승람』단계에는 사직단 · 문묘 · 성황사 · 여단이 있었고,『여지도서』단묘조에는 미원서원이 추가되었고,『경기읍지』에는 사직단 ·

성황사 · 여단만이 보인다.

사직단의 위치는 『승람』에는 군의 서쪽에, 『여지도서』와 『경기읍지』에는 군의 북쪽 13리에 있었다고 한다. 이것은 사직단의 위치가 군의 서쪽에서 북쪽으로 바뀌었음을 알려준다. 문묘는 『승람』과 『여지도서』에는 향교에 있었는데, 향교는 군의 서쪽 3리에 있었다. 『경기읍지』에는 문묘가 빠져 있다. 성황사의 위치는 『승람』에서 군의 서쪽 10리에, 『여지도서』와 『경기읍지』에는 군의 북쪽 10리에 있었다고 한다. 여단의 위치는 『승람』에는 군 북쪽에, 『여지도서』에는 군의 북쪽 15리에 있었다고 한다. 『여지도서』의 미원서원은 군의 북쪽 60리에 있는데, 숙종 14년(1688)에 세웠고, 조광조趙光祖 · 김식金湜의 신위를 가운데 모시고, 남언경南彦經 · 이제신李濟臣 · 김육金堉을 추가로 모셨다.

06
지평현砥平縣

[도면 6] 고종 9년(1872) **지방지도**砥平縣地圖
지도 위쪽에 성황당이, 객사 왼쪽에 향교가, 지도 왼쪽 아래쪽에 사직과 여단이 보인다.

지평현은 현재의 양평군 지평면, 양동면, 청운면, 단월면, 용문면 일대에 있었으며 현의 중심인 읍치邑治는 양평군 지제면 지평리에 있었다.

본래 고구려 때 지현현砥峴縣이었다. 신라 때 지평砥平으로 고치고 삭주朔州의 속현이 되었다. 고려 현종 때 광주廣州에 소속되었고, 우왕 때는 유모 장씨張氏의 고향이라 하여 감무가 설치되었다가 폐지되었다. 공양왕 3년(1391)에 철장鐵場을 현 내에 두고 감무를 두었다. 조선 태종 13년(1413)에 예에 따라 현감으로 고쳤다. 조선 숙종대에 강상죄인 해옥亥玉으로 인해 지평이 양근군에 소속되었다가 다시 현으로 승격된 사실을 기재했다. 지평의 역대 군명郡名으로는 지현 · 지제砥堤 등이 있었다.

:: [표 9] 지평현의 제사유적

	신증동국여지승람 사묘	여지도서	경기읍지 단묘
사직단	縣西	縣西	縣西二里
문묘	鄕校	鄕校	縣北二里
성황사	縣北	縣北	縣北一里
여단	縣北	縣北	縣西一里

지평현의 지방제사는『승람』과『여지도서』·『경기읍지』에 3단 1묘 즉 사직단 · 문묘 · 성황사 · 여단이 보인다.

사직단의 위치는『승람』과『여지도서』에는 현의 서쪽에,『경기읍지』에는 현의 서쪽 2리에 있었다고 한다. 문묘는『승람』과『여지도서』에는 향교에 있었는데, 향교는 현의 남쪽 1리에 있었다.『경기읍지』에는 현 북쪽 2리에 문묘가 있었다. 이것은 지평현의 문묘 위치가 남쪽에서 북쪽으로 옮겨졌음을 알려준다. 성황사의 위치는『승람』과『여지도서』에는 군의 북쪽에,『경기읍지』에는 군의 북쪽 1리에 있었다고 한다. 여단은 『승람』과 『여지도서』에는 현 북쪽에, 『경기읍지』에는 현의 서쪽 1리에 있었다. 이처럼 지평현의 여단은 북쪽에서 서쪽으로 옮겨졌다.

07
음죽현陰竹縣

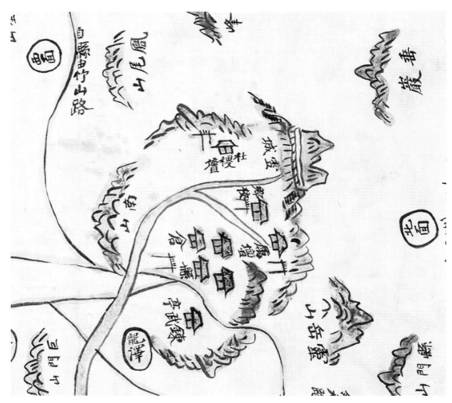

[도면 7] 고종 8년(1871)에 편찬된 규장각 소장 『경기읍지』(奎12177) 6책에 수록된 음죽현의 그림식 지도
지도에 여단과 향교, 사직단이 보인다.

음죽현은 경기도 이천시의 설성면 · 율면 · 장호원읍과 충주시 생극면의 관성리 · 도신리 · 병암리에 있었다. 현의 중심지는 설성산雪城山 동쪽 기슭 장호원읍 선읍리에 있었다. 이 지역은 남한강 일대의 교통의 중심지로 서울에서 조령鳥嶺을 통해 영남지방으로 가는 대로大路가 거치는 곳이다.

본래 고구려 노음죽현奴音竹縣인데, 신라에서 지금 이름으로 고쳐 개산군介山郡의 영현領縣으로 삼았다. 고려 현종 9년(1018)에 충주에 소속시켰다가 뒤에 감무를 두었고, 조선 태종 13년(1413)에 현으로 삼아, 충청도에서 경기도에 예속시켰다. 1914년에 행정구역 개편으로 음죽군陰竹郡은 폐하여졌다. 음죽의 별호는 설성이었다.

:: [표 10] 음죽현의 제사유적

	신증동국여지승람 사묘	여지도서 단묘	경기읍지 단묘
사직단	縣西	縣西	官門西距二里
문묘	鄕校	×	×
성황사	縣北	縣北	×
여단	縣北	縣北	官門北距三里 *厲祭壇
鄕校	×	縣北	×

음죽현의 지방제사는『승람』단계에는 사직단 · 문묘 · 성황사 · 여단이 있었고,『여지도서』에는 문묘가 빠지고 향교가 단묘조에 편입되었으며『경기읍지』에는 사직단 · 여제단이 보인다.

사직단의 위치는『승람』과『여지도서』에는 현의 서쪽에,『경기읍지』에는 관문에서 서쪽으로 2리 떨어져 있었다고 한다. 문묘는『승람』에는 향교에 있었는데, 이 향교는 현의 북쪽 2리에 있었다.『여지도서』에는 문묘가 빠져 있다. 대신

학교學校조에 향교가 관문에서 북쪽으로 2리 떨어져있다고 하였다.

성황사의 위치에 대해 『승람』과 『여지도서』에는 군의 북쪽에 있었다고 하며 『경기읍지』에는 성황사가 보이지 않는다. 여단은 『승람』과 『여지도서』에는 군의 북쪽에, 『경기읍지』에는 여제단이 관문에서 북쪽으로 3리 떨어져 있었다고 한다.

08
양지현陽智縣

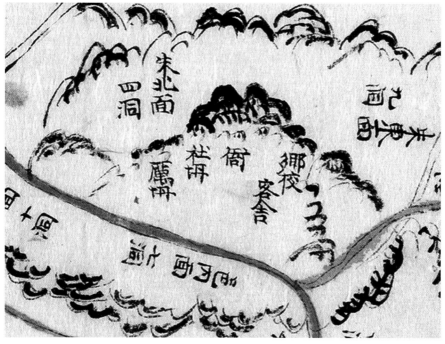

[도면 8] 헌종 8년(1842)과 헌종 9년경에 편찬된 규장각 소장 『경기지』(奎12178) 3책에 수록된 양지현의 그림식 지도
관아를 중심으로 오른쪽에 향교가, 왼쪽에 사담과 여담이 보인다.

양지현은 현재의 용인시 처인구의 양지읍 전체, 시내의 마평동 · 운학동 · 해곡동, 백암면의 고안리 · 박곡리 · 백봉리, 원삼면의 목신리 · 학일리, 안성시의 고삼면 전체, 양성면의 노곡리 · 미산리, 일죽면의 능국리에 있었다. 현의 중심지인 읍치邑治는 양지면 양지리에 있었다.

본래 수주水州의 양량陽良 부곡部曲인데, 조선 정종 원년(1399)에 지금의 이름으로 고쳤고, 정종 2년(1400)에 처음으로 현을 두어 감무를 두었고, 태종 13년(1413) 현감을 두었고, 현의 읍내를 광주廣州 추계향秋溪鄕으로 옮겼으며, 또 죽주竹州의 고안高安 · 대곡大谷 · 목악木岳 · 제촌蹄村 등 네 부곡을 분할하여 붙이고, 충청도에서 옮겨 경기도로 예속시켰다. 양지의 별호는 양산 · 추계였다. 지방제도 개정에 따라 1895년에 충주부 양지군, 1896년에 경기도 양지군이 되었다, 1914년 용인군에 편입되었다.

:: [표 11] 양지현의 제사유적

	신증동국여지승람 사묘	여지도서	경기읍지
사직단	縣西	縣西一里	위치 정보 없음
문묘	鄕校	鄕校 縣東一里	×
성황사	縣北三里	縣西二里	×
여단	縣北	×	위치 정보 없음 *厲祭壇
祈雨壇	×	縣南四里 御隱山	위치 정보 없음 *祈雨祭壇

양지현의 지방제사는 『승람』 단계에는 사직단 · 문묘 · 성황사 · 여단이 있었고, 『여지도서』에는 여단이 보이지 않고 기우단이 새로 편제되었으며 『경기읍지』에는 사직단 · 여제단 · 기우제단이 보인다.

사직단의 위치는 『승람』에는 현의 서쪽에, 『여지도서』에는 현의 서쪽 1리에, 『경기읍지』에는 그 위치가 기록되어 있지 않는 대신 신실이 1칸이며 홍문紅門은 사방四方에 있고, 단壇은 4칸이라고 하였다.

문묘의 위치에 대해 『승람』에는 향교에 있었는데, 향교는 현 서쪽 1리에 있었다. 『여지도서』에는 문묘가 향교에 있는데, 향교는 현의 동쪽 1리에 있다고 하였다. 이로 볼 때 양지현의 향교는 서쪽에서 동쪽으로 옮겨졌음을 알 수 있다. 『경기읍지』에는 문묘가 보이지 않는다.

성황사의 위치에 대해 『승람』에는 현의 북쪽 3리에, 『여지도서』에는 현의 서쪽 2리에 있었다고 한다. 여단은 『승람』에는 현의 북쪽에, 『경기읍지』에는 그 위치는 기록되어 있지 않지만, 신실이 1칸이며 단壇은 4칸인 여제단을 신미년에 고쳤다고 한다.

기우단은 『여지도서』에 처음 편제되었는데, 현의 남쪽 4리 어은산에 있었다고 하며, 『경기읍지』에는 기우제단의 위치는 기록되어 있지 않지만, 남단南壇이 1칸이고 북단北壇이 1칸이라고 하였다.

09
죽산현竹山縣 : 竹山府

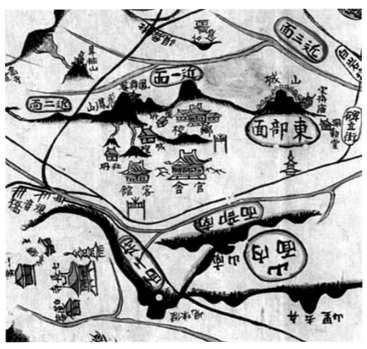

[도면 9] 고종 28년(1891)에 편찬된 경기도 『죽산부읍지』(古 915.12-J936b)에 수록된 지도
읍치 공간에는 관사官舍 · 객관客館 · 향교鄕校 · 사단社壇 · 성황단城隍壇 · 여단厲壇 등이 그려져 있다.

죽산도호부는 현재의 안성시 삼죽면과 죽산면, 보개면의 남평리 · 동평리 · 북가현리, 일죽면의 가리 · 고은리 · 금산리 · 방초리 · 산북리 · 송천리 · 월정리 · 장암리 · 주천리 · 죽림리 · 화곡리, 용인시 백암면의 가좌리 · 가창리 · 근곡리 · 근삼리 · 근창리 · 백암리 · 석천리 · 옥산리 · 용천리 · 장평리, 원삼면의 가좌월리 · 고당리 · 두창리 · 마성리 · 문촌리 · 맹리 · 미평리 · 죽릉리에 걸쳐 있었다. 현의 중심지인 읍치邑治는 죽산면의 죽산리에 있었다.

본래 고구려의 개차산군皆次山郡인데, 신라에서 고쳐 개산介山으로 일컬었다. 고려 초에 죽주竹州로 고쳤고, 성종이 단련사團練使를 두었다가 목종이 폐하였다. 현종 9년(1018)에 광주廣州에 붙였으며, 명종 2년(1172)에 감무監務를 두었다. 조선 태종 13년(1413)에 지금의 이름으로 고쳐 현으로 삼았다. 세종 16년(1434)에는 충청도에서 옮겨 경기京畿에 예속시켰다. 『증보문헌비고』 · 『여지도서』 등에는 죽산현이 중종 38년(1543)에 도호부로 승격되었다고 기록했으나, 반계 유형원이 편찬한 『동국여지지』에는 광해군대에 도호부로 승격된 것으로 기록되어 있다. 조선시대에는 경기도에서 충청좌도를 거쳐 경상도로 연결되는 교통상의 요지였으며, 별호는 음평陰平 · 연창延昌 · 죽주竹州였다.

:: [표 12] 죽산현(부)의 제사 유적

	신증동국여지승람 사묘	여지도서 단묘	경기읍지 단묘
사직단	縣西	飛鳳山下	飛鳳山下
문묘	鄕校	鄕校	×
성황사	縣北三里	飛鳳山下 *城隍壇	飛鳳山下 *城隍壇
여단	縣北	飛鳳山下	飛鳳山下

죽산현(부)의 지방제사는 『승람』과 『여지도서』에는 사직단 · 문묘 · 성황사 · 여

단이 있었고,『경기읍지』에는 문묘가 보이지 않는다.

　　사직단의 위치는『승람』에는 현의 서쪽에,『여지도서』와『경기읍지』에는 비봉산 아래에 있었다고 한다. 문묘는『승람』에 향교에 있었는데, 향교는 현 서쪽 3리에 있었다.『여지도서』에도 문묘는 향교에 있다고 하였지만,『승람』과 달리『여지도서』학교조를 보면 향교는 부의 북쪽 동부면東部面에 있으며 관문官門에서 5리 거리에 있었다.『경기읍지』에는 문묘가 빠져 있는데, 학교學校 조에 향교는 부의 북쪽 동부면에 있으며 관문에서 동쪽으로 3리 거리에 있었다.

　　성황사의 위치에 대해『승람』에는 현의 북쪽 3리에,『여지도서』와『경기읍지』에는 성황단이 비봉산 아래에 있었다고 한다. 여단은『승람』에는 현의 북쪽에,『여지도서』와『경기읍지』에는 비봉산 아래에 있었다.

10
과천현果川縣

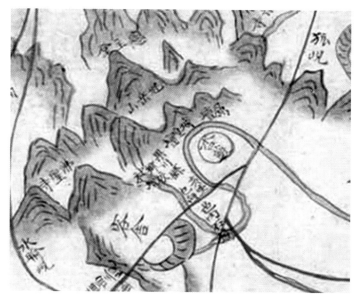

과천현은 현재의 경기도 과천시, 군포시의 군포동·금정동·당정동·부곡동·산본동, 안양시의 동안구와 박달동·석수동을 제외한 만안구, 서울특별시 동작구의 노량진동·동작동·본동·사당동, 서초구의 반포동·방배동·서초동·신원동·양재동·우면동·원지동·잠원동에 있었다. 현의 중심지인 읍치邑治는 과천시의 관문동에 있었다. 관아 터는 현재의 과천초등학교 자리인데, 지금도 객사의 주춧돌이 교정에 남아 있다.

본래 고구려의 율목군栗木郡인데 하나는 동사힐多斯肹이라고도 한다. 신라 경덕왕이 율진군栗津郡으로 고쳤고, 고려 초년에 과주果州로 고쳤으며, 현종 9년(1018)에 광주廣州에 예속시켰고, 뒤에 감무監務를 두었다. 조선 태종 13년(1413)에 지금 이름으로 고치고, 예에 의하여 현감縣監으로 삼았으며, 태종 14년에 금천衿川과 병합하여 금과衿果라고 일컬었다가 두어 달 뒤에 파하였다. 세조 때에 금천으로 와서 현에 합하였다가 얼마 안 되어 각각 복구하였다.

:: [표 13] 과천현의 제사유적

	신증동국여지승람 사묘	여지도서 단묘	경기읍지 사묘
사직단	縣西	縣西二里	×
문묘	鄕校	×	×
성황사	縣西三里	縣北一里 *城隍壇	×
여단	縣北	縣北一里	×
祈雨祭壇(2)	×	清溪山百花洞 縣東八里, 冠岳山 縣東十里	×
鄕校	×	縣西二里	×
愍節書院	×	縣北二十里 下加次山里	縣北二十里 下加次山里
鷺江書院	×	縣北二十里 上加次山里	縣北二十里 上加次山里
四忠書院	×	縣北二十五里 甕幕里	縣北二十五里 瓮幕里
滄江書院	×	縣西十五里 虎溪里	縣西十五里 虎溪里

과천현의 지방제사는 『승람』 단계에는 사직단 · 문묘 · 성황사 · 여단이 있었고, 『여지도서』에는 『승람』의 문묘가 보이지 않고 기우제단 · 향교 · 민절서원 · 노강서원 · 사충서원 · 창강서원이 단묘조에 새로 편제되었으며 『경기읍지』에는 민절서원 · 노강서원 · 사충서원만이 보인다.

사직단의 위치는 『승람』에는 현의 서쪽에, 『여지도서』에는 현의 서쪽 2리에 있었다고 한다. 『경기읍지』에는 사직단이 보이지 않는다. 문묘는 『승람』에 향교에 있었는데, 향교는 현 서쪽 2리에 있었다. 『여지도서』에는 문묘가 단묘조에서 빠지고 향교가 그 자리를 차지하였다. 향교는 현의 서쪽 2리에 있었다. 『경기읍지』에는 문묘가 보이지 않지만, 학교조에 향교가 병자년에 병란으로 불에 타서 기묘년에 현감 최응형崔應亨이 중건하였고, 경오년에 현감 황이명黃爾明이 옮겨 세웠다고 하였다.

성황사의 위치는 『승람』에는 현의 서쪽 3리에, 『여지도서』에는 현의 북쪽 1리에 성황단이 있었다고 한다. 『경기읍지』에는 성황사가 보이지 않는다. 여단은 『승람』에는 현의 북쪽에, 『여지도서』에는 현의 북쪽 1리에 있었는데, 『경기읍지』에는 문묘가 보이지 않는다. 기우제단은 『여지도서』에 처음 등장한다. 2곳으로 하나는 현의 동쪽 8리에 있는 청계산 백화동에 있으며, 하나는 현의 서쪽 10리의 관악산에 있었다고 한다.

『여지도서』에는 민절서원 · 노강서원 · 사충서원 · 창강서원이 보인다. 민절서원은 현의 북쪽 20리 하가차산리에 위치하며 『경기읍지』에도 보인다. 단종의 복위를 꾀하다 처형된 6명의 충신인 사육신死六臣, 박팽년朴彭年 · 성삼문成三問 · 이개李塏 · 하위지河緯地 · 유성원柳誠源 · 유응부兪應孚를 모셨다. 숙종 7년(1681)에 처음 세우고 숙종 18년(1692)에 사액賜額을 받았다. 노강서원은 현의 북쪽 20리 상가차산리에 위치하며 현의 북쪽 20리 하가차산리에 있으며『경기읍지』에도 보인다. 숙종 때 응교應校를 지낸 박태보朴泰輔의 사당으로, 숙종 20년(1694)에 세웠고 숙종 23년(1697)에 사액을 받았다.

　　사충서원은 현의 북쪽 25리 옹막리에 있는데,『경기읍지』에도 보인다. 충헌공忠獻公 몽와夢窩 김창집金昌集, 충문공忠文公 소재疏齋 이이명李頤命, 충익공忠翼公 이우당二憂堂 조태채趙泰采, 충민공忠愍公 한포재寒圃齋 이건명李建命의 위패를 함께 모시고 제사지낸다. 영조 2년(1726)에 서원을 세웠고 곧바로 사액을 받았으며 영조 3년(1727)에 서원을 헐었다가 영조 32년(1756)에 다시 세웠다. 창강서원은 현의 서쪽 15리 호계리에 있는데,『경기읍지』에도 보인다. 독암獨庵 조종경趙宗敬과 창강滄江 조속趙涑의 위패를 함께 모시고 제사지냈다. 숙종 42년(1716)에 처음 세웠고 사액을 받았다.

11
수원도호부 水原都護府

[도면 11] 정조 9년(1785)~1789년경 편찬된 『수원부읍지』(奎 10743)에 수록된 경기도 수원부 지도
화산花山 아래 부내府內가 있고, 오른쪽으로 독성산성禿城山城이 표시되어 있다.
아사衙舍·향교·서원·창고를 건물로 나타내고 명칭을 적었다.

수원도호부는 현재의 수원시, 오산시, 옛 남양과 광주 영역을 제외한 화성시와 평택시 포승면, 청북면, 안중면, 현덕면, 오서면에 있었다. 읍치邑治는 태안읍 송산리의 화산花山 아래에 있었는데, 정조 13년(1789) 현재의 팔달산八達山 동쪽 기슭으로 옮겼다.

　　본래 고구려의 매홀군買忽郡인데, 신라 경덕왕이 수성군水城郡이라 고쳤다. 고려 태조가 남쪽으로 정벌할 때에, 이 고을 사람 김칠金七 · 최승규崔承珪 등이 귀순하여 힘을 다하였으므로, 그 공로로 승격시켜 수주水州라 하였다. 고려 성종이 도단련사都團鍊使를 두었는데, 목종穆宗이 혁파하였고, 현종 9년(1018)에 지수주사知水州事로 회복하였다. 원종 12년(1271)에 착량窄梁에 방수防戍하고 있는 몽고 군사가, 대부도大部島에 들어가서 주민들을 침노하고 노략질하자, 섬사람들이 원망하고 분하게 여겨 몽고 군사를 죽이고 반란을 일으켰다. 부사副使 안열安悅이 군사를 거느리고 가서 쳐 평정하자, 그 공로로 도호부로 승격시켜 지금의 이름으로 고치었다. 뒤에 또 승격시켜 수주목水州牧이 되었는데, 충선왕 2년(1310)에 모든 목사牧使를 없앰에 따라, 강등시켜 수원부水原府를 만들었다. 공민왕 11년(1362)에 홍건적紅巾賊이 선봉先鋒을 보내어 양광도楊廣道의 주군州郡에게 항복하기를 권유하자, 수원부 사람들이 가장 먼저 맞아 항복하여, 적의 형세를 더욱 강성하게 만들었다. 때문에 강등되어 군이 되었는데, 군사람들이 재상 김용金鏞에게 중한 뇌물을 바치니 다시 부府가 되었다. 조선 태종 13년(1413)에 예例에 의하여 도호부都護府로 고쳤고, 세조世祖 때에 진鎭을 설치하고, 또 판관判官을 두었다. 태조 4년(1395) 양광도에서 경기도로 편입된 수원은 태종 13년(1413)에 도호부가 되었다. 세조 2년(1456)에는 진鎭을 설치하고 판관을 두었으며, 중종 21년(1526)에 고을사람 가운데 어버이를 죽인 사건이 일어나서 군으로 강등되었다. 진은 인주仁州(현재의 인천)로 옮겼다가 중종 30년(1535)에 다시 수원으로 이전하였다. 정조 13년(1789) 정조가 아버지 사도세자의 능을 화산華山으로 옮긴 이후 정조 17년(1793) 유수부로 승격되고 유수가 장용외사壯勇外使와 행궁정리사行宮整理使를 겸하게 하였다가 순조 2년(1802)에 폐합하였다.

:: [표 14] 수원부의 제사유적

	신증동국여지승람 사묘	여지도서 단묘
사직단	府西	府西五里
문묘	鄕校	舊在府西三里 顯宗二年 移建于府南二里禿城山
성황사	府東五里	府東五里
여단	府北	府北五里 *癘壇
梅谷書院	×	府西十五里 好梅折面鷗岳山下

수원부의 지방제사는『승람』과『여지도서』에 사직단 · 문묘 · 성황사 · 여단이 있었고,『여지도서』단묘조에 매곡서원이 새로 편제되었다.『경기읍지』에는 수원부가 없다.

사직단의 위치는『승람』에는 부의 서쪽에,『여지도서』에는 부의 서쪽 5리에 있었다고 한다. 문묘는『승람』에는 향교에 있었는데, 향교는 부의 서쪽 3리에 있었다.『여지도서』에는 문묘가 예전에는 부의 서쪽 3리에 있었는데, 현종 2년(1661)에 부의 남쪽 2리 독성산禿城山으로 옮겼다고 한다. 여기에는 이경원李慶遠의 명륜당중수기明倫堂重修記가 있다.

성황사의 위치는『승람』과『여지도서』에 부의 동쪽 5리에 있었다고 한다. 여단은『승람』에는 주 북쪽에,『여지도서』에는 부의 북쪽 5리에 있었다. 매곡서원은『여지도서』에 처음 나오는데, 문정공文正公 송시열宋時烈이 이 지역을 왕래했기 때문에 많은 선비들이 요청해서 세웠다. 부의 서쪽 15리 호매절면 치악산 아래에 있었다.

12
부평도호부富平都護府

부평도호부는 현재의 인천광역시 계양구·부평구, 경기도 부천시의 소사구·오정구·원미구, 서울특별시 안양천 서쪽의 구로구와 강서구의 오곡동·오쇠동에 있었다. 부의 중심지는 인천광역시 계양구 계산동의 계양산 아래에 있었다.

본래 고구려 주부토군主夫吐郡인데 신라 때 장제長堤로 고치고, 고려 초에 수주樹州로 고쳤으며, 고종 때 계양桂陽이라 하고, 충렬왕 때 길주목吉州牧으로 승격되었다. 충선왕 2년(1310)에 부평으로 바꾸어 부府로 강등시켰으며, 조선 태종 13년(1413)에 규례에 따라 도호부로 하였다. 다시 강등과 복구를 거쳐 숙종 11년(1685)에 군영을 설치하고 진무영 전영장前營將을 겸하게 하였다. 숙종 24년(1698)에 현으로 강등되었다가 10년 후에 복구되었다.

:: [표 15] 부평부의 제사유적

	신증동국여지승람 사묘	여지도서 단묘	경기읍지 사묘
사직단	府西	府西二里	府西二里 神室舊在邑里卑汚之地 今上乙巳府使李溆移建于壇後
문묘	鄕校	鄕校 府西二里	×
성황사	府北二里	府南二里	府南二里 壇舊在路傍 今上乙巳移築 神室在府北三里
여단	府北	府北三里	在府三里

부평부의 지방제사는『승람』과『여지도서』에는 사직단·문묘·성황사·여단이 있고,『경기읍지』에는 문묘가 보이지 않는다.

사직단의 위치는 부의 서쪽 2리에 있었는데,『경기읍지』에는 신실이 예전에는 읍리 비오의 땅에 있다고 하였는데, 정조 9년(1785)에 부사 이서李溆가 단의 뒤로 이건한 사실을 밝혔다. 문묘는『승람』과『여지도서』에 향교에 있었는데,『승람』의 향교는 부의 북쪽 3리에 있었다.『여지도서』에는 향교가 부의 서쪽 2

리에 있다고 하였다.『경기읍지』에는 문묘가 빠져 있는데, 학교조에 향교가 부의 서쪽 2리에 있다고 한다. 따라서 부평부의 향교는 부의 북쪽에서 서쪽으로 옮겨졌음을 알 수 있다.

성황사는『승람』에는 부의 북쪽 2리에,『여지도서』와『경기읍지』에는 부의 남쪽 2리에 있었다고 하였다.『경기읍지』에 예전에는 노방路傍에 있었는데, 정조 9년(1785)에 이건한 사실을 밝혔다. 여단은『승람』에는 부의 북쪽,『여지도서』와『경기읍지』에는 부의 북쪽 3리에 있었다고 한다.

13
남양도호부南陽都護府

[도면 13] 고종 36년(1899)에 편찬된 『남양군읍지』(奎 10705)에 수록된 남양군 지도
읍치에 향교 · 사직단 등이 보인다.

남양도호부는 현재의 경기도 화성시 마도면·서신면·송산면, 신외리·장전리·수화리를 제외한 남양읍, 유포리·삼화리를 제외한 비봉면, 봉담읍의 상기리, 향남읍의 구문천리·상신리·하길리, 안산시 단원구의 남동·대부동·동동·북동·선감동, 인천광역시 옹진군의 영흥면·자월면에 있었다. 부의 중심지인 읍치는 남양읍의 남양리에 있었다.

　　본래 고구려 당성군唐城郡이다. 신라 경덕왕이 당은唐恩으로 고쳤다가, 고려 초년에 예전 이름을 회복하였고, 현종 9년(1018)에 수주水州에 속했다가 뒤에 옮겨 인주仁州에 붙였고, 명종이 감무監務를 두었다. 충렬왕 16년(1290)에 고을 사람 홍다구洪茶丘가 원에 벼슬하여 정동행성 우승右丞이 되었으므로 지익주사知益州事로, 뒤에 강녕도호부江寧都護府로, 또 익주목益州牧으로 승격되었다. 충선왕 2년(1310)에 여러 목을 없앨 때에 지금 이름으로 고치고 강등하여 부를 만들었다. 조선 초 군현제 개편으로 태종 13년(1413)에 남양도호부가 되었다. 남양에는 세조~성종대까지 경기수군절도사영이 화량진花梁鎭에 설치되어 경기도 해안방어의 중심지 역할을 했다. 인조 22년(1644)~효종 4년(1653), 현종 6년(1665)~현종 15년(1674)에 잠시 현으로 강등되기도 했다. 정조 16년(1792)에 수원진을 남양으로 옮겨 설치했다. 별호는 영제寧堤·과포戈浦였다.

:: [표 16] 남양도호부의 제사유적

	신증동국여지승람 사묘	여지도서 단묘	경기읍지 단묘
사직단	府西	府西	自官門西距二里
문묘	鄕校	×	×
성황사	府西三十里	×	×
여단	府北	府西	自官門西距三里 *厲祭壇
龍栢祠	×	府內	自官門南距三里
安谷書院	×	府西三十里	自官門西距三十里

남양도호부의 지방제사는 『승람』 단계에는 사직단·문묘·성황사·여단이 있었고, 『여지도서』와 『경기읍지』에는 문묘와 성황사가 빠지고 용백사와 안곡서원이 단묘조에 편제되어 있다.

사직단의 위치는 『승람』과 『여지도서』에는 현의 서쪽에, 『경기읍지』에는 관문에서 서쪽 2리에 있었다고 한다. 문묘는 『승람』에만 보이는데, 향교에 있었다고 한다. 향교는 부의 동쪽 2리에 있었다. 성황사도 『승람』에만 보이며, 부의 서쪽 3리에 있었다고 한다. 여단은 『승람』에는 현의 북쪽에, 『여지도서』에는 현의 서쪽에, 『경기읍지』에는 여제단이 관문에서 서쪽으로 3리라고 하여 그 위치가 북쪽에서 서쪽으로 옮겨갔음을 알 수 있다.

용백사와 안곡서원은 『여지도서』와 『경기읍지』에 보인다. 용백사는 『여지도서』에는 부내에, 『경기읍지』는 관문에서 남쪽으로 3리 거리에 있었다고 한다. 제갈량諸葛武侯의 묘廟로, 문정공文定公 호안국胡安國의 위패와 부사府使 윤계尹棨의 위패를 함께 사당에 모시고 제사지냈다. 현종 10년(1669)에 사액賜額을 받았다.

안곡서원은 『여지도서』에는 부의 서쪽 30리에, 『경기읍지』에는 관문에서 서쪽으로 30리 떨어져 있었다고 한다. 기묘명현己卯名賢 박세훈朴世勳, 박세희朴世熹의 위패와 인재忍齋 홍섬洪暹의 위패를 추가로 모시고 제사지낸다. 우암尤菴 송시열宋時烈이 지은 기문記文이 있었다고 한다.

14
인천도호부 仁川都護府

[도면 14] 헌종 8년(1842)과 헌종 9년경에 편찬된 규장각 소장 『경기지』(奎12178) 1책에 수록된 인천도호부의 그림식 지도
부의 중앙에 향교와 학산서원이 보인다.

인천도호부는 현재의 인천광역시 남구·남동구·동구·연수구·중구 전체와 부평구의 십정동, 옹진군의 덕적면, 경기도 광명시의 옥길동, 시흥시의 과림동·계수동·금이동·대야동·도창동·매화동·무지동·미산동·방산동·신천동·신현동·안현동·은행동·포동, 화성시 남양읍의 신외리·장전리, 비봉면의 삼화리·유포리에 걸쳐 있었다. 부의 중심지인 읍치는 인천광역시 남구 관교동으로 현재 문학초등학교 자리이다.

본래 고구려의 매소홀현買召忽縣이다. 또는 미추홀彌趨忽이라 한다. 신라 경덕왕이 소성邵城으로 고쳐 율진군栗津郡의 영현領縣을 삼았다. 고려 현종 9년(1018)에 수주樹州에 붙였고, 숙종 때에 인예왕후仁睿王后 이씨李氏의 본관이므로 경원군慶源郡으로 승격하였고, 인종이 또 순덕 왕후順德王后 이씨의 본관이므로 지인주사知人州事로 고치고, 공양왕 2년(1390)에 경원부慶源府로 승격하였다. 왕이 처음에 즉위하여 칠대어향七代御鄕이라 하여 승격시키고, 또 고을 호장戶長에게 붉은 가죽 띠를 주었다. 조선 태조 원년(1392)에 다시 인주로 만들었고, 태종 13년(1413)에 지금 이름으로 고쳐 군으로 삼았고, 세조 6년(1461)에 소헌왕후昭憲王后의 외가 고을이므로 승격하여 도호부로 만들었다 도호부로 승격되었던 인천은 숙종 14년(1688)에 승려 여환呂還 등이 모반을 꾀하였고 현으로 강등되었다가 숙종 23년(1697)에 다시 도호부로 승격되었고, 순조 12년(1812) 진채振采의 역모 사건으로 현으로 강등되었으며, 고종 32년(1895) 23부제 실시에 따라 인천부가 설치되는 등의 변화를 겪었다.

	신증동국여지승람 사묘	여지도서 단묘	경기읍지 사묘
사직단	府西	府西	府西一里
문묘	鄕校	×	×
성황사	府南一里	×	府南一里
여단	府北	府北	府北一里
鶴山書院	×	府內	×
猿島祠	合祠諸島之神于此島	×	今廢

　　인천도호부의 지방제사는『승람』에는 사직단 · 문묘 · 성황사 · 여단 · 원도
사猿島祠가 있었고,『여지도서』에는 사직단 · 여단 · 학산서원이,『경기읍지』에는
사직단 · 성황사 · 여단이 보인다.

　　사직단의 위치는『승람』과『여지도서』에는 부의 서쪽에,『경기읍지』에는 부
의 서쪽 1리에 있었다고 한다. 문묘는『승람』에만 보이며 향교에 있었는데, 향교
는 부의 동쪽 1리에 있었다.

　　성황사는『승람』과『경기읍지』에 있으며, 부의 남쪽 1리에 있었다고 한다.
여단은『승람』과『여지도서』에는 부의 북쪽에,『경기읍지』에는 부의 북쪽 1리에
있었다. 원도사는『승람』을 보면 여러 섬의 신령을 이 섬에서 합하여 제사지내
고 봄 · 가을에 고을에서 제사지낸다고 하였다. 인천의 여러 섬은 자연도紫烟島 ·
심수도深水島 · 대인도大忍島 · 우음도零音島 · 용매도龍媒島 · 검봉도黔葑島 · 고도孤
島 · 어울도馭鬱島 · 미정도彌正島 · 마전도麻田島 · 횡상도橫桑島 · 송가도松家島 ·
영흥도靈興島 · 독우도犢牛島 · 용유도龍流島 · 장봉도長峰島 · 부령도婦靈島 · 구자
굴도求子屈島 · 우도牛島 · 소홀도召忽島 · 원도猿島로, 원도에는 제도諸島의 신단神

壇이 있어 여기에서 치제致祭한다고 하였다.[120] 『경기읍지』에는 원도사에서 행해진 제사는 지금은 폐했다고 하였다.

학산서원은 『여지도서』에만 보이는데, 부내에 있었다고 한다. 숙종 28년 (1702)에 처음 세워, 정중재靜觀齋와 이단상李端相의 위패를 모셨다가 영조 2년 (1726)에 간암艮菴 이희조李喜朝의 위패를 함께 모셨다. 숙종 34년(1708)에 사액賜額을 받았다. 『경기읍지』 교원校院조를 보면 학산서원은 현재는 폐지되었다고 하여 흥선대원군興宣大院君의 서원훼철령이 반영되어 있다.

120) 『중종실록』 권59, 중종 22년 5월 28일(갑진)

15
안산군安山郡

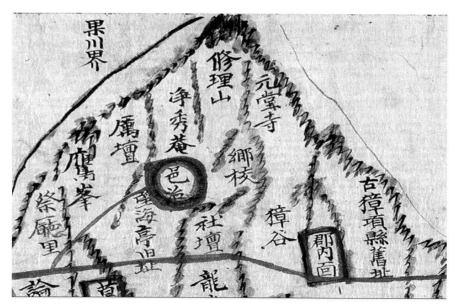

[도면 15] 헌종 8년(1842)과 헌종 9년경에 편찬된 규장각 소장 『경기지』(奎12178) 2책에 수록된 안산군의 그림식 지도
지도의 읍치 위쪽에 여단이, 옆에 향교가, 아래쪽에 사단이 보이다.

안산군은 현재의 경기도 안산시의 단원구 전체와 상록구의 부곡동 · 성포동 · 수암동 · 양상동 · 월피동 · 장상동 · 장하동, 시흥시의 거모동 · 광석동 · 군자동 · 논곡동 · 능곡동 · 목감동 · 물왕동 · 산현동 · 월곶동 · 장곡동 · 장현동 · 정왕동 · 조남동 · 죽률동 · 하상동 · 하중동에 있었다. 원래의 읍치邑治는 문종의 왕비인 현덕왕후(1418~1441)의 무덤이 있던 구소릉舊昭陵에 있었는데, 소릉을 조성하면서 풍수의 명당 형국에 알맞은 수암동 지역으로 옮겨 안산시 상록구 수암동의 수리산 서남쪽에 있었다.

본래 고구려의 장항구현獐項口縣이었다가 신라 경덕왕 때 장구현獐口縣이 되어, 고려 초에 안산으로 고쳤다. 충렬왕 34년(1308)에 군으로 승격시켜 조선에서도 그대로 군이 되었다. 정조 21년(1797)에 정조가 행행하여 지은 어제 시御製詩를 기재하고, 시사試士 때 내린 부제賦題 · 시제詩題 · 명제銘題와 25인을 선발한 사실을 자세히 기록하였다.

:: [표 18] 안산군의 제사유적

	신증동국여지승람 사묘	여지도서 단묘	경기읍지
사직단	郡西	郡西三里	邑西距二里 郡内面獐谷里
문묘	鄕校	郡東一里	×
성황사(2)	郡西二十一里 郡西三十二里	郡西二十一里, 郡西三十二里	×
여단	郡北	郡北一里	邑西距二里許

안산군의 지방제사는 『승람』과 『여지도서』에 사직단 · 문묘 · 성황사 · 여단이 있으며 『경기읍지』에는 사직단과 여단이 보인다.

사직단의 위치는 『승람』에는 군의 서쪽에, 『여지도서』에는 군의 서쪽 3리, 『경기읍지』에는 읍의 서쪽 2리 군매면 장곡리에 있다고 하였다. 문묘는 『승람』

에 향교에 있었는데, 향교는 군의 동쪽 1리에 있었다. 『여지도서』의 문묘 위치 역시 군의 동쪽 1리이다.

　성황사는 2곳으로, 『승람』과 『여지도서』를 보면 하나는 군의 서쪽 20리에 있고, 하나는 군의 서쪽 30리에 있었다고 한다. 여단은 『승람』에는 군의 북쪽에, 『여지도서』에는 군의 북쪽 1리에, 『경기읍지』에는 읍의 서쪽 2리쯤에 있다고 하였다.

16
안성군安城郡

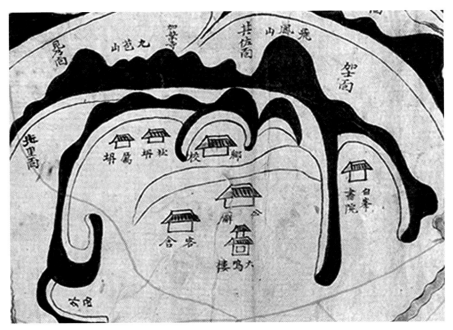

[도면 16] 헌종 8년(1842)과 헌종 9년경에 편찬된 규장각 소장 『경기지』(奎12178) 2책에 수록된 안성군의 그림식 지도
지도의 공해公廨 위쪽에 향교·사담·여담이 보인다.

안성군은 현재의 경기도 안성시 시내·금광면·대덕면·미양면·서운면 전체, 남풍리·동평리·북가현리를 제외한 보개면에 있었다. 군의 중심지인 읍치는 안성시 시내의 낙원동 일대에 있었다. 현재의 안성시는 조선시대의 안성·양성陽城·죽산竹山을 합한 것이다.

본래 고구려 내혜홀奈兮忽 지역으로, 신라 경덕왕 때 백성군白城郡으로 개칭되었고, 고려 초에 안성현이 되었다. 현종 9년(1018)에 수주水州에 속했다가 천안天安으로 이속되었으며, 명종 2년(1172)에 감무監務를 두었다. 공민왕 10년 (1361)에 침입한 홍건적을 안성 사람들이 공격한 공으로 안성군으로 승격되었다. 조선도 이를 그대로 따랐으며, 태종 13년(1413)에 충청도에서 경기도로 이관되었다.

:: [표 19] 안성군의 제사유적

	신증동국여지승람 사묘	여지도서 단묘	경기읍지 단묘
사직단	郡西	郡北二里 *社稷坍	郡北二里 *社稷坍
문묘	鄕校	×	×
성황사	郡北三里	×	×
여단	郡北	郡北三里 *厲坍	郡北三里 *厲坍
沙溪金公諱書院	×	郡南道基里	郡南道基里
南坡洪公諱書院	×	郡東摩鶴洞	郡東摩鶴洞

안성군의 지방제사는 『승람』 사묘조에 사직단·문묘·성황사·여단이 편제되어 있고 『여지도서』와 『경기읍지』에는 사직담·여담·사계 김장생金長生을 모신 서원과 남파南坡 홍우원洪宇遠을 모신 서원이 있었다.

사직단의 위치는 『승람』에는 군의 서쪽에, 『여지도서』와 『경기읍지』에는 군의 북쪽 2리라고 하여 그 위치가 서쪽에서 북쪽으로 옮겨졌음을 알 수 있다. 『여지도서』와 『경기읍지』에는 사직단을 사직담社稷坍이라고 하였다. 문묘는 『승람』에만 보이며 향교에 있었는데, 향교는 군의 동쪽 2리에 있었다. 성황사도 『승람』에만 보이는데, 군의 북쪽 3리에 있었다. 여단은 『승람』에는 군의 북쪽에, 『여지도서』와 『경기읍지』에는 군의 북쪽 3리에 있다고 하였고 여단을 여담이라고 하였다.

사계 김장생金長生을 모신 서원은 『여지도서』와 『경기읍지』에 군의 남쪽 도기리에 있었고, 고종 8년(1871)에 조정의 명에 의해 철거되었다고 기록되어 있다. 남파南坡 홍우원洪宇遠을 모신 서원은 『여지도서』와 『경기읍지』에 군의 동쪽 마학동에 있었는데, 이 역시 고종 8년에 조정의 명에 의해 철거되었다고 한다.

17
진위현振威縣

[도면 17] 고종 36년(1899)에 편찬된 경기도「京畿道振威郡邑誌與地圖成册」(奎 10714)에 수록된 지도
아사衙舍 주변에는 지방관이 제사를 주관하는 4개의 제사처가 모두 표시되어 있다.
향교鄕校의 대성전에는 유교의 성현들에게, 사직社稷에는 땅과 곡식의 신에게,
여단厲壇에는 돌림병을 예방하기 위해 주인이 없는 외로운 혼령들에게, 성황城隍에는 고을을 지켜주는 신에게 제사를 지냈다.

진위현은 현재의 경기도 평택시 진위면, 황구지리를 제외한 서탄면, 시내의 장당동, 고덕면의 당현리·동고리·여염리·율포리·적봉리·좌교리·해창리에 있었다. 현의 중심지인 읍치는 평택시 진위면 봉남리였다.

　　본래 고구려의 송촌활달松村活達인데, 후에 부산현釜山縣으로 이름이 바뀌었다. 신라 경덕왕 16년(757)에 진위현으로 개칭, 수성군(수원)의 영현이 되었다. 고려 현종 9년(1018)에 수주(수원)의 속현으로 병합되었다가, 명종 2년(1172)에 감무를, 후에 현령을 파견함으로써 독립했다. 조선 건국 후 수도를 한양으로 옮김에 따라 진위현은 태조 7년(1398)에 충청도에서 경기도로 이관되었다. 세종 15년(1433)에는 수원의 속현이었던 영신현이 속현으로 병합되었다.

:: [표 20] 진위현의 제사유적

	신증동국여지승람 사묘	여지도서 단묘	경기읍지
사직단	縣西	縣東二里	在縣西 今在縣東
문묘	鄕校	鄕校	鄕校
성황사	縣北一里	縣東三里 *城隍壇	縣北一里
여단	縣北	縣北一里	縣北

　　진위현의 지방제사는 『승람』과 『여지도서』, 『경기읍지』에 3단 1묘 즉 사직단·문묘·성황사(단)·여단이 편제되어 있다.

　　사직단의 위치는 『승람』에는 현의 서쪽에 있었는데, 『여지도서』와 『경기읍지』에는 현의 동쪽 2리라고 하여 그 위치가 변하였음을 알려준다. 『경기읍지』에는 사직단이 현의 서쪽에 있었는데, 지금은 현의 동쪽이라고 하였다. 문묘는 향교에 있었는데, 향교는 현의 동쪽 1리에 있었다. 『경기읍지』 향교조에는 향교가 현의 동쪽 2리에 있다고 한다. 성황사는 『승람』에는 현의 북쪽 1리, 『여지도서』에

는 성황단이 현의 동쪽 3리에, 『경기읍지』에는 현의 북쪽 1리에 있다고 하여 성
황사 역시 그 위치에 변화가 있었음을 알 수 있다. 여단은 『승람』과 『경기읍지』
에는 군의 북쪽에, 『여지도서』에는 군의 북쪽 1리에 있다고 하였다.

18

양천현陽川縣

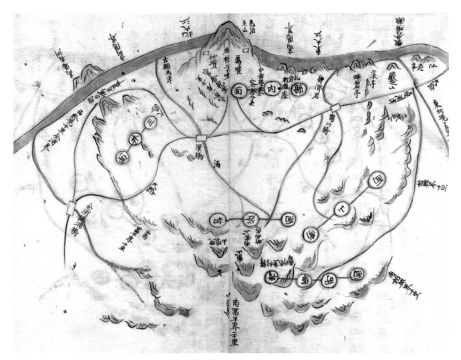

[도면 18] 고종 28년(1891)에 편찬된 『양천현읍지』 (古 915.12-Y17h)에 수록된 그림식 지도

한강 가운데 부분에 그려진 읍치邑治 주산主山 중턱에는
여단厲壇과 향교鄕校, 사단社壇·기우처祈雨處가 표기되어 있다. 지금도 향교가 남아 있다.

양천현은 현재의 서울특별시 강서구와 양천구에 해당하는 지역이다. 현의 중심
지는 강서구 가양동의 궁산 아래에 있었다.

　본래 고구려 제차파의현齊次巴衣縣이다. 신라 경덕왕이 공암孔巖이라 고쳐
서, 율진군栗津郡 속현으로 만들었다. 고려 현종 9년(1018)에 수주樹州에 예속시켰
고, 충선왕 2년(1310)에 지금 명칭으로 고쳐서 영令을 두었는데, 조선에서도 그대
로 하였다. 『여지승람』에 따르면 수주樹州, 富平府에 세 번 합쳐지고 금양衿陽, 始興
縣에 두 번 합쳐졌으나, 그 연혁과 연대를 잘 알 수 없다고 하였다. 양천현의 별
호는 파릉巴陵 · 양평陽平 · 양원陽原 · 공암孔巖이다.

:: [표 21] 양천현의 제사유적

	신증동국여지 승람 사묘	여지도서		경기읍지	
		社廟壇	祈雨祭壇	社廟壇	祈雨祭壇
사직단	縣西	鎭山西二里 * 社壇		鎭山西二里 * 社壇	
문묘	鄉校	×		×	
성황사	城山	×		×	
여단	縣北	鎭山東二里		鎭山東二里	
			邑治 城隍山　官門北距二里		邑治 城隍山　官門北距二里
			駐龍山　西距十里		駐龍山　西距十里
			孔巖山　東距三里		孔巖山　東距三里
			雨裝山　南距六里		雨裝山　南距六里

　양천현의 지방제사는 『승람』에 사직단 · 문묘 · 성황사 · 여단이 보이며 『여
지도서』와 『경기읍지』의 사여단조에는 사단과 여단이, 기우제단조에는 읍치성
황산 · 주룡산 · 공암산 · 우장산이 보인다.

　사직단의 위치는 『승람』에는 현의 서쪽에, 『여지도서』와 『경기읍지』에는 진

산 서쪽 2리에 있었다. 문묘는 『승람』에만 보이는데, 향교에 있었다. 향교는 현의 북쪽에 있었다. 『여지도서』와 『경기읍지』 향교조에는 북쪽子을 등지고 남쪽午을 바라보는 방향이며 정위正位 오성五聖과 종향위從享位 20위가 있고, 교생校生 28인과 동몽童蒙 12인이 번을 나누어 문묘文廟를 지킨다고 하였다. 성황사는 『승람』에만 보이는데, 성산에 있었다. 여단은 『승람』에는 현의 북쪽에, 『여지도서』와 『경기읍지』에는 진산 동쪽 2리에 있다고 하였다.

　　『여지도서』와 『경기읍지』의 기우제단은 4곳인데, 이 중 읍치성황산은 관문에서 북쪽으로 2리에 있으며, 주룡산은 서쪽으로 10리, 공암산은 동쪽으로 3리, 우장산은 남쪽으로 6리에 있다고 하였다.

19
용인현龍仁縣

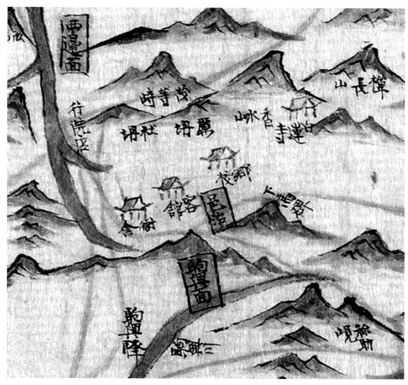

[도면 19] 헌종 8년(1842)과 1843년경에 편찬된 규장각 소장 『경기지』(奎12178) 4책에 수록된 용인현의 그림식 지도
지도의 읍치邑治 위쪽으로 향교 · 여담 · 사담이 보인다.
원래 향교는 하마비리에 있었는데, 향교는 자리를 옮기면서 현존하고 있다. 지도에도 하마비下馬碑의 표시가 있다.

용인현은 현재의 경기도 용인시 수지구 · 기흥구 전체, 처인구의 남사면 · 모현면 · 이동면 · 포곡읍 전체와 마평동 · 운학동 · 해곡동을 제외한 시내, 수원시 장안구의 이의동 · 하동에 있었다. 현의 중심지인 읍치는 기흥구의 마북동 · 언남동 일대에 있었다.

고구려 때에는 구성현이었고 거서巨黍 · 멸오滅烏라고도 하였다. 신라 경덕왕 때에 거서로 고치고 한주漢州의 영현으로 삼았다. 고려 초에 용구龍駒로 고쳤고, 현종 때에는 광주廣州에 소속시켰다. 명종 때에 감무를 두었고, 후에 령令으로 승격시켰다. 처인현處仁縣은 본래 수원부의 부곡이었는데 조선 태조 6년(1406)에 처음 현령을 두었다. 태종 13년(1413)에 용구현龍駒縣과 처인현處仁縣(본래 수원부 처인부곡, 남사면 아곡리)이 합하여 용인현이 되었다.

:: [표 22] 용인현의 제사유적

	신증동국여지승람 사묘	여지도서 단묘	경기읍지 단묘
사직단	縣西	縣西一里	縣西一里
문묘	鄕校	鄕校	鄕校 縣東二里
성황사	縣東一里	縣東一里	縣東一里 *城隍壇
여단	縣北	縣北二里	縣北二里

용인현의 지방제사는『승람』의 사묘조와『여지도서』·『경기읍지』의 단묘조에 3단 1묘인 사직단 · 문묘 · 성황사 · 여단이 있었다.

사직단의 위치는『승람』에는 현의 서쪽에,『여지도서』와『경기읍지』에는 현의 서쪽 2리에 있었다. 문묘는 향교에 있었는데, 향교는 현의 동쪽 2리에 있었고『경기읍지』향교 항목에는 용인현 향교의 대성전 · 명륜당 · 동재東齋 · 서재西齋 · 전사청典祀廳 등 건물들의 규모를 기재했다. 성황사는 현의 동쪽 1리에 있었는데, 『경기읍지』에는 성황단이라고 하였다. 여단은 『승람』에는 현의 북쪽에, 『여지도서』와 『경기읍지』에는 현의 북쪽 2리에 있다고 하였다.

20

김포현金浦縣 : 金浦郡

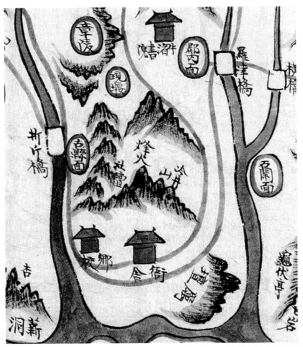

[도면 20] 고종 8년(1871)에 편찬된 규장각 소장 『경기읍지』(奎12177) 1책에 수록된 김포군의 그림식 지도
아사衙舍를 중심으로 향교鄕校 · 사단社壇 · 여단厲壇 등이 그려져 있고 군내면에 우저서원牛渚書院이 보인다.
향교는 예전에 장릉章陵 자리에 있었다가 왕릉이 생기면서 걸포동에 그리고 현 위치로 두 번 옮겨졌다.
지도에 그려진 향교는 현 위치로, 걸포동에는 지금도 '향교말'이라는 자연취락이 있다.

김포현(군)은 현재의 경기도 김포시 시내와 고촌읍 · 양촌읍 및 인천광역시 서구 검단동 일대에 걸쳐 있었다. 또 일부는 인천광역시에 편입되었다. 읍치邑治는 원래 인조의 아버지 원종의 무덤인 장릉章陵에 있었는데, 인조 5년(1627)에 양주에 있던 무덤을 풍수의 명당 형국에 알맞은 김포의 중심지로 옮겨오면서 김포시의 북변동 일대에 있었다. 옛 중심지가 있던 지역은 고현내면古縣內面, 새 중심지가 들어선 지역은 군내면郡內面이라 하였다.

본래 고구려 금포현黔浦縣인데, 신라 경덕왕이 지금 명칭으로 고쳐서, 장제군長堤郡 속현으로 만들었다. 고려 현종 9년(1018)에도 그대로였고, 명종대 감무를 두었다. 신종 원년(1198)에 어태御胎를 묻었다 하여 승격시켜 현으로 삼았다. 조선 태종 14년(1416)에 양천을 없애서 본현으로 합병하고, 금양현金陽縣이라 하였다. 뒤에 양천을 금천衿川에 병합하고, 본현은 부평부와 병합하였다가 태종 16년(1418)에 다시 현으로 삼아 영令을 두었다. 인조 때 장릉章陵을 세운 후 군으로 승격시켰다. 군명은 금릉金陵 · 금양 · 검포 · 장제 · 김포 등이었다.

:: [표 23] 김포현(군)의 제사유적

	신증동국여지승람 사묘	여지도서 단묘	경기읍지 단묘
사직단	縣西	郡南一里	郡南一里
문묘	鄕校	郡南一里	郡南一里
성황사	縣北一里	×	×
여단	縣北	郡北一里	郡北一里
牛渚書院	×	在郡西五里	在郡西五里

김포현(군)의 지방제사는 『승람』에 사직단 · 문묘 · 성황사 · 여단이 사묘로 나오며, 『여지도서』와 『경기읍지』에는 사직단 · 문묘 · 여단 · 우저서원이 보

인다.

사직단의 위치는『승람』에는 현의 서쪽에,『여지도서』와『경기읍지』에는 군의 남쪽 1리에 있다고 하여 그 위치가 서쪽에서 남쪽으로 옮겨졌음을 알 수 있다. 문묘는『승람』에는 향교에 있었다고 한다. 향교는 현의 동쪽 1리에 있었다. 그런데『여지도서』와『경기읍지』에는 문묘가 군의 남쪽 1리라고 하여 향교도 그 위치에 변화가 있었다.

성황사는『승람』에만 보이는데, 군의 북쪽 1리에 있었다. 여단은『승람』에는 군의 북쪽에,『여지도서』와『경기읍지』에는 군의 북쪽 1리에 있다고 하였다.『여지도서』와『경기읍지』에 군의 서쪽 5리에 있는 우저서원은 조헌趙憲을 배향한 곳으로 사액을 받았다.

21

금천현衿川縣, 시흥현始興縣

[도면 21] 고종 36년(1899)에 편찬된 『경기도시흥군읍지』(奎 10711)에 수록된 경기도 시흥군始興郡 지도
행궁을 중심으로 여단과 향교, 성황사, 사직단이 보인다.
행궁은 정조가 아버지 사도세자의 무덤이 있던 수원으로 행차할 때 하룻밤 머물기 위해 만들어졌다.

금천현은 정조 19년(1795)에 시흥현으로 이름이 바뀌었는데, 시흥현은 현재의 서울특별시 금천구·관악구 전체와 양화동·여의도동을 제외한 영등포구, 동작구의 대방동·상도동·신대방동, 경기도의 광명시 전체와 안양시 만안구의 박달동·석수동에 있었다. 현의 중심지는 금천구의 시흥동 일대에 있었다.

본래 백제(또는 고구려라고도 함)의 잉벌노현仍伐奴縣인데, 신라 경덕왕 16년(757)에 곡양현穀壤縣으로 고쳐 율진군栗津郡(과천)의 영현領縣을 삼았다. 고려 태조 23년(940)에 금주(衿州:衿陽)로 개칭했으며, 성종 14년(995)에는 단련사를 두었다가 목종 8년(1005)에 폐지했다. 성종 때 시흥이라는 이름을 정했다고 전한다. 현종 9년(1018)에 수주樹州(부평)의 속현으로 병합되었다가 명종 2년(1172)에 감무를 둠으로써 독립했다. 조선 태종 14년(1414)에 과천을 병합하여 금과현衿果縣이라 했다가 곧 복구하고, 양천을 병합하여 금양현衿陽縣이라 하다가 1년 만에 폐지했다. 태종 16년(1416)에 금천현衿川縣이 되었으나, 정조 19년에 시흥현始興縣으로 이름을 바꾸었다.

:: [표 24] 금천현(시흥현)의 제사유적

	신증동국여지승람 사묘	여지도서 단묘	경기읍지 단묘
사직단	縣西	縣南一里	縣南一里
문묘	鄕校	×	×
성황사	縣東一里	縣南一里	縣南一里
여단	縣北	縣北二里 *厲祭壇	縣北二里 *厲祭祠
忠賢祠	×	舊在縣北寒泉洞	위치 알 수 없음
壇	×	×	위치 알 수 없음
鄕校	×	×	縣東一里

금천현의 지방제사는 『승람』에 사직단·문묘·성황사·여단이 사묘조에

나오며 『여지도서』에는 사직단·여제단·성황사·충현사가 보이며,『경기읍지』단묘에는 사직단·여제사·단·성황사·향교·충현사가 나온다.

사직단의 위치는『승람』에는 현의 서쪽에,『여지도서』와『경기읍지』에는 현의 남쪽 1리에 있다고 하여 그 위치가 서쪽에서 동쪽으로 옮겨갔음을 알 수 있다. 문묘는『승람』에만 보이며 향교에 있었는데, 향교는 현의 동쪽 1리에 있었다. 그런데『경기읍지』에는 문묘가 아닌 향교가 단묘에 보이며, 그 위치는 현의 동쪽 1리라고 하였다.『여지도서』학교조에서 향교는 현의 동쪽에 있었는데, 숭정崇禎 임오년에 현감縣監 조창서曹昌緖가 현의 서쪽 1리에서 옮겨 세웠고 신사년에 현감縣監 이명징李明徵이 다시 현의 동쪽 구지舊址로 옮겨 세웠다고 한다.

성황사는『승람』에는 현의 동쪽 1리에,『여지도서』와『경기읍지』에는 현의 남쪽 1리에 있다고 하여 그 위치가 동쪽에서 남쪽으로 옮겨졌음을 알 수 있다. 『여지도서』와『경기읍지』의 성황사는 정북쪽子을 등지고 정남쪽午을 바라보는 방향이며, 2칸이었다고 한다. 여단은『승람』에는 현의 북쪽에,『여지도서』와『경기읍지』에는 군의 북쪽 2리에 있다고 하였고 여제단, 여제사라고 하였다.

충현사는『여지도서』와『경기읍지』에 보이는데,『여기도서』에 옛 터가 현의 북쪽 한천동寒泉洞에 있다고 하였다. 고려의 태사太師 강감찬姜邯贊이 주위主位이고 고려 장령掌令 서견徐甄과 조선 영의정領議政 이원익李元翼을 배향配享하였다. 효종 9년(1658)에 처음 세웠고 현종 4년(1663)에 현 북쪽 10리 장안동長安洞에 세웠으며 숙종 2년(1676)에 사액을 받았고 고종 8년(1871)에 훼철되었다. 단은『경기읍지』에 처음 등장하며, 그 위치나 그 성격을 알 수 없다. 정북쪽子을 등지고 정남쪽午을 바라보는 방향이라고 하였다.

22
양성현[陽城縣]

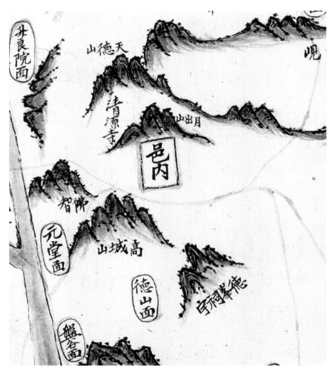

[도면 22] 고종 36년(1899)에 편찬된 경기도 『陽城邑誌』(奎 10732) 지도
덕봉사우德峯祠宇를 표기하였다. 지금은 양성향교만이 흔적을 남기고 있다.

양성현은 현재의 경기도 안성시 공도면·양성면·원곡면, 평택시의 가재동·도일동·서사동·용이동·월곡동·죽백동·청룡동·서정동·장당동, 고덕면의 동청리, 서탄면의 황구지리, 청북면의 고념리·고잔리·삼계리·어소리·율북리·한산리·현곡리, 포승읍의 내기리·방림리·신영리·원정리·희곡리, 화성시 양감면의 대양리에 있었다. 현의 중심지인 읍치는 양성면의 동항리에 있었다.

본래 고구려 사복홀沙伏忽인데, 신라 경덕왕이 적성赤城이라 고쳐서 백성군白城郡 속현으로 만들었다. 고려 태조 23년(940)에 양성현으로 개칭되었다가, 현종 9년(1018)에는 수주水州에 예속시켰다. 명종 5년(1175)에 감무를 둠으로써 독립했다. 조선 태종 13년(1413), 8도제가 실시되어 충청도에서 경기도로 이관되었다.

:: [표 25] 양성현의 제사유적

	신증동국여지승람 사묘	여지도서 단묘	경기읍지 단묘
사직단	縣西	縣西三里	縣西二里
문묘	鄕校	鄕校 縣東三里	×
성황사	縣北一里	縣西二里	縣北一里
여단	縣北	縣北四里	縣北四里
德峰祠宇	×	縣東五里	縣南五里
祈雨壇	×	×	天德山, 無限城 龍湫上

양성현의 지방제사는 『승람』 사묘조와 『여지도서』 단묘조에는 사직단·문묘·성황사·여단이, 『경기읍지』 단묘에는 사직단·성황사·여단·덕봉사우·기우단이 있다.

사직단의 위치는 『승람』에는 현의 서쪽, 『여지도서』에는 현의 서쪽 3리, 『경기읍지』에는 현의 서쪽 2리에 있었다. 문묘는『승람』과『여지도서』에 향교에 있었는데, 전자에는 현의 북쪽 2리에, 후자에는 현의 동쪽 3리에 있었다.『경기읍지』에는 문묘가 단묘조에 포함되어 있지 않지만, 향교는 현의 북쪽 2리에 있었다. 성황사는『승람』에는 현의 북쪽 1리에,『여지도서』에는 현의 서쪽 2리에,『경기읍지』에는 현의 북쪽 1리에 있었다. 이로 볼 때 양성현의 사직단·문묘·성황사가 옮겨졌다가 다시 그 장소로 복원되고 있음을 알 수 있다.

여단은『승람』에는 현의 북쪽에,『여지도서』와『경기읍지』에는 현의 북쪽 4리에 있었다고 한다.『여지도서』와『경기읍지』에 보이는 덕봉사우는 판서判書 충정공忠貞公 오두인吳斗寅의 사당으로, 숙종 20년(1694)에 사당을 세웠고 사액賜額을 받았다.『경기읍지』에만 보이는 기우단은 2곳으로, 하나는 천덕산에 있었고 하나는 무한성無限城 용추龍湫 가에 있었다.

23
통진현通津縣 : 通津府

통진현(부)은 현재의 김포시 통진읍, 월곶면, 대곶면, 하성면에 있었으며, 부의 중심지는 월곶면 고막리, 군하리 일대에 있었다.

　　본래 고구려의 평회平淮(회(淮)를 유(唯)라 한 곳도 있다)로, 압현押縣 비사성比史城이라 하기도 하고, 별사파의別史波衣라 하기도 한다. 신라 경덕왕이 분진分津이라 고쳐서 장제군長堤郡 속현으로 만들었는데, 고려에서 지금 명칭인 통진현으로 고치고, 그대로 속현으로 하였다. 공양왕이 감무를 설치하였고, 조선에서도 그대로 하였는데 태종 13년(1413)에 현감을 두었다. 숙종 20년(1694)에 통진부사 겸 진무좌영장通津府使兼鎭撫左營將으로 승격되면서 군사적 역할을 중심으로 발전하였다.

	신증동국여지승람 사묘	여지도서 단묘	경기읍지 단묘
사직단	縣西	府北三里	府北三里
문묘	鄕校	鄕校 府西二里	府西一里
성황사	縣北六里	府西三里	×
여단	縣北	×	府西二里
玉城府院君張晩祠宇	×	府東十五里	府東二十里所伊浦

통진현(부)의 지방제사는『승람』사묘조에 사직단 · 문묘 · 성황사 · 여단이 있었고『여지도서』단묘조에는 여단이 빠지고 장만의 별묘가 새로 들어갔다.『경기읍지』단묘에는 사직단 · 여단 · 문묘 · 장만의 별묘가 보인다.

사직단의 위치는『승람』에는 현의 서쪽에,『여지도서』와『경기읍지』에는 부의 북쪽 3리에 있었다. 문묘는『승람』과『여지도서』에 향교에 있었는데, 전자에는 현의 북쪽 1리에, 후자는 부의 서쪽 2리에 있었다.『경기읍지』에는 부의 서쪽 1리에 있다고 하였다. 성황사는『승람』에 현의 북쪽 6리에,『여지도서』에는 부의 북쪽 3리에 있다고 하였고,『경기읍지』에는 성황사가 보이지 않는다. 여단은 『여지도서』에는 보이지 않고『승람』에는 현의 북쪽에,『경기읍지』에는 부의 서쪽 2리에 있었다고 한다.

이로 볼 때 통진현의 사직단 · 문묘 · 성황사 · 여단의 위치가 바뀌었는데, 이것은 현에서 부로 승격되면서 나타난 변화로 보인다. 장만의 별묘는『여지도서』에 처음 보이며 부의 동쪽 5리에,『경기읍지』에는 부의 동쪽 20리 소이포에 있다고 하였다.

24
양주목楊州牧

양주목은 현재의 경기도 양주시 시내·광적면·백석읍·은현면·장흥면, 남양주시의 시내·별내면·오남읍·와부읍·진건읍·진접읍·퇴계원면·화도읍 전체와 수동면의 송천리·수산리·지둔리, 구리시·동두천시·의정부시 전체, 고양시 덕양구의 북한동·오금동·지축동·효자동, 파주시 광탄면의 기산리·영장리, 포천시 신북면의 갈월리·금동리·덕둔리·삼정리 그리고 서울특별시 광진구·노원구·도봉구·은평구·중랑구 전체와 성동구의 성수동 및 송파구의 신천동·잠실동에 있었다.

고려 전기까지 양주의 중심지는 한강 가의 양진당楊津堂이었는데, 문종 21년(1067)에 풍수의 명당 형국인 지금의 서울 시내에 남경南京을 새로 만들면서 옮겨갔다. 때문에 이 지역의 면 이름을 '옛날에 양주의 중심지가 있던 면'이란 뜻의 고양주면古楊州面으로 붙였다. 조선이 건국되면서 양주의 중심지는 읍치 바로 동북쪽의 양주시 고읍동으로 옮기는데, 이 때문에 이 지역의 면 이름이 '옛날 양주의 중심지에 있는 면'이란 뜻으로 고주내면古州內面으로 붙였다. 이후 태조 6년(1397)에는 풍수의 논리로 명당 형국이 뚜렷하다고 인식된 양주시 유양동으로 옮겼다.

본래 고구려의 매성군買省郡으로 신라에서 내소來蘇로 불렸다. 고려 초에 견주見州로 승격되었고, 현종 9년(1018)에 양주에 속하게 되었다. 태조 3년(1394) 한양으로 정도한 후 부치를 동촌東村 대동리大洞里로 옮겼고 지양주사知楊州事로 격하시켰다가 오래지 않아 다시 부로 승격시켰다. 태조 6년(1397)에 고을 중심지를 견주 옛 읍터로 옮기고 양주라고 칭했다. 태종 13년(1413)에 도호부가 되었고 세조 12년(1466)에 목으로 승격되었다.

	신증동국여지승람 사묘	여지도서 단묘	경기읍지 사묘
사직단	州西	邑內 西距一里	邑西二里 *社稷坍
문묘	鄕校	×	衙軒 東
성황사	州東十里	邑內 東距一里 *城隍祭壇	邑東二里
여단	州北	邑內東距五里 *厲祭壇	邑北十里 *厲坍
楊津祠	廣津下	古楊州面 南距八十里 *節祭處楊津堂	州南七十里 古楊州面 廣津水邊

양주목의 지방제사는『승람』사묘조에 사직단 · 문묘 · 성황사 · 여단 · 양
진사가,『여지도서』단묘조에는 문묘는 보이지 않고 성황사가 성황제단으로, 여
단은 여제단으로, 양진사는 절제처 양진당으로 나오며,『경기읍지』에는 사직단
과 여단이 사직담과 여담으로 기록되어 있다.

사직단의 위치는『승람』에 주의 서쪽에 있었는데,『여지도서』에는 서쪽 1
리에,『경기읍지』에는 서쪽 2리라고 하였다. 문묘는『승람』에는 향교에 있었는
데, 향교는 주의 동쪽 2리에 있었다.『경기읍지』에는 아헌의 동쪽에 있다고 하
였고, 학교조에 향교는 동쪽 2리로 나온다.『여지도서』에는 문묘가 단묘조에 보
이지 않는다.

성황사의 위치는『승람』에는 주의 동쪽 10리에,『여지도서』에는 성황제단
이 읍의 동쪽 1리에,『경기읍지』에는 읍의 동쪽 2리라고 하였다. 여단은『승람』
에는 주의 북쪽에 있다고 하였고,『여지도서』에는 여제단이 읍의 동쪽 5리에,
『경기읍지』에는 여담이 읍의 북쪽으로 10리에 있다고 하였다.

양진사에는 용에게 제사하는 단이 있어, 봄 · 가을에 나라에서 향축香祝을
내렸고 신라 때는 북독北瀆이라 하여 중사中祀라 하였는데, 지금은 소사小祀라고
하였다.『승람』에는 광진 아래에,『여지도서』에는 고양주면 남쪽으로 80리에,
『경기읍지』에는 주 남쪽 70리의 고양주면 광진 물가에 있다고 하였다.

25

파주목坡州牧

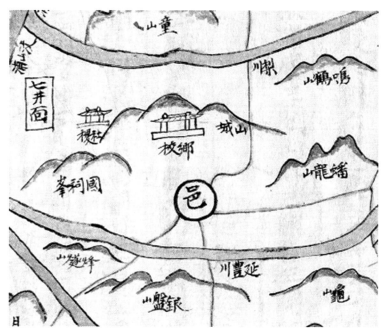

[도면 24] 고종 36년(1899)에 편찬된 『파주군읍지』(奎 10712)에 수록된 파주 지도
지도의 읍뢴 위쪽으로 향교와 사직이 보인다.

파주목은 현재의 경기도 파주시의 문산읍 · 법원읍 · 월롱면 · 조리읍 · 파주읍 전체와 기산리 · 영장리를 제외한 광탄면, 장파리를 제외한 파평면에 있었다. 읍치는 파주읍 파주리 일대에 있었다. 이 곳은 서북쪽으로 봉서산(215.5m)을 등지고 동남쪽을 향해 들어서 있었는데, 봉서산에는 고려 중기 이전 서원군의 중심지가 있던 통치성인 봉서산성이 있다.

　파주는 본래부터 하나의 군현이 아니었고 파평현坡平縣과 서원현瑞原縣 두 개의 현이 하나로 합쳐져 성립되었다. 우선 파평은 고구려에는 파해평사현坡害平史縣이었고, 일명 액봉額蓬이라고도 하였다. 신라 경덕왕 때 군명을 파평이라 고치고 내소군의 속현으로 삼았다. 고려 현종 9년(1018)에 장단현에 편입되었고, 문종 17년(1063)에는 개성부에 편입시켰다. 예종 때에 감무를 설치했다. 서원군은 고구려의 술이홀현述爾忽縣이었는데, 신라 때에 봉성峰城이라 고쳐 교하군의 속현으로 삼았다. 현종 9년(1018)에 양주에 편입되었고, 명종 때에 감무를 설치하였으며 후에 서원현령으로 고쳤다. 조선 태조 2년(1393)에 서원현을 군으로 승격시켰고, 태조 7년(1398)에 서원과 파평을 합쳐 원평군原平郡이라 하였다. 태종 때에 교하군을 없애고 원평군에 편입시켰다. 태종 15년(1415)에 민호가 1천호가 넘어 도호부로 승격되었고, 태종 18년(1418)에 교하가 다시 분리되었으나 도호부의 이름을 유지하였다. 세조 6년(1460)에 왕비인 정의왕후 윤씨의 본관이 파평이라고 하여 파주로 이름을 바꾸고 목牧으로 승격시켰다.

	신증동국여지승람 사묘	여지도서 단묘	경기읍지 단묘
사직단	州西	州西二里	州西二里
문묘	鄕校	鄕校	鄕校
성황사	州西二里	州西二里	州西二里
여단	州北	×	×

　　파주목의 지방제사는 『승람』 사묘조에 사직단·문묘·성황사·여단이 보이며, 『여지도서』 단묘조와 『경기읍지』에는 3단 1묘 중 여단이 없다.

　　사직단의 위치는 주의 서쪽에 있었는데, 『여지도서』와 『경기읍지』에는 서쪽 2리라고 하였다. 문묘는 향교에 있었고, 향교는 주의 서쪽 1리에 있었다. 성황사는 주의 서쪽 2리에, 여단은 『승람』에만 보이는데 주의 북쪽에 있었다.

26
고양군高陽郡

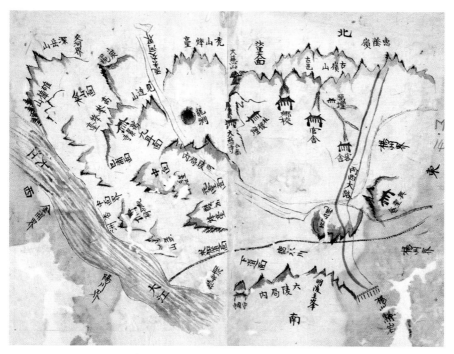

[도면 25] 고종 28년(1891)에 편찬된 『고양군여지승람』(古 915.12-G749Y)에 수록된 고양군 지도
중앙보다 약간 오른편 위쪽으로 읍치에 있는
관사官舍 · 객사客舍 · 여단厲壇 · 사직단社稷壇 · 향교 등 관아와 학교, 제향 장소가 그려져 있다.

고양군은 현재의 덕양구 일부를 제외한 경기도 고양시에 있었고 군의 중심지는 덕양구 고양동에 위치하였다. 고양군의 중심은 옛 고봉현이었는데, 고봉현은 본래 고구려의 달을성현이었다. 신라 경덕왕이 달을성현을 고봉으로 고치고 교하군의 영현으로 삼았다. 행주는 고구려의 개백현皆伯縣으로 신라 경덕왕이 우왕遇王(일명 王逢)으로 고쳐 한양군의 영현으로 삼았다. 고려 초에 행주로 개칭하였다. 행주는 덕양이라고도 하였다.

고려 현종 9년(1018)에 고봉과 행주 두 현을 모두 양주에 속하게 하였다. 부원현富原縣은 본래 과천 용산으로 고려 충렬왕 11년(1285)에 부원으로 고쳤다. 황조향은 본래 부평부에 속하였다. 조선 태조 3년(1394)에 처음으로 고봉에 감무를 두고 행주·부원·황조향을 속하게 하였다. 태종 13년(1413)에 고봉과 덕양 두 현의 이름에서 한 글자씩을 뽑아 지금의 이름으로 고치고 현감을 두었다. 성종 2년(1471)에 경릉敬陵과 창릉昌陵 두 릉이 있어 군으로 삼았다. 연산군 10년(1504)에 고양군을 혁파하고 유행遊幸하는 장소로 삼고 이웃 읍에 나머지 땅을 할양하였다.

:: [표 29] 고양군의 제사유적

	신증동국여지승람 사묘	여지도서 단묘	경기읍지 사묘
사직단	郡西	郡西	郡西
문묘	鄕校	鄕校	鄕校
성황사	-.郡西十五里, -.幸州	郡西 *城隍壇	郡西 *城隍壇
여단	郡北	郡北	郡北

고양군의 지방제사는 『승람』과 『여지도서』, 『경기읍지』에 사직단·문묘·성황사·여단이 보인다. 『여지도서』와 『경기읍지』에는 성황사를 성황단이라고

하였다.

　사직단은 군의 서쪽에 있었고, 문묘는 향교에 있었는데, 향교는 군의 동쪽 1리에 있었다. 성황사는 『승람』에는 2곳으로, 군의 서쪽 15리와 행주에 있었다. 『여지도서』와 『경기읍지』에는 행주에 있었던 성황사는 보이지 않고, 군의 서쪽에 성황사가 있었다고 한다. 여단은 군의 북쪽에 있었다.

27
영평현永平縣 : 永平郡

[도면 26] 헌종 8년(1842년)과 1843년경에 편찬된 규장각 소장 『경기지』(奎12178) 4책에 수록된 영평현의 그림식 지도
지도 중앙에 읍치를 중심으로 향교와 사직단 · 사직신실 · 여단이 보인다.

영평현(군)은 현재의 경기도 포천시 영북면 · 영중면 · 이동면 · 일동면 · 창수면 전체와 관인면의 사정리, 가평군 북면의 적목리에 걸쳐 있었다. 읍치邑治가 있는 현의 중심지는 영중면의 영평리에 있었다.

본래 고구려의 양골현梁骨縣이었고, 신라 때 동음洞陰이라고 고쳐서 견성군의 속현으로 삼았다. 현종 9년(1018)에 동주東州에 소속시키고, 예종 때 감무를 설치했다. 그 후 위사공신 강윤소의 고향이라서 영흥현령永興縣令으로 승격되었다. 태조 3년(1394)에 현의 이름을 영평으로 고쳤다. 헌종 2년(1836)에 익종翼宗의 태실을 가봉하면서 군으로 승격시켰다.

:: [표 30] 영평현(군)의 제사유적

	신증동국여지승람 사묘	여지도서 단묘	경기읍지 사묘
사직단	縣西	縣東一里	郡東一里
문묘	鄕校	鄕校	鄕校
성황사	縣東十二里	縣東十里 古城	郡東十里 古城
여단	縣北	縣北十里 後射廳	郡北十里 後射廳
祈雨祭壇 二所	×	縣北三十里 禾積淵, 縣東六十里 白雲山	郡北三十里禾積淵, 郡東六十里白雲山
玉屛書院	×	縣西十五里	郡西十五里

영평현(군)의 지방제사는 『승람』과 『여지도서』, 『경기읍지』에 사직단 · 문묘 · 성황사 · 여단이 보이며, 『여지도서』와 『경기읍지』에는 기우제단 2곳과 옥병서원이 더해졌다.

사직단의 위치는 『승람』에는 군의 서쪽에, 『여지도서』와 『경기읍지』에는 군의 동쪽 1리에 있었다고 하여, 그 위치에 변화가 있었음을 보여준다. 문묘는 향교에 있었는데, 향교는 현의 서쪽 3리에 있었다. 성황사는 『승람』에는 현의 동쪽 12리에, 『여지도서』와 『경기읍지』에는 현의 동쪽 10리 고성에 있었다고 하였다. 여단은 『승람』에는 현의 북쪽에, 『여지도서』와 『경기읍지』에는 현의 북쪽 10리라고 하였다.

『여지도서』와 『경기읍지』에 보이는 기우제단은 2곳으로, 현의 북쪽 30리에 있는 화적연과 현의 동쪽 60리에 있는 백운산이다. 옥병서원은 박순朴淳과 김수항金壽恒, 이의건李義建을 합향한 서원으로, 현의 서쪽 15리에 있었다.

28
포천현抱川縣

[도면 27] 헌종 8년(1842)과 헌종 9년경에 편찬된 규장각 소장 『경기지』(奎12178) 3책에 수록된 포천현의 그림식 지도
지도의 현내縣內에 향교 · 사직단 · 성황사 · 여단이 보인다.

포천현은 현재의 경기도 포천시 시내(옛 포천읍) · 가산면 · 군내면 · 내촌면 · 소흘읍 · 화현면 전체와 신북면의 가채리 · 고일리 · 기지리 · 만세교리 · 삼성당리 · 심곡리 · 신평리, 동두천시의 탑동에 있었다. 현의 중심지인 읍치는 포천시 군내면의 구읍리에 있었다. 현재의 포천군은 조선시대 경기도 영평현永平縣, 강원도 철원부鐵原府의 일부와 합한 것이다.

본래 고구려의 마홀군馬忽郡 또는 명지군命旨郡이며, 신라 때 견성군堅城郡으로 불렀다. 고려 초에 포천抱川으로 고쳤고, 성종 14년(995)에 단련사團練使를 두었다가 목종 8년(1005)에 폐지하였다. 현종 9년(1018)에 양주에 속하였고, 명종 2년(1172)에 감무監務를 두었다. 태종 13년(1413)에 현감을 두었다. 광해군 10년(1618)에 영평과 포천을 합하여 도호부로 칭하고, 포천현 직두리에 감영을 설치하여 부사와 판관을 두었다. 인조 1년(1623)에 감영 및 부사, 판관을 혁파하고 현령을 두었다.

:: [표 31] 포천현의 제사유적

	신증동국여지승람 사묘	여지도서 단묘	경기읍지 사묘
사직단	縣西	縣南一里	縣南 風流山一里許
문묘	鄕校	縣東一里	×
성황사	城山	城山内	半月山城内
여단	縣北	城山北 *癘壇	縣半月山北麓五里許 *厲祭壇
花山書院	×	縣南二十里 花山下	縣南二十里 花山下
龍淵書院	×	縣北二十里 閑巖	縣北二十里
祈雨祭壇二所	×	半月山古城下, 水源山下 鳴山西	半月山城外, 水源山下 鳴山傍 *祈雨壇
鄕校	×	×	縣東一里許 半月山東麓下

포천현의 지방제사는 『승람』과 『여지도서』에 사직단 · 문묘 · 성황사 · 여

단이 보이며,『여지도서』에는 화산서원 · 용연서원 · 기우제단 2곳이 더해졌다. 『경기읍지』에는 문묘가 보이지 않는 대신 향교가 단묘조에 편제되었다.

사직단의 위치는『승람』에는 현의 서쪽에,『여지도서』에는 현의 남쪽 1리에,『경기읍지』에는 현의 남쪽 풍류산 1리쯤에 있다고 하여 사직단의 위치가 변화되었음을 알 수 있다.

문묘는『승람』에는 향교에 있는데, 향교는 현의 동쪽 1리에 있었다.『여지도서』의 문묘 위치도 현의 동쪽 1리에 있는 향교라고 하였다.『경기읍지』에는 문묘가 아닌 향교가 사묘에 편제되었는데, 이 향교는 동쪽 1리 반월산 동쪽 기슭 아래에 있다고 한다.

성황사는『승람』과『여지도서』에는 성산 안에,『경기읍지』에는 반월산성 안에 있다고 하였다. 여단의 위치는『승람』에는 현의 북쪽에,『여지도서』에는 성산 북쪽에,『경기읍지』에는 반월산 북쪽 기슭 5리에 있다고 하였다.

『여지도서』와『경기읍지』의 단묘에 속한 화산서원은 문충공 이항복李恒福을 배향한 서원으로 인조 13년(1635)에 처음 세웠고 현종 1년(1660)에 사액을 받았으며, 현의 남쪽 20리 화산 아래에 있었다. 용연서원은 문익공 이덕형李德馨과 문간공 조경趙絅을 배향한 서원으로, 현의 북쪽 20리 한암閑巖에 있었고 숙종 13년(1687)에 처음 세웠으며 숙종 18년(1692)에 사액을 받았다.

『여지도서』와『경기읍지』에 보이는 기우제단은 2곳으로, 하나는 반월산 옛 성 아래에 있었고, 하나는 수원산 아래 명산 서쪽에 있었다고 한다.『경기읍지』에는 기우단으로 나온다.

29
적성현積城縣

[도면 28] 헌종 8년(1842)과 1843년경에 편찬된 규장각 소장 『경기지』(奎12178) 3책에 수록된 적성현의 그림식 지도
지도의 관사 왼쪽에 여단이, 그 오른쪽으로 사단·성황단이 보이며.
지도 위쪽에 국가제사인 소사小祀가 거행되던 감악산紺嶽山(675m)이 보인다.

적성현은 현재의 경기도 양주시의 남면 전체와 은현면의 운암리, 연천군 백학면의 구미리·노곡리·두일리·전동리·통구리·학곡리와 전곡읍의 늘목리, 장좌리를 제외한 파주시 적성면과 파평면의 장파리에 있었다. 현의 중심지는 파주시 적성면의 구읍리에 있었다.

본래 고구려 칠중성七重城으로 신라 경덕왕대에 중성重城이라 고쳐서 내소군來蘇郡의 속현으로 삼았다. 고려 초에 지금의 이름인 적성으로 고치고, 현종 9년(1018)에 장단부에 편입시켰다. 문종 17년(1063)에 개성부에 편입시켰고, 예종 때에 처음 감무를 두었다. 태종 13년(1413)에 현감으로 고쳤다.

:: [표 32] 적성현의 제사유적

	신증동국여지승람 사묘	여지도서 단묘	경기읍지 단묘
사직단	縣西	縣西一里	縣西一里
문묘	鄕校	×	×
성황사	×	縣南二里 *城隍壇	縣南二里 *城隍壇
여단	縣北	縣北二里	縣北二里
紺岳祠	위치 정보 없음	紺嶽山頂 *紺嶽神廟	紺嶽山頂 *紺嶽神廟
城隍神室	×	客舍北	客舍北

적성현의 지방제사는 『승람』에 사직단·문묘·여단·감악사가 보이며 『여지도서』와 『경기읍지』에는 사직단·성황단·감악신묘·성황신실이 단묘조에 편제되어 있다.

사직단의 위치는 『승람』에는 현의 서쪽에, 『여지도서』와 『경기읍지』에는 현의 서쪽 1리에 있다고 하였다. 신실神室 1칸은 헌종 13년(1847) 가을에 고쳤고, 사방을 둘러싼 담장은 예전에는 흙으로 쌓았으나, 헌종 11년 봄에 돌로 쌓고 기와를 고쳐 이었다고 한다.

문묘는 『승람』에만 보이며, 향교에 있는데, 향교는 현의 서쪽 1리에 있었다. 『여지도서』와 『경기읍지』 학교 조에는 대성전大成殿이 칠중성七重城 아래에 있다고 하였다. 성황사는 『승람』에는 보이지 않고, 『여지도서』와 『경기읍지』에 성황단이 현 남쪽 2리에 있다고 하였다. 여단은 『승람』에는 현의 북쪽, 『여지도서』와 『경기읍지』에는 현의 북쪽 2리에 있다고 하였다.

감악사는 『승람』에는 위치정보가 없지만, 『여지도서』와 『경기읍지』에는 감악산 꼭대기에 감악신묘 1칸이 있었다고 하였다. 조선에서는 명산으로 중사中祀에 기재하였고, 봄 · 가을에 향축香祝을 내려서 제사한다고 하였다. 감악사에 모신 산신은 당의 장수 설인귀薛仁貴였고, 고려 현종 5년(1014)에 거란 군사가 장단長湍에 이르니, 감악사에서 정기旌旗와 군사가 없는 듯하므로, 거란 군사가 크게 두려워하여, 감히 앞으로 가지 못하였다고 하였고 충렬왕이 장차 원에 가서 황제를 도와 내안乃顔을 토벌하려고 할 때, 신神을 제2로 봉해서 도만호都萬戶로 삼았는데, 이것은 대개 신의 음공陰功을 바란 것이었다고 하였다. 『여지도서』와 『경기읍지』의 성황신실은 1칸으로, 객사 북쪽에 있었으며 고종 6년(1869)에 새로 지었다고 한다.

30

교하현交河縣 : 交河郡

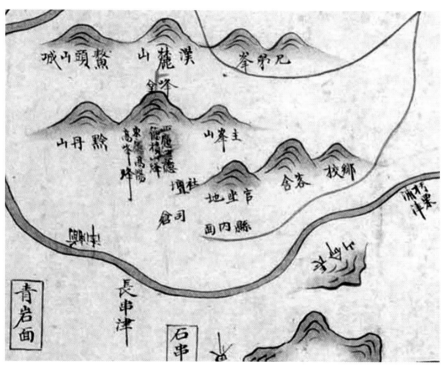

[도면 29] 해동지도 교하군지도
지도의 현내면에 향교 · 사단이 보인다.

교하현(군)은 현재의 경기도 파주시 시내(옛 금천읍)·교하읍·탄현면 전체와 조리읍의 등원리에 있었다. 군의 중심지인 읍치는 교하읍의 교하리, 파주시 금릉동에 있었다. 지금도 교하향교交河鄕校는 아동리衙洞里 옆 금성리金城里에 있다.

본래 신라 경덕왕 때 고구려 때의 천정구泉井口라는 이름을 교하로 고쳤고, 이것은 강과 하천이 교차하는 양쪽 사이에 있기 때문이라고 하였다. 고려 현종 때 양주로 이속하였다가, 조선 태조 3년(1394)에 다시 감무監務를 설치하고 한양의 속현인 심악深岳과 부평의 속현 석천石淺을 교하에 소속시켰다. 태종 14년(1414)에 석천을 평원부平原府(파주)로, 심악은 고양현에 소속시켰다가 다시 교하로 옮겼다. 숙종 13년(1687)에 고을을 혁파하여 파주에 소속시켰다가 숙종 16년(1690)에 현으로 복구하였다. 교하현은 원래 탄현면 갈현리에 있었다. 영조 7년(1731) 장릉長陵을 검단산黔丹山 동쪽 기슭으로 옮기고 군으로 승격시켰으며, 관아를 아동면 금성리로 옮겼다가 영조 13년(1737)에 다시 지석면 후율리로 옮겼다. 영조 9년(1733)에 장릉長陵을 이곳으로 옮기면서 교하현을 금촌읍 금릉리(현재의 파주시 금릉동)로 옮겼다가 7년 후 다시 교하면 교하리로 옮겼다.

:: [표 33] 교하현(군)의 제사유적

	신증동국여지승람 사묘	여지도서 단묘	경기읍지 壇
사직단	縣西	郡西一里	위치 정보 없음
문묘	鄕校	鄕校	×
성황사	烏島城	郡西一里 *城隍壇	위치 정보 없음 *城隍壇
여단	縣北	郡西一里	위치 정보 없음

교하현(군)의 지방제사는『승람』과『여지도서』에 사직단·문묘·성황사(성황단)·여단이 있었고『경기읍지』에는 문묘기 빠지고 사직단·성황단·여단이

단묘조에 편제되어 있다.

사직단의 위치는 『승람』에는 현의 서쪽, 『여지도서』에는 현의 서쪽 1리에 있으며, 『경기읍지』에서는 그 위치를 알 수 없다. 문묘는 『승람』과 『여지도서』에는 향교에 있다고 하였는데, 향교는 현의 동쪽 2리에 있었다. 『여지도서』에는 문묘가 보이지 않는다.

성황사는 『승람』에는 오도성에, 『여지도서』에는 군의 서쪽 1리에 성황단이 있다고 하였고, 『경기읍지』에는 성황단의 위치 정보는 없다. 여단은 『승람』에는 현의 북쪽, 『여지도서』에는 군의 서쪽 1리에 있다고 하였고, 『경기읍지』에는 여단의 위치 정보는 없다.

31

가평현加平縣 : 加平郡, 加平邑

[도면 30] 고종 36년(1899)에 편찬된 『가평군읍지성책』 (奎 10729)에 수록된 지도
지도의 관좌 · 객사 · 향청 · 사령청 등이 그려져 있다. 그 위로 향교와 사직당이 보이고, 아래로 성황당 · 여제당이 있다.

가평현(군, 읍)은 현재 설악면을 제외한 경기도 가평군과 남양주시 수동면 일부 지역에 있었다. 본래 고구려때 근평斤平이라 불리던 지역으로, 통일신라 경덕왕 대에 현재의 이름을 갖게 되었다.

본래 가평현은 고려 현종 9년(1018) 조종현朝宗縣과 함께 춘천에 속했다가, 조선 태조 5년(1396)에 독립하여 감무監務가 두어졌으며 조종현이 가평으로 편입되었다. 태종 13년(1413)에 강원도에서 경기도로 이속시키고, 현縣을 설치해 현감縣監을 두어 다스리게 하였다. 중종 2년(1507)에 중종의 태실胎室이 있는 곳이라 하여 군郡으로 승격시키고 군수郡守를 두었다. 숙종 23년(1697)에 역적 이영창李榮昌이 태어난 곳이라 하여 현으로 강등하였다가, 숙종 33년(1707)에 다시 군으로 복구시켰다.

:: [표 34] 가평현(군, 읍)의 제사유적

	신증동국여지승람 사묘	여지도서 단묘	경기읍지 사묘
사직단	縣西	郡西二里	鄕校西堂下有壇 *社稷堂
문묘	鄕校	鄕校	×
성황사	縣東三里, 朝宗縣	郡北三里	邑東一里 *城隍堂
여단	縣北	郡北三里 *厲祭壇	城隍堂上 *厲祭壇
花岳山祠	위치정보없음	×	×
鄕校	×	郡北二里	
潛谷書院	×	郡西三十里	西面秀理峴
大成殿	×		鄕校 官衙西北
大報壇	×	×	朝宗下面有朝宗巖

가평현(군, 읍)의 지방제사는 『승람』에 사직단 · 문묘 · 성황사 · 여단 · 화악신사가, 『여지도서』에는 『승람』의 제사 중 여단은 여제단으로, 화악신사가 빠지고 향교와 잠곡서원이 편제되었다. 『경기읍지』에는 사직단이 사직당, 성황사가

성황당, 여단은 여제단으로 기록되어 있고『여지도서』의 향교 대신 대성전이, 그리고 대보단大報壇이 새로 편제되었다.

사직단의 위치는『승람』에는 현의 서쪽에,『여지도서』에는 현의 서쪽 2리에,『경기읍지』에는 향교 서당 아래에 사직당이 있다고 하였다. 문묘는『승람』과『여지도서』에 향교에 있는데, 향교는 현의 서쪽 1리에 있었다.『여지도서』에는 문묘 외에도 향교가 단묘조에 있는데, 향교는 군의 북쪽 2리에 있다고 한다.『경기읍지』에는 문묘나 향교가 아닌 대성전이 관아 서북쪽에 있는데, 북서쪽을 등지고 남동쪽을 바라보는 방향이라고 하였다.

성황사는『승람』에는 2곳인데, 하나는 현의 동쪽 3리에, 하나는 조종현에 있었다.『여지도서』에는 군의 북쪽 3리에,『경기읍지』에는 읍의 동쪽 1리에 성황당이 있다고 하였다. 여단은『승람』에는 현의 북쪽에,『여지도서』에는 여제단이 군의 북쪽 3리에,『경기읍지』에는 성황당 위쪽에 여제단이 있다고 하였다.

화악산사는『승람』에만 보이며 봄·가을에 본읍에서 제사지냈다고 한다. 잠곡서원은『여지도서』와『경기읍지』에 보이며 군 서쪽 30리에, 서면西面 수리현秀理峴에 있었다. 문정공文貞公 김육金堉을 향사하였다. 숙종 20년(1694)에 처음 세웠고 숙종 33년(1707)에 사액을 받았다.

『경기읍지』에는 대보단이 조종암朝宗巖에 세워졌다고 하였다.『여지도서』에는 조종암에 새겨졌던 대명의리를 표현한 글귀에 대해 자세하게 해설하고 있는데, 여기에서는 '만절필동萬折必東' 네 글자가 있고 황조인 자손 왕씨, 황씨, 빙씨 등 여러 사람이 이 곳에 와 모여 산 것이 '조종우해朝宗于海(육지의 크고 작은 물줄기가 바다로 모여든다)'의 의미를 취한 것이라고 설명하였다.

32

장단도호부長湍都護府

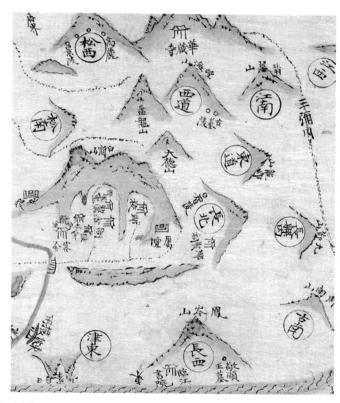

[도면 31] 헌종 8년(1842)과 헌종 9년경에 편찬된 규장각 소장 『경기지』(奎12178) 1책에 수록된 장단도호부의 그림식 지도
지도 중앙의 아사衙舍 좌우에 여단 · 향교 · 사직이 보인다.

장단도호부는 일제강점기 경기도 장단군의 강상면·군내면·대강면·장단면·장도면·장남면·진서면·진동면, 그리고 현재 남한 연천군의 장남면 전체와 백학면의 대부분, 왕징면의 고왕리·고잔상리·고잔하리·기곡리·임강리에 있었다. 읍치는 현재의 파주시 군내면의 읍내리에 있었다. 장단부는 분단전의 대남면과 소남면을 제외한 장단군에 해당한다. 읍내 서쪽에는 판문교板門橋라는 다리가 있는데, 여기가 바로 공동관리구역이 있는 판문점 자리이다.

본래 삼한 때 습천군隰川郡이었고 고구려 때 장천성현長淺城縣이었는데, 신라 경덕왕 때 지금 이름으로 고쳐 우봉군牛峰郡에 속하게 하였다. 고려시대에 주州로 승격되었다가 다시 현이 되었다. 조선 태종 14년(1414)에 임강현臨江縣을 합하여 장림현長臨縣이라고 하고 다시 장단을 임진臨津에 병합하여 임단현臨湍縣으로 하였다가 세종 1년(1419)에 임진과 장단으로 복구하였다. 세조 3년(1457)에 임강과 임진을 장단에 합치고 군으로 승격시키고 이듬해에 읍치를 도원역桃源驛 자리에 옮겼다. 예종 1년(1469)에 진鎭을 설치하고 도호부로 승격시켰으며, 광해군 5년(1613)에 읍치를 오목리梧木里 지금의 자리로 옮겼다. 광해군 13년(1621)에 방어사로 승격시키고 현종 6년(1665)에 토포사討捕使를 겸하게 하였으며, 영조 41년(1765)에 방어사를 파주목으로 옮겼다. 헌종 6년(1840)에 현감縣監으로 강등하였다가 헌종 15년(1849) 다시 부사로 승격시켰다.

	신증동국여지승람 사묘	여지도서 단묘	경기읍지 사묘
사직단	府西	府西距官門三里	府西一里
문묘	鄕校	×	鄕校
성황사	府東二里	府北距官門四里	府北二里
여단	府北	府北距官門四里 *厲祭壇	府北一里
德津祠	德津	×	德津渡 *德津廟
五冠山祠	靈通寺北岡	×	×
龍虎山祠	龍虎山	×	×
鄕校	×	府北距官門三里	×
臨江書院	×	府東距官門二十里 長西面 貫松里	×

　　장단도호부의 지방제사는『승람』에 사직단·문묘·성황사·여단·덕진
사·오관산사·용호산사가,『여지도서』에는『승람』의 제사 중 문묘와 덕진사·
오관산사·용호산사가 빠지고 향교와 임강서원이 더해졌다.『경기읍지』에는 사
직단과 문묘·성황사·여단·덕진묘가 보인다.

　　사직단의 위치는『승람』에는 부의 서쪽에,『여지도서』에는 부의 서쪽 관문
에서 3리,『경기읍지』에는 부의 서쪽 1리에 있다고 하였다. 문묘는『승람』과『경
기읍지』에 향교에 있었는데, 향교는 부의 북쪽 3리에 있었다.『여지도서』에는 문
묘 대신 향교가 편제되어 있는데, 부의 북쪽 관문에서 3리 위치에 있다고 하였다.

　　성황사는『승람』에는 부의 동쪽 2리에,『여지도서』에는 부의 북쪽 관문에서
4리에,『경기읍지』에는 부의 북쪽 2리에 있다고 하였다. 여단은『승람』에는 부의
북쪽에,『여지도서』에는 여제단이 부의 북쪽 관문에서 4리에,『경기읍지』에는 부
의 북쪽 1리에 있다고 하였다.

　　덕진사는『승람』에 덕진에 있다고 하였고,『경기읍지』에는 덕진묘가 덕진

도에 있다고 하였다. 이것은 사전祀典에 서독西瀆으로 중사中祀에 실려 있다. 매년 봄 · 가을에 향축香祝을 내려 가뭄이 들면 여기에서 비를 빌었다.

오관산사와 용호산사는 『승람』에만 보인다. 오관산사는 영통사 북쪽 언덕에 있었고 사전에 소사小祀로 기록되었으며, 매년 봄 · 가을로 향과 축을 내려서 제사지냈다. 용호산사는 용호산에 있는데, 봄 · 가을로 본읍本邑에서 제사지냈다.

임강서원은 『여지도서』에만 보이는데, 문성공文成公 회헌晦軒 안유安裕를 정위正位로 삼고 문정공文靖公 목은牧隱 이색李穡, 문경공文敬公 모재慕齊 김안국金安國, 문목공文穆公 사재思齋 김정국金正國 3분의 신위를 배향하였다. 부의 동쪽 관문 20리의 장서면 관송리에 있다고 하였다. 인조 21년(1643)에 처음 세웠으며, 갑술년(1694)에 사액을 내렸고, 회헌 안유와 목은의 초상화畵像를 서원에 모셨다.

33

강화도호부江華都護府

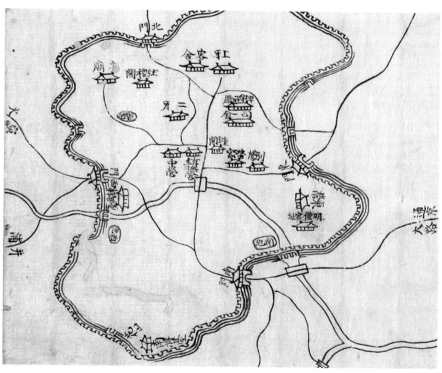

[도면 32] 『강화부지』(奎 12194)에 수록된 심부내성도沁府內城圖
중앙에 진무영鎭撫營과 중영中營이 있고 북문 쪽으로 사직단과 문묘가 보인다.

본래 고구려 혈구군穴口郡인데 갑비고차甲比古次라고도 한다. 신라 경덕왕이 해구海口라 고치고, 원성왕元聖王이 혈구진穴口鎭을 설치하였다. 고려 초에 지금 이름으로 고쳐서 현縣으로 만들었다. 현종 9년(1018)에 현령縣令을 두었다. 고종이 몽고병을 피해 들어가 도읍하고 군郡으로 승격시키고 이름을 강도江都라 했다. 원종 원년(1259)에 다시 송도松都로 돌아왔다. 충렬왕 때에 인주仁州에 합병하였다가 곧 복구시켰다. 신우辛禑 3년(1377)에 부府로 승격시켰다가 조선 태종 13년(1413)에 도호부로 고쳤다.

:: [표 36] 강화도호부의 제사유적

	신증동국여지승람 사묘	여지도서 단묘
塹城壇	摩尼山頂	一云參星壇
山川祭壇	摩尼山麓星壇下	摩尼山
사직단	府西	府城 小西門內
문묘	鄕校	校宮
성황사	甲串	府城東門內亭子山 *城隍壇
여단	府北	府城北門外主山之後
鎭江神祠	鎭江山	鎭江山今廢
河陰神祠	城山	河陰今廢
三忠壇	×	甲串津 上唐峴南岡
祈雨晴祭壇	×	高麗山
宮娥祭壇	×	松岳南行宮後
麥峴祭壇	×	府西城內社稷壇南岡
社稷祠	×	府城北門內校宮東
府社稷祠	×	社稷壇南稍低處]
忠烈祠	×	仙源面距府七里
生祠堂	×	壽進宮墻北二里
李撒兵祠	×	甲串津上

강화도호부의 지방제사는『승람』에 참성단 · 산천제단 · 사직단 · 문묘 · 성

황사·여단·진강신사·하음신사가 보인다.『여지도서』에는『승람』의 제사 외에 삼충단·기우청제단·궁아제단·맥현제단·사직사·부사직사·충렬사·생사당·이총병사가 더해졌다.『경지읍지』에는 강화도호부가 없다.

참성단의 위치는 마니산 꼭대기에 있으며 참성단參星壇이라고도 하였다. 돌을 모아 쌓았는데, 단의 높이는 10척이며, 위는 모가 나고 아래는 둥근데, 위는 사면이 각각 6척 6촌이요, 아래 둥근 것은 각각 15척이다. 세상에서 전하기를, "단군檀君이 하늘에 제사지내던 곳이다." 하였다. 조선에서 고려에서 행한 예전 방식대로 이 사단에서 별에 제사지냈는데, 아래에 재궁齋宮이 있었고 조선 태종이 잠저 때 대언代言이 되어 여기서 재숙齋宿하기도 했다.

산천제단의 위치는 마니산 초성단 아래로, 봄·가을로 강화부에서 제사를 지내는데 왕의 이름으로 된 축문을 썼다. 사직단은『승람』에는 부의 서쪽에,『여지도서』에는 부성의 소서문 안에 있다고 하였다.『여지도서』에는 사직사와 부사직사가 보이는데, 사직사는 부성 북문 안 향교의 동쪽에 있는데, 비상시에 나라의 사직을 모시는 곳으로 영조 20년(1744)에 유수 김시혁金始爀이 처음 세웠다. 부사직사는 사직단 남쪽으로 조금 내려온 곳에 있었다.

문묘는 향교에 있는데, 향교는 동쪽 2리에 있었다. 성황사는『승람』에는 갑곶에,『여지도서』에는 부성 동문안 정자산에 성황단이 있었다고 한다. 여단은『승람』에는 부의 북쪽에,『여지도서』에는 부성 북문 밖 주산인 송악산 뒤에 있었다고 한다. 진강신사와 하음신사는『승람』에 진강산과 성산에 있었는데,『여지도서』에는 지금은 이 둘은 폐했다고 한다.

『여지도서』의 삼충단은 인조 15년(1637) 호란 때 중군中軍 황선신黃善身, 천총千摠 강흥업姜興業·구원일具元一이 나라를 위해 목숨을 바친 곳이다.『여지도서』의 기우제단祈雨祭壇 · 기청제단祈晴祭壇은 고려산에 있었다.

궁아제단은 송악 남쪽 행궁 뒤에 있는데, 정축년 호란 때 궁녀들이 세자빈을 모시고 강화도에 들어왔다가 오랑캐 군사가 급히 강을 건넜다는 소식이 들려와 장차 어떤 치욕을 당할지 알 수 없는 상황에서 행궁 후원의 나무에서 모두 스스로 목을 매어 목숨을 끊었다. 영조 34년(1758) 그 곳에 제단을 세우고 제사를 지내도록 했다.

맥아제단은 부의 서쪽 성 안 사직단의 남쪽 언덕에 있었는데, 정축년에 성이 함락되었을 때 많은 군사가 참혹하게 죽은 곳이다. 영조 33년(1757)에 유수 김상복金相福이 보고하여 이 제단에 제관을 보내 제사를 올렸다.

충렬사는 선원면에 있으며 관아에서 7리 지점에 있었다. 인조 15년(1637)에 나라를 위해 목숨을 바친 사람들인 우의정 이상용金尙容, 공조판서 이상길李尙吉, 도정都正 심현沈誢, 참의參議 홍명형洪命亨, 봉상시정奉常寺正 이시직李時稷, 필선弼善 윤전尹烇, 주부主簿 송시영宋時榮, 별좌別坐 권순장權順長, 생원生員 김익겸金益兼과 강화부의 세 충신을 제사지내는 곳이다. 인조 20년(1642)에 사당을 세우고 효종 9년(1658)에 나라에서 충렬사라는 이름을 내려주었다. 봄과 가을의 중정中丁에 제사를 지냈다.

생사당은 수진궁 담 북쪽에 있다. 숙종 9년(1683)에 유수 이민서李敏敍가 1년간 고을을 다스리며 많은 공을 세웠다. 모든 백성들이 이민서를 위해 사당을 세우고 그의 모습을 본 뜬 형상을 설치해서 봄·가을에 제사를 드리고, 그 사당의 현판 이름을 서하사西河祠라고 하여 이민서가 떠난 다음 그를 그리워하는 마음을 나타냈다. 이민서가 세상을 떠난 지 9년째 된 숙종 22년(1696)에 그의 조카 이이명李頤命이 유수가 되어 고을 사람들과 의논해 그 사당을 다시 수리한 다음,

남아 있는 형상을 함 속에 넣어 보관해 두고 위패를 대신 모셨다.

이총병사는 갑곶진 위에 있다. 명의 총병總兵 이여해李如梅와 그의 아버지 영원백寧遠伯 이성량李成樑의 위패를 함게 모신 사당이다.

34
풍덕군豊德郡 : 豊德府

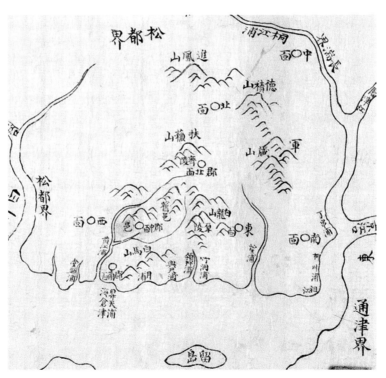

[도면 33] 고종 8년(1871)에 편찬된 규장각 소장『경기읍지』(奎12177) 3책에 수록된 풍덕도호부의 그림식 지도
지도 아래에 승천포가 보이며 위쪽에 덕적산이 보인다.

풍덕도호부는 일제강점기 경기도 개풍군의 광덕면·대성면·상도면·임한면·중면·풍동면·흥교면에 있었다. 풍덕도호부는 분단 이전의 경기도 개풍군 일대에 해당한다. 읍치邑治는 개풍군 대성면의 풍덕리 일대에 있었다.

본래 고구려의 정주貞州이다. 고려 현종 9년(1018)에 개성현에 예속시켜, 상서도성尚書都省의 관할을 받았다. 문종 17년(1063)에 개성부에 예속시켰고, 예종 3년(1108)에 승천부昇天府로 고쳐서 지부사知府事를 두었으며, 충선왕 2년(1310)에 지해풍군사知海豐郡事로 강등시켰다. 조선 태종 13년(1413)에 군郡을 없애고, 개성유후사開城留後司에 붙였다가 태종 18년(1418)에 군으로 복구시켰다. 세종 24년(1442)에 덕수현德水縣을 합병하여 지금 이름으로 고쳤다. 덕수德水는 본래 고구려의 덕물현德勿縣 또는 인물현仁勿縣인데 신라에서 덕수로 개명하여 지금은 경기도에 속한다고 하였다. 해풍현海豐縣과 합쳐 풍덕군으로 만들었고, 효종 즉위년(1649)에 인선왕후의 관향이므로 부府로 승격되었다. 숙종 29년(1703) 부를 혁파하여 개성부에 이속하였다가 영조 22년(1746)에 복읍復邑하였다.

:: [표 37] 풍덕군(부)의 제사유적

	신증동국여지승람 사묘	여지도서 단묘	경기읍지 사단(社壇)
사직단	郡西	府西距官門五里	府西三里
문묘	鄕校	×	×
성황사	昇天浦城	府內北一里	×
여단	郡北	府內北一里 *厲祭壇	府東二里
德積山祠	위치정보 없음	×	×
白馬山祠	위치정보 없음	×	×
三聖堂祠	위치정보 없음	×	×
朱雀神堂	古長源亭 西南二里 海邊 * 俗稱當頭山	×	×
鄕校	×	府內東一里	×
龜巖書院	×	府北距官門五里	×

풍덕군(부)의 지방제사는 『승람』에 사직단·문묘·성황사·여단·덕적산사·백마산사·삼성당사·주작신당이 보이며 『여지도서』에는 『승람』의 제사 중 사직단·성황사·여제단이 있으며 향교와 구암서원이 더해졌다. 『경기읍지』에는 사직단과 여단만이 보인다.

사직단의 위치는 『승람』에는 군의 서쪽에, 『여지도서』에는 부의 서쪽 관문에서 5리에, 『경기읍지』에는 부의 서쪽 5리에 있다고 하였다. 문묘는 『승람』에만 보이며, 향교에 있었는데, 향교는 부의 동쪽 1리에 있었다. 『여지도서』에는 문묘 대신 향교가 편제되어 있는데, 부의 동쪽 1리에 있다고 하였다. 성황사는 『승람』에는 승천포성에, 『여지도서』에는 부의 북쪽 1리에 있다고 하였다. 여단은 『승람』에는 부의 북쪽, 『여지도서』에는 여제단이 부의 북쪽 1리에, 『경기읍지』에는 부의 동쪽 1리에 있다고 하였다.

덕적산사·백마산사·삼성당사·주작신당은 『승람』에만 보이는데, 앞의 셋은 위치 정보가 없다. 이 중 삼성당사는 고려 충숙왕 6년(1337)에 덕수현에서 사냥하다가 해동청海東靑과 내구內廏의 말이 죽으니, 성황과 신사를 불사르도록 명한 것이 바로 이곳이다. 주작신당은 속칭 당두산이라고 하였고 옛 장원정 서남쪽 2리 해변에 있다고 하였다.

구암서원은 부의 북쪽 관문에서 5리 떨어져 있었다. 문성공文成公 이이李珥의 위패만을 모시고 제사지냈고, 숙종 8년(1682)에 사액을 받았다.

35
삭녕군朔寧郡

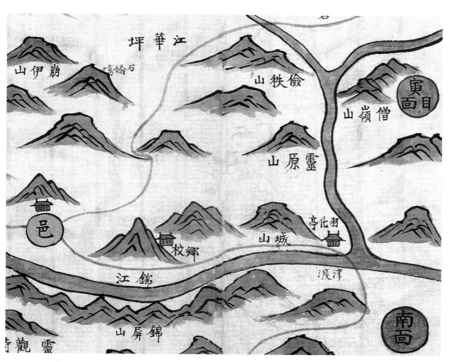

[도면 34] 헌종 8년(1842)과 헌종 9년경에 편찬된 규장각 소장 『경기지』(奎12178) 4책에 수록된 삭녕군의 그림식 지도
지도의 읍른 왼쪽에 향교가 보인다.

삭녕군은 현재 대한민국에 속한 경기도 연천군 중면의 도연리 · 어적산리 · 적동산리 · 적음리 · 진곡리와 왕징면의 가천리 · 고장리 · 귀존리 · 냉정리 · 석둔리 · 솔빈리 · 오탄리 · 장학리, 북한에 속한 연천군 북면과 철원군의 내문면 · 인목면 · 마장면에 걸쳐 있었다. 군의 중심지인 읍치는 연천군 북면의 삭령리에 있었다.

삭녕현은 본래 고구려 소읍두현小邑豆縣을 삼국통일 후 삭읍朔邑으로 고치고, 고려 현종 9년(1018)에 동주東州, 鐵原에 예속시키고, 예종 1년(1106)에 승령현僧嶺縣 감무監務를 겸하여 삭령으로 고쳤다. 승령현은 본래 고구려 승량현僧梁縣으로, 일명 비물非勿이라고도 불렸다. 통일신라 때 동량瞳梁으로 개칭되었다가 역시 고려시대에 승령이란 이름을 갖게 되었다. 조선시대에 삭녕현은 태조太祖의 비 신의왕후神懿王后의 외향外鄕이라는 이유로 태종 3년(1403) 군郡으로 승격되었고, 승령현과 병합되었다.

:: [표 38] 삭녕군의 제사유적

	신증동국여지승람 사묘	여지도서 단묘	경기읍지
사직단	郡西	郡西距官門三里	×
문묘	鄕校	×	×
성황사	城山, 僧嶺山	郡東距官門五里	×
여단	郡北	郡西距官門四里 *厲祭壇	×
鄕校	×	郡東距官門五里	×

삭녕군의 지방제사는『승람』에 사직단 · 문묘 · 성황사 · 여단이,『여지도서』에는『승람』에 나오는 제사 중 문묘가 빠지고 향교가 새로 들어갔으며 여단은 여제단으로 나온다.『경기읍지』에는 삭녕군이 있지만, 단묘조가 없다.

사직단의 위치는『승람』에는 현의 서쪽에,『여지도서』에는 군의 서쪽 관문

3리에 있다고 하였다. 문묘는 『승람』에 향교에 있다고 했는데, 향교는 군의 서쪽 2리에 있다고 하였다. 『여지도서』에 문묘가 빠지고 향교가 추가되는데, 향교는 동쪽 관문 5리라고 하였다.

성황사는 『승람』에는 2곳이 있었는데, 하나는 성산에, 하나는 승령산에 있었다. 『여지도서』에는 군의 동쪽 5리에 있다고 하였다. 여단은 『승람』에는 군의 북쪽, 『여지도서』에는 여제단이 군의 서쪽 관문 4리에 있다고 하였다.

36
마전군麻田郡

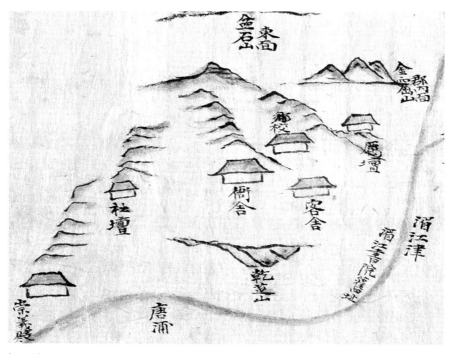

[도면 35] 고종 8년(1871)에 편찬된 규장각 소장 『경기읍지』(奎12177) 2책에 수록된 마전군의 그림식 지도
중앙에 읍치가 자리하고 있다. 관사官舍·객사客舍·향교鄕校가 그려져 있고,
그 주위로 사직社稷·성황城隍·여단厲壇이 보인다. 읍치 서쪽으로는 고려왕들을 제사지내던 사당인 숭의전崇義殿이 있다.

마전군은 경기도 연천군의 미산면 전체, 군남면의 남계리·황전리, 왕징면의 노동리·동중리·무등리·북삼리·작동리에 있었다. 군의 중심지인 읍치는 연천군 미산면의 마전리에 있었다.

본래 고구려 마전천현麻田淺縣인데, 신라에서 임단臨湍으로 고치고 우봉군牛峯郡의 속현으로 만들었다. 고려 초에 지금 이름으로 고쳤고, 현종 9년(1018)에 장단에 붙여서 상서도성의 소관으로 만들었다. 문종 17년(1063)에 직접 개성부에 예속시켰고, 뒤에 감무를 두었다가 곧 적성현積城縣에 합병했다. 공양왕이 다시 감무를 두었다. 조선 태종 13년(1413)에 규례에 따라 현감을 두었다.

마전이 작은 고을임에도 군郡이란 중급의 고을 지위를 얻게 된 것은 고려를 멸망시킨 후 태조 6년(1397)에 짓고 정종 1년(1399)에 고려의 태조와 7명의 임금 신위를 모시고 제사를 올리게 했던 숭의전 때문이다. 숭의전은 태조 6년(1397)에 짓고 정종 1년(1399)에 고려의 태조와 7명의 임금 신위를 모시고 제사를 올리게 했다. 문종 2년(1452)에 고려 태조 등 7명의 왕을 제사 지내던 숭의전崇義殿이 있기 때문에 군으로 승격시켰다.

:: [표 39] 마전군의 제사유적

	신증동국여지승람 사묘	여지도서 단묘	경기읍지
崇義殿	郡西五里	郡西五里	郡西十里
사직단	郡西	官門南距三里	郡西一里
문묘	鄕校	郡北距官門三里	위치정보 없음 *大成殿
성황사	郡西三里	×	×
여단	郡北	官門北距四里	郡北一里
嵋江書院	×	위치 정보 없음	郡南七里

마전군의 지방제사는 『승람』에 숭의전·사직단·문묘·성황사·여단이

보이며, 『여지도서』에는 『승람』에 나오는 제사 중 성황사가 빠지고 미강서원이 더해졌다. 『경기읍지』에는 숭의전·사직단·대성전·여단·미강서원이 보인다.

숭의전은 『승람』과 『여지도서』에 군의 서쪽 5리에, 『경기읍지』에는 군의 서쪽 10리에 있었다고 한다. 조선 태조 원년(1392)에 예조에 명하여 마전현에 사당을 짓고, 고려 태조太祖·혜종惠宗·성종成宗·현종顯宗·문종文宗·원종元宗·충렬왕忠烈王·공민왕恭愍王을 제사하게 하고 제전祭田을 주었다. 세종 7년(1425)에 유사有司들이 말하기를, "나라의 종묘宗廟에도 다만 오실五室을 제사하는데, 전조前朝의 사당은 8위八位를 제사하니, 예에 맞지 않는다." 하였다. 이에 태조·현종·문종·원종만 남겨놓고, 봄·가을 이중삭二仲朔에 향과 축문을 보내 제사했다. 문종 2년(1452)에 고려의 후손 왕순례王循禮를 찾아서 그 제사를 맡아 지내게 하고, 그 사당 이름을 숭의전이라 하여 왕순례를 부사副使로 삼았다. 복지겸卜智謙·홍유洪儒·신숭겸申崇謙·유금필庾黔弼·배현경裵玄慶·서희徐熙·강감찬姜邯贊·윤관尹瓘·김부식金富軾·김취려金就礪·조충趙冲·김방경金方慶·안우安祐·이방실李芳實·김득배金得培·정몽주鄭夢周 등을 배향했다. 중종 38년(1543) 6월에 마전군수 박세무朴世茂가 쓴 '숭의전기崇義殿記'가 있다.

사직단의 위치는 『승람』에는 현의 서쪽에, 『여지도서』에는 관문에서 남쪽으로 3리에, 『경기읍지』에는 군 서쪽 1리에 있다고 하였고 신실神室은 1칸이다. 문묘는 『승람』에 향교에 있다고 했는데, 향교는 군의 동쪽 1리에 있었다. 『여지도서』에는 군의 북쪽 관문에서 3리 떨어져 있다고 하였고, 『경기읍지』에는 대성전이 보이지만 그 위치는 기록하지 않았다. 성황사는 『승람』에만 보이는데, 군의 서쪽 3리에 있다고 하였다. 여단은 『승람』에는 군 북쪽, 『여지도서』에는 관문에서 북쪽으로 4리에,『경기읍지』에는 군의 북쪽 1리에 있다고 하였고 신실神室은 1칸이었다.

미강서원은『여지도서』에만 보인다. 그 위치는 기록하지 않았다. 미수眉叟허목許穆의 위패를 모신 서원으로, 영조 26년(1750)에 서원을 세우고, 영조 29년(1753)에 사액을 받았다. 고종 8년(1871) 봄에 조령朝令에 따라 훼철되었다.

37

연천현漣川縣 : 漣川邑

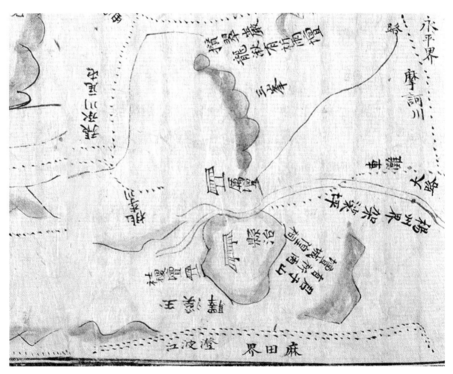

[도면 36] 고종 8년(1871)에 편찬된 규장각 소장 『경기읍지』 (奎12177) 2책에 수록된 연천현의 그림식 지도

서남쪽에 군치郡治가 자리하고 있으며, 그 주변으로 사직단社稷壇 · 향교鄕校 · 여단厲壇 · 성황사城隍祠 등이 표기되어 있다.

연천현(읍)은 현재의 경기도 연천군에서 남계리와 황지리를 제외한 군남면, 부곡리를 제외한 연천읍, 왕징면의 강내리 · 강서리, 중면의 마거리 · 삼곶리 · 적거리 · 중사리 · 합수리 · 횡산리에 있었다. 고을의 중심지는 연천군 연천읍의 읍내리에 있었다. 마전麻田 · 삭녕朔寧과 합하기도 하고 분리되기도 했던 지역이다.

본래 고구려의 공목달현工木達縣이라 불렸고, 웅섬산熊閃山이라 불리기도 했다. 신라 때 공성功成으로 이름을 고치고 철성군鐵城郡의 속현으로 삼았다. 고려에 들어와서는 장주漳州로 칭했다. 고려 성종 14년(995)에 단련사를 설치했다가 폐지했고, 명종 5년(1175)에 처음으로 감무를 설치했다. 충선왕 때 왕의 이름인 '장璋'자를 피하기 위해 고을 이름을 연천으로 고쳤다. 조선 태종 13년(1413)에 현으로 고쳤고, 태종 14년에 마전현과 합쳐 마연현으로 했다가, 태종 16년에 다시 나누어 마전현과 연천현으로 고쳤다.

:: [표 40] 연천현(읍)의 제사유적

	신증동국여지승람 사묘	여지도서 단묘	경기읍지 단사(壇祠)
사직단	縣西	縣西 邑內里	縣西一里
문묘	鄕校	鄕校	×
성황사	縣南二里	縣南 邑內里	縣西南四里城山
여단	縣北	縣北 邑內里	縣北二里*厲祭壇

연천현(읍)의 제사는 『승람』과 『여지도서』에 사직단 · 문묘 · 성황사 · 여단이, 『여지도서』에는 문묘가 빠져 있으며 여단은 여제단으로 기록하였다.

사직단의 위치는 『승람』에는 현의 서쪽에, 『여지도서』에는 현의 서쪽 읍내리, 『경기읍지』에는 현의 서쪽 1리에 있다고 하였다. 문묘는 『승람』과 『여지도서』에는 향교에 있으며,[121] 향교는 현의 동쪽 1리에 있었다. 『경기읍지』에는 문묘가 빠져 있고 교원校院조에 향교는 예전에는 현의 동쪽 1리에 있었는데 효종 9년(1658)에 이건移建하여 현의 북쪽 2리 칠전동漆田洞에 있다고 하였다.

성황사는 『승람』에는 현의 남쪽 2리에, 『여지도서』에는 현의 남쪽 읍내리에, 『경기읍지』에는 현의 남쪽 4리 성산에 있다고 하였다. 여단은 『승람』에는 군의 북쪽에, 『여지도서』에는 현의 북쪽 읍내리에, 『경기읍지』에는 여제단이 현의 북쪽 2리에 있다고 하였다.

---

121) 【學校】鄉校[在縣北邑內里]

38

교동현喬桐縣：喬桐府

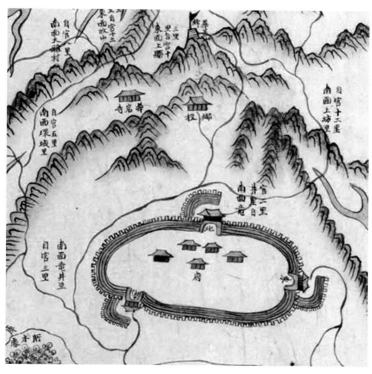

[도면 37] 해동지도
지도의 부府 위쪽으로 향교와 화개산華盖山이 보인다.

교동도호부는 인천광역시 강화군의 교동면 전체와 삼산면의 상리·하리에 있었다. 고을의 중심지는 읍내리였다. 교동은 조선전기에는 현縣이었는데, 인조 7년(1629)에 청과의 전쟁 가능성이 높아지면서 강화의 방어력을 높이기 위해 남양도호부의 화량진에 있던 경기수영을 옮겨오면서 도호부가 되었다.

본래 고구려의 고목근현高木根縣(대운도(戴雲島), 고림(高林), 달을신(達乙新)이라고도 한다)인데, 신라 경덕왕 때 지금 이름으로 고쳐 혈구군穴口郡의 속현으로 하였다. 조선 태조 4년(1395)에 만호萬戶를 두고 지현사知縣事를 겸하게 했다가 현감縣監으로 고쳤다. 인조 7년(1629)에 수영水營을 교동의 월곶진月串津 터로 옮기고 부사府使로 승격시켰으며, 인조 17년(1639)에는 삼도통어사三道統禦使를 겸하고 경기·충청·황해 3도의 수군을 관할하여 방비하게 하였다. 정조 1년(1777)에 현감으로 강등하였다가 정조 3년(1779)에 통어사를 강화유수에게로 옮기고, 다시 부사로 승격시켜 방어사를 겸하게 하였다가 정조 13년(1789)년에 통어사를 복설하였다.

:: [표 41] 교동현(부)의 제사유적

	신증동국여지승람 사묘	여지도서 단묘	경기읍지 단묘
사직단	縣西	府北十里	府北十里
문묘	鄕校	府北三里	×
성황사	花盖山	華蓋山北麓	府北七二里
여단	縣北	府北十里	府北十里
鄕校	×	×	府北三里

교동현(부)의 지방제사는 『승람』과 『여지도서』에 사직단·문묘·성황사·여단이, 『경기읍지』에는 『승람』과 『여지도서』의 문묘가 빠진 대신 향교가 그 자

리를 차지하였다.

사직단의 위치는 『승람』에는 현의 서쪽에 있었는데, 『여지도서』와 『경기읍지』에는 부의 북쪽 10리에 있다고 하였다. 문묘는 『승람』에 향교에 있다고 하였는데, 향교는 현의 남쪽 4리에 있었다. 『여지도서』에는 부의 북쪽 3리에 있다고 하였고, 『경기읍지』에는 문묘 대신 향교가 보인다. 향교의 위치는 부의 북쪽 3리이다.

성황사는 『승람』에는 화개산에, 『여지도서』에는 화개산 북쪽 기슭에, 『경기읍지』에는 부의 북쪽 72리에 있다고 하였다. 여단은 『승람』에는 현의 북쪽에, 『여지도서』와 『경기읍지』에는 부의 북쪽 10리에 있다고 하였다.

이로 볼 때 교동현의 3묘 1단의 위치는 바뀌었는데, 현에서 부로 승격되면서 그 위치에 변화가 있었음을 알 수 있다.

4부

경기도 제사 유적 현황

01
사직단社稷壇122)

사직단社稷壇은 땅의 신과 곡식의 신에게 제사를 지내는 제단으로, 조선의 사직
단은 서울특별시 종로구 사직동에 위치하고 있다. 태조 2년(1394)에 현재의 자
리에 세운 사직단은 사단社壇과 직단稷壇 2개의 단壇으로, 토신土神에 제사를 지
내는 제단인 사단은 동쪽에, 곡신穀神에게 제사 지내던 제단인 직단은 서쪽에 배
치하였다. 사단에는 국사國社의 신위를 남쪽에서 북쪽을 향해 봉안하고 후토신后
土神을 배향하였으며, 직단에는 국직國稷의 신위를 봉안하고 후직后稷의 신을 배
향하였다.

　　조선은 각 군현에도 사직단을 두었는데, 현존하는 지방의 사직단은 노변동
사직단(대구광역시 기념물 제16호), 남원사직단(전라북도 기념물 제79호), 보은회인사직
단(충청북도 기념물 제157호), 산청단성사직단(경상남도 기념물 제255호), 창녕사직단(경
상남도 기념물 제278호)이다. 경기도의 경우 인천 사직단터가 있다.

---

122) 경기도 사직단의 현황과 관련해서는 한국학중앙연구원의 향토문화대사전을 참고하였다.

인천 사직단터

조선시대 인천의 사직단은 태종 6년(1406) 지방 군현에까지 사직 제도가 보급되면서 만들어졌으며, '좌묘우사左廟右社'의 기본 원칙에 따라 관아의 서쪽에 단을 설치했다.『신증동국여지승람』·『여지도서』· 1871년 편찬『경기읍지』등 조선시대 인천의 지지地誌 자료에 사직단이 인천도호부 서쪽에 있었다는 기록에서 알 수 있다.

사직단 터는 현재 인천광역시 남구 학익동과 관교동을 연결하는 지하 차도 위에서 문학산 터널로 향하는 도로 부근인 인천광역시 남구 관교동 일대로 추정된다. 조선 시대에는 도차니 고개라 불리던 곳이다. 1949년 인천 시립 박물관의 조사에서 사직단의 기초로 보이는 반석盤石을 확인하였으며, 1965년 간행된『문학산』에 그 사진이 전한다. 사직단의 반석은 1965년까지 남아 있었는데, 건설 공사로 현재는 없어졌다.

02
문묘文廟[123]

문묘는 공자와 여러 성현을 모시는 사당으로, 조선시대 중앙에는 성균관에, 지방에는 향교에 있었다. 향교는 공자와 여러 성현께 제사를 지내고 지방민의 교육과 교화를 위해 나라에서 세운 교육기관이다. 조선시대에는 나라에서 토지와 노비·책 등을 지원받아 학생을 가르쳤으나, 지금은 교육 기능은 없어지고 제사 기능만 남아 있다. 봄·가을에 석전釋奠을 봉행奉行하며 초하루·보름에 분향을 하고 있다. 현존하는 경기도의 향교는 다음과 같다.

---

[123] 이하의 향교에 대한 내용은 문화재청 사이트를 이용하였다. 그리고 『여지도서』에는 서원이 단묘조에 포함된 것이 특징적인데, 영평의 玉屛書院, 포천의 花山書院, 龍淵書院, 가평의 潛谷書院, 풍덕의 龜巖書院, 과천의 愍節書院, 鷺江書院, 四忠書院, 滄江書院, 남양의 龍栢祠, 安谷書院, 인천의 鶴山書院, 금천의 忠賢祠, 양성의 德峰祠宇, 통진의 玉城府院君張晚祠宇, 마전의 崇義殿, 嵋江書院, 광주의 溫王廟, 여주의 沂川書院, 孤山書院, 이천의 大成殿, 양근의 迷源書院, 수원의 梅谷書院, 안성에 沙溪金公諱書院, 南坡洪公諱書院, 김포의 牛渚書院이 있다. 『경기읍지』 단묘에 김포에는 牛渚書院, 가평에는 潛谷書院, 大報壇, 마전에는 崇義殿, 嵋江書院, 포천에는 花山書院, 龍淵書院, 영평에는 玉屛書院, 안성에는 沙溪金公諱書院, 南坡洪公諱書院, 통진에는 옥성부원군玉城府院君 장만張晚 별묘別廟, 시흥에는 忠賢祠가, 과천에는 愍節書院, 鷺江書院, 滄江書院, 四忠書院, 양성에는 德峯祠宇, 남양에는 安谷書院이 있다.

죽산향교竹山鄉校 : 경기 안성시 죽산면 죽산향교길 54-45

죽산향교는 조선 중종 28년(1533)에 처음 건립되었으나, 그 이후의 기록은 남아 있지 않다. 최근에 담장을 새로 지었고 외삼문을 복원하였다. 건물 배치는 앞쪽에 교육 공간인 명륜당이 있고, 뒤쪽에 제사 공간인 대성전과 동무·서무가 있는 전학후묘前學後廟의 형식이다.

　　대성전은 공자 등 성현의 위패를 모신 곳으로, 앞면 3칸·옆면 2칸의 규모이며 지붕은 옆면에서 볼 때 사람 인人자 모양인 맞배지붕이다. 지붕 처마를 받치기 위해 장식하여 만든 공포는 새 부리 모양으로 짜 맞춘 익공 양식으로 꾸몄다. 동무와 서무는 각각 앞면 3칸·옆면 1칸 규모로 지붕은 맞배지붕으로 꾸몄다. 명륜당은 학생들이 모여 공부하는 강당으로 앞면 3칸·옆면 2칸 규모를 갖추고 있다. 대성전과 달리 지붕은 옆에서 볼 때 여덟 팔八자 모양의 화려한 팔작지붕으로 꾸몄다.

안성향교安城鄉校 : 경기 안성시 향교길 90-4

안성향교는 조선 중종 27년(1532)에 처음 지었으나, 그 이후의 자세한 기록은 없고 1932년·1986년·1988년에 보수하였다. 건물의 연대가 오래되지는 않았으나, 독특한 건축 형식과 짜임새 있는 공간 구조를 갖춘 경기지역의 대표적 향교이다.

　　건물 배치는 아래쪽에 교육 공간인 명륜당과 동재·서재, 풍화루가 있고, 위쪽에 제사 공간인 대성전과 동무·서무가 있어 전학후묘前學後廟의 형태를 갖추고 있다.

　　대성전은 앞면 3칸·옆면 2칸 규모이며, 지붕은 옆면에서 볼 때 사람 인人자 모양인 맞배지붕이다. 지붕 처마를 받치기 위해 장식하여 만든 공포는 새 부리 모양으로 짜 맞춘 익공 양식으로 꾸몄다. 안 쪽에는 공자를 비롯하여 중국과 우리나라 유학자의 위패를 모시고 있다.

　　명륜당은 앞면 5칸 · 옆면 2칸 규모로, 지붕은 옆면에서 볼 때 여덟 팔八자 모양인 화려한 팔작지붕이며 익공 양식으로 지었다. 명륜당은 학생들이 모여 공부하는 강당이고, 동재 · 서재는 기숙사이다. 수평성이 매우 강조된 풍화루는 그 규모가 앞면 11칸 · 옆면 1칸의 2층 누각으로 외관이 장엄하다. 1층은 통로로 쓰이며 2층은 학생들의 휴식공간으로 한층 높게 만든 누마루를 설치해 놓았다.

양성향교陽城鄉校 : 경기 안성시 양성면 교동길 33-4

　양성향교는 조선 중종 28년(1533)에 처음 지었고, 영조 50년(1774)에 다시 지었다. 그 뒤 여러 차례 보수하여 오늘날의 모습을 갖추게 되었다. 대성전과 명륜당만 갖춘 조선 후기 작은 규모의 향교 형식을 잘 보여주고 있다.

　　앞쪽에는 학생들이 모여 공부하는 공간인 명륜당이 있고, 뒤쪽으로 제사를 지내는 공간인 대성전이 있는 전형적인 전학후묘前學後廟 배치를 따르고 있다. 그 외에 출입구 구실을 하는 내삼문과 외삼문이 있다.

　　대성전은 앞면 3칸 · 옆면 3칸의 규모이며, 지붕은 옆면에서 볼 때 사람 인人자 모양인 맞배지붕이다. 지붕 처마를 받치기 위해 장식하여 만든 공포는 새 부리 모양으로 짜 맞춘 익공 양식이다. 대성전 내부에는 공자를 비롯하여 중국과 우리나라 유학자들의 위패를 모시고 있다. 강당인 명륜당은 앞면 5칸 · 옆면 2칸 규모로, 지붕은 옆면에서 볼 때 여덟 팔八자 모양인 팔작지붕으로 꾸몄다.

평택향교平澤鄕校 : **경기 평택시 팽성읍 부용로 17번길 40**

평택향교는 조선 태종 13년(1413)에 처음 지었는데, 병자호란으로 불타 없어진 것을 여러 차례 고쳤으며 1986년에는 명륜당을 세웠다. 지대가 높은 언덕 쪽에 제사 공간인 대성전이 있고 그 앞쪽에 공부하는 공간으로 명륜당과 동재ㆍ서재가 있어 전형적인 전학후묘前學後廟의 배치를 따르고 있다.

　　대성전은 앞면 5칸ㆍ옆면 3칸 규모로, 지붕은 옆면에서 볼 때 사람 인人자 모양인 맞배지붕이다. 지붕 처마를 받치기 위해 장식하여 만든 공포는 새 날개 모양으로 꾸민 익공 양식이다. 이곳에는 공자를 비롯한 성현의 위패를 모시고 봄ㆍ가을에 제사를 지내고 있다. 명륜당은 앞면 5칸ㆍ옆면 2칸의 규모이며, 지붕은 옆면에서 볼 때 여덟 팔八자 모양인 팔작지붕이다. 좌우에는 학생들의 기숙사인 동재ㆍ서재가 있다.

진위향교振威鄕校 : **경기 평택시 진위면 진위로 49**

진위향교는 조선 전기에 처음 지었다고 전하나 확실하지 않으며, 1923년과 1934년 두 차례 보수를 하였다. 현재는 대성전, 명륜당, 동재ㆍ서재, 외삼문, 내삼문 등이 남아 있다. 진위향교 대성전은 큰 건물은 아니지만 18세기 건축기법을 잘 보여주고 있다.

　　대성전은 공자를 비롯하여 중국과 우리나라 유학자의 위패를 모시고 제사를 지내는 곳이다. 규모는 앞면 3칸ㆍ옆면 3칸이며, 지붕은 옆면에서 볼 때 사람 인人자 모양인 맞배지붕이다.

과천향교果川鄕校 **: 경기 과천시 자하동길 18**

과천향교는 조선 태조 7년(1398)에 처음 지었고 숙종 16년(1690)에 과천 서이면에서 지금 있는 자리로 옮겨지었다. 1944년에는 시흥향교, 안양향교, 과천향교를 통합하여 시흥향교로 불리다가, 1996년에 과천향교로 복원되었다.

홍살문과 외삼문을 지나면 교육 공간인 명륜당이 있고, 그 뒤에 있는 내삼문에 들어서면 제사 공간인 대성전이 있다. 단조로운 배치지만, 지형의 높낮이를 이용하여 건물의 위계를 강조하였다.

대성전은 공자를 비롯하여 중국과 우리나라 성현의 위패를 모시고 있다. 앞면 3칸 · 옆면 2칸 규모이며, 지붕은 옆에서 볼 때 사람 인人자 모양인 맞배지붕이다. 지붕 처마를 받치기 위해 장식하여 만든 공포는 새 날개 모양으로 꾸민 익공 양식이다. 학생들의 모여 공부하는 강당인 명륜당은 앞면 3칸 · 옆면 2칸 규모이던 것을 양쪽으로 1칸씩 늘려 지었다.

광주향교廣州鄕校 **: 경기 하남시 교산동 277-3**

광주향교를 처음 지은 시기는 알 수 없으나, 조선 숙종 29년(1703)에 옛 광주 관아 서쪽에 있던 것을 이곳으로 옮겨 세웠다고 한다. 경기지역에서 평지에 세운 유일한 향교이며 동재와 서재, 동무와 서무를 모두 갖춘 큰 규모의 향교이다.

가장 뒤쪽에 제사 공간인 대성전과 동무 · 서무가 있으며 그 앞으로 교육 공간인 명륜당과 동재 · 서재가 있어, 전학후묘의 전형적인 배치 형태를 갖추고 있다.

대성전은 앞면 3칸 · 옆면 4칸 규모로, 지붕은 옆면에서 볼 때 사람 인人자 모양인 맞배지붕이다. 지붕 처마를 받치기 위해 장식하여 만든 공포는 기둥 위에만 있는 주심포 양식이다. 안쪽에는 공자를 비롯한 중국과 우리나라 성현의 위패를 모시고 있다.

명륜당은 앞면 5칸·옆면 2칸 규모로, 지붕은 옆에서 볼 때 여덟 팔八자 모양인 팔작지붕이다. 명륜당은 학생들이 모여 공부하는 강당이고, 동재·서재는 학생들의 기숙사이다. 다른 건물로는 내삼문·외삼문·수복실 등이 있다.

양주향교楊州鄉校 **: 경기 양주시 부흥로 1423번길 50**

양주향교는 태종 원년(1401)에 처음 지었으며, 한국전쟁 때 불타 없어진 것을 1958년 다시 지었다. 건물의 전체적인 배치를 보면 입구인 외삼문을 지나 공부하는 강당인 명륜당이 있고, 그 뒤 내삼문 안쪽에 제사지내는 공간인 대성전과 동무·서무가 있는 전학후묘前學後廟의 형식을 따르고 있다.

대성전은 앞면 3칸·옆면 3칸 규모로, 지붕은 옆에서 볼 때 사람 인八자 모양인 맞배지붕이다. 안쪽에는 공자와 중국 4대 성현의 위패가 있으며, 대성전 좌우에 있는 동무와 서무에는 우리나라 성현들의 위패를 모시고 있다. 명륜당은 앞면 5칸·옆면 2칸 규모로, 지붕은 옆에서 볼 때 여덟 팔八자 모양인 팔작지붕으로 꾸몄다.

여주향교驪州鄉校 **: 경기도 여주시 여주읍 향교1길 24**

여주향교를 처음 지은 정확한 연대는 알 수 없으나, 조선 전기 상리 마암 근처에 세웠다가 임진왜란으로 불타 없어졌다고 한다. 숙종 11년(1685)에 홍문리가 다시 지었으나 풍수지리상 불길하다하여 지금 있는 자리로 옮겼다. 앞쪽 낮은 곳에 공부하는 공간인 명륜당이 있고, 뒤쪽 높은 곳에 제사지내는 공간인 대성전이 있는 전학후묘前學後廟의 배치 형식이다.

　대성전은 앞면 3칸 · 옆면 3칸 규모로, 지붕은 옆면에서 볼 때 사람 인人자 모양인 맞배지붕이다. 지붕 처마를 받치면서 장식을 겸하는 공포는 새 날개 모양으로 짜 맞춘 익공 양식으로 꾸몄다. 안쪽에는 공자를 비롯한 중국과 우리나라 성현의 위패를 모시고 있다. 강당인 명륜당은 앞면 5칸 · 옆면 2칸 규모이다. 이외의 건물로 동무 · 서무와 내삼문 등이 있다.

남양향교南陽鄕校 : 경기 화성시 글판동길 15번길 18-3

남양향교는 조선 태조 6년(1397)에 음덕리 면역곡동에 처음 세웠다고 하며, 고종 10년(1873)에 지금의 자리로 옮겨 세웠다. 현재 남아 있는 건물도 이 때에 만든 것으로 보인다.

　건물 배치는 전학후묘前學後廟의 형태로 앞쪽에는 교육 공간인 명륜당과 동재 · 서재가 있고, 뒤쪽으로 제사 공간인 대성전으로 이루어져 있다. 그 외 출입구 구실을 하는 내삼문 · 외삼문, 제사를 준비하는 수복실 등이 있다. 옮겨 지을 당시에는 모든 건물들이 있었다고 하나, 동무 · 서무 · 명륜당이 없어졌다가 후에 명륜당만 새로 지었다.

　대성전 안쪽에는 공자를 비롯하여 중국과 우리나라 유학자의 위패를 모시고 있다. 명륜당은 객사처럼 좌우에 날개채를 붙인 평면으로 구성되어 매우 독특하다. 명륜당은 학생들이 모여 공부하는 강당이며, 동재와 서재는 기숙사이다.

교하향교交河鄕校 : 경기 파주시 금릉동 355번지

조선 태종 7년(1407) 탄현면 갈현리에 처음 지었다가 영조 7년(1731)에 지금 있는 자리로 옮겨 지었다. 전체 배치는 앞쪽에 교육 공간인 명륜당과 동재·서재가 있고, 뒤쪽에 제사 공간인 대성전과 동무·서무가 있어 전학후묘前學後廟의 배치 형태를 보이고 있다.

대성전에는 공자를 비롯한 성현의 위패를 모시고 있으며 앞면 3칸·옆면 2칸 규모로, 지붕은 옆면에서 볼 때 사람 인人자 모양인 맞배지붕이다. 지붕 처마를 받치기 위해 장식하여 만든 공포는 새 날개 모양으로 꾸민 익공 양식이다. 명륜당은 앞면 3칸·옆면 2칸 규모로, 지붕은 옆에서 볼 때 여덟 팔八자 모양인 팔작지붕으로 꾸몄다. 명륜당은 학생들이 모여 공부하는 강당이고 동재·서재는 학생들의 기숙사이다.

포천향교抱川鄉校 : **경기 포천시 군내면 청군로 3274번길 37**

포천향교는 고려 명종 3년(1173)에 처음 지었으며, 현재의 모습은 한국전쟁 때 파괴된 것을 1962년에 고쳐 세운 것이다.

전체적인 건물의 배치는 앞쪽에 교육 공간인 명륜당과 학생들의 기숙사인 동재와 서재가 있고, 뒤쪽에 제사 공간인 대성전이 있어 전학후묘前學後廟의 전형적인 배치 형식을 따르고 있다. 대성전은 공자를 비롯하여 중국과 우리나라 유학자의 위패를 모시고 제사지내는 곳이다.

양근향교楊根鄉校 : **경기 양평군 옥천면 향교길 45**

양근향교는 조선 중종(재위1506~1544) 때 지었으나, 지금 있는 건물들은 뒷날 새로 고쳐 세우거나 보수하여 그 형태가 많이 바뀌어 있다. 전체 배치는 앞쪽에 교육 공간인 명륜당과 동재와 서재, 뒤쪽에 제사 공간인 대성전과 동무·서무를 둔 전학후묘前學後廟의 형태를 따르고 있다.

대성전은 공자를 비롯하여 중국과 우리나라 성현의 위패를 모시고 제사를 지내는 곳이다. 앞면 3칸 · 옆면 2칸 규모이며, 지붕은 옆면에서 볼 때 사람 인人자 모양인 맞배지붕이다. 명륜당은 앞면 4칸 · 옆면 2칸 규모로, 지붕은 맞배지붕이며 학생들이 모여 공부하는 강당이다. 기숙사인 동재 · 서재는 각각 앞면 4칸 · 옆면 1칸 규모에 지붕은 맞배지붕이고, 동무 · 서무 앞면 3칸 · 옆면 1칸 규모에 지붕을 역시 맞배지붕으로 꾸몄다.

지평향교砥平鄕校 **: 경기도 양평군 지평면 지평로 333**

지평향교는 조선 영조 49년(1773)에 처음 지었으며, 그 외에 자세한 기록은 없다. 현재 남아 있는 건물로 교육 공간인 명륜당과 제사 공간인 대성전, 출입문 구실을 하는 외삼문 · 내삼문 등이 있다.

대성전은 앞면 3칸 · 옆면 2칸 규모로, 지붕은 옆면에서 볼 때 사람 인人자 모양인 맞배지붕이다. 안쪽에는 공자를 비롯하여 중국 · 우리나라 성현의 위패를 모시고 있다. 학생들이 모여 공부하던 곳인 명륜당은 앞면 4칸 · 옆면 2칸 규모이다.

이천향교利川鄕校 **: 경기 이천시 향교로 1**

이천향교는 조선 태종 원년(1401)에 처음 지었으나, 지금 있는 건물들은 조선 후기에 수리한 것이다. 특히 동무는 1967년, 서무는 1980년에 새로 지었고 1991년과 1993년에는 명륜당과 담장을 수리하였다. 주변 지형의 구조를 적절히 이용한 배치가 돋보이는 조선 후기 향교이다.

지대가 높은 뒤쪽에 제사 공간인 대성전과 동무·서무가 있고, 앞쪽에 교육 공간인 명륜당이 있어 전학후묘前學後廟의 배치를 따르고 있다. 대성전은 앞면 3칸·옆면 2칸 반의 규모로, 지붕은 옆면에서 볼 때 사람 인人자 모양인 맞배지붕이다. 지붕 처마를 받치기 위해 장식하여 만든 공포는 새 부리 모양으로 장식한 익공 양식이다. 대성전 내부에는 공자를 비롯한 중국과 우리나라 성현들의 위패를 모시고 있다.

대성전 앞쪽 좌우에 있는 동무와 서무는 각각 앞면 3칸·옆면 1칸 크기의 맞배지붕으로, 형태와 구조가 서로 비슷하다. 학생들이 모여 공부하는 강당인 명륜당은 앞면 3칸·옆면 2칸 규모이며, 지붕은 맞배지붕으로 꾸몄다.

양지향교陽智鄕校 : **경기 용인시 처인구 양지면 향교로13번길 20**

양지향교는 조선 중종 18년(1523)에 처음 지었으며, 최근까지 여러 차례 수리하였다. 명륜당과 대성전만을 갖춘 조선 후기 작은 규모의 향교 형식을 보여주는 건축이다. 앞쪽에 교육 공간인 명륜당이 있고, 그 뒤쪽 내삼문 안에 제사 공간인 대성전이 있어 전학후묘前學後廟의 배치 형태를 이루고 있다.

대성전은 앞면 3칸·옆면 2칸의 규모로, 지붕은 옆면에서 볼 때 사람 인人자 모양인 맞배 지붕이다. 지붕 처마를 받치기 위해 장식하여 만든 공포는 새 부리 모양으로 짜 맞춘 익공 양식으로 꾸몄다. 공포의 형태나 가구 수법을 보아 17세기 건물로 보이는데 대성전 안쪽에는 공자를 비롯한 여러 성현의 위패를 모시고 있다. 학생들이 모여 공부하는 강당인 명륜당은 앞면 3칸, 옆면 2칸이던 것을 1971년 앞면 5칸·옆면 2칸 규모로 복원하였다. 지붕은 옆면에서 볼 때 여덟 팔八자 모양인 팔작지붕으로 지었다.

김포향교金浦鄕校 : 경기 김포시 북변중로 25번길 38

김포향교는 고려 인종 5년(1127)에 처음 지었다고 전하나, 확실하지 않다. 1960년대 이래 여러 차례에 걸쳐 보수하였다. 건물 배치는 전학후묘前學後廟의 형태로 앞쪽에 교육 공간인 명륜당을, 뒤쪽에 제사 공간인 대성전을 배치하였다. 그 외에 재실齋室과 출입구 구실을 하는 외삼문과 내삼문이 있다. 대성전과 명륜당만 갖춘 조선 후기 작은 규모의 향교 형식을 잘 보여주고 있다.

대성전은 앞면 3칸·옆면 3칸의 규모로, 지붕은 옆면에서 볼 때 사람 인人자 모양인 맞배지붕이다. 지붕 처마를 받치기 위해 장식하여 만든 공포는 새 부리 모양으로 짜 맞춘 익공 양식으로 꾸몄다. 옆면과 뒷면에는 방화벽을 설치하였다. 안쪽에는 공자를 비롯하여 중국과 우리나라 성현의 위패를 모시고 있다. 강당인 명륜당은 앞면 5칸·옆면 2칸 규모로, 지붕은 옆면에서 볼 때 여덟 팔八자 모양인 화려한 팔작지붕을 올렸다.

통진향교通津鄕校 : 경기 김포시 월곶면 군하로 288-21

통진향교는 고려 인종 5년(1127)에 처음 지었다고 전하나, 확실하지 않다. 일제 강점기에 폐쇄되었다가 광복 후 그 기능을 되찾았다. 건물 배치는 풍화루의 누하진입樓下進入(낮은 곳에서 위로 올라가는 진입 방법)을 통해 앞쪽에 교육 공간인 명륜당과 기숙사인 동재가 있으며 뒤쪽에 제사 공간인 대성전을 둔 일반적인 전학후묘前學後廟의 형식을 하고 있다.

대성전은 앞면 3칸·옆면 3칸의 규모로, 지붕은 옆면에서 볼 때 사람 인人자 모양인 맞배지붕이다. 지붕 처마를 받치기 위해 장식하여 만든 공포는 새 부리 모양으로 짜 맞춘 익공 양식이다. 뒷면과 옆면에는 방화벽을 설치하였으며 안쪽에는 공자를 비롯하여 중국과 우리나라 유학자의 위패를 모시고 있다. 공포 형태와 수법으로 볼 때 17세기 말의 건물로 보이며, 경기도내 향교 건축 가운데 가장 오래된 것이다. 강당인 명륜당은 앞면 5칸·옆면 2칸 규모로, 지붕은 옆면에서 볼 때 여덟 팔八자 모양인 팔작지붕으로 꾸몄다.

가평향교加平鄕校 : 경기도 가평군 가평읍 향교로 23-1

태조 7년(1398)에 현유賢儒의 위패를 봉안, 배향하였다. 1979년에 부속건물을 신축, 보수하고 1980년에 재실齋室을 신축함과 동시에 전체 건물을 보수하였다.

현존하는 건물로는 대성전·명륜당·동재東齋·서재西齋·내삼문內三門·제기고祭器庫 및 기타 부속건물이 있다. 대성전에는 5성五聖, 송조 2현宋朝二賢, 우리 나라 18현十八賢의 위패를 봉안하고 있다.

고양향교高陽鄕校 : 경기도 고양시 덕양구 대양로285번길 33-13

조선 숙종 때 현유賢儒의 위패를 봉안, 배향하였다. 창건 이후의 자세한 역사는 전하지 않지만 여러 차례의 보수가 있었고, 1970년 담장을 보수하였다.

현존하는 건물은 대성전大成殿을 중심으로 동재東齋·서재西齋·내삼문內三門 등이 있으며, 명륜당明倫堂·전사청典祀廳·외삼문外三門은 6·25전쟁 때 소실되었다가 1980년대 복원되었다. 대성전 안에는 5성五聖의 위패가, 동무·서무에는 송조2현宋朝二賢 및 우리나라 18현十八賢의 위패가 봉안되어 있다.

수원향교水原鄕校 **: 경기도 수원시 팔달구 향교로 107-9**

조선 초에 현유의 위패를 봉안, 배향하였다. 원래 화성시 봉담면 와우리에 있던 건물을 정조 때에 수원을 도읍지로 정하고 성곽과 각종 문루를 건립하면서 현재의 위치로 옮겨 세운 것이다. 그러나 옮겨 세운 건물이 협소하고 비습卑濕하여 1795년에 중건하였다.

　　1959년에 대성전과 명륜당을 보수하고 1978년에 대성전과 외삼문外三門을 보수하였으며, 이듬해에 사무실과 수복청守僕廳을 신축하였다. 1980년에는 담장을 쌓고 1983년에 유림회관을 증축하였다. 현존하는 건물로는 대성전 · 명륜당 · 동무東廡 · 서무西廡 · 내삼문內三門 · 외삼문 · 수복청 · 유림회관 등이 있다. 대성전에는 5성五聖, 송조2현宋朝二賢, 우리나라 18현十八賢의 위패가 봉안되어 있다.

용인향교龍仁鄕校 **: 경기도 용인시 기흥구 용인향교로 12-6**

정종 2년(1400)에 현유賢儒의 위패를 봉안, 배향하였다. 그 뒤의 역사는 알 수 없다. 한국전쟁 때 일부 건물이 파손되었으며, 현존하는 건물은 5칸의 대성전과 삼문三門 · 강당 등이 있다. 대성전 안에는 5성五聖 · 송조2현宋朝二賢 및 우리나라 18현十八賢의 위패가 봉안되어 있다.

평택향교平澤鄕校 **: 경기도 평택시 팽성읍 객사리 185**

태종 13년(1413)에 현유賢儒의 위패를 봉안, 배향하였다. 자세한 기록은 남아 있지 않으며, 일제강점기에는 한때 농민학교農民學校로 사용되기도 하였다.

　　현존하는 건물로는 8칸의 대성전, 7칸의 명륜당, 5칸의 동재東齋와 서재西齋,

신문神門 등이 있다. 대성전에는 5성五聖, 송조2현宋朝二賢, 우리나라 18현十八賢의 위패를 봉안하고 있다.

03
성황사城隍祠124)

우리나라에서 성황사가 건립되기 시작한 것은 신라말~고려 초로, 고려 전기의 성황신은 국가 수호의 의미를 지닌 신이었다. 따라서 각 지방관은 입묘立廟하여 춘추春秋로 제사를 지냈다. 이후 고려 중기에 성황신은 전국 각 지방으로 퍼졌으며, 후기에는 토속적인 신앙과 결합되었다. 조선 건국 초에는 국가의 공적 의례에 포함되어 전국적으로 군현의 읍치 주위에 성황사가 건립되어 국가의 발전과 지역민들의 안녕을 기원하였다. 경기도 성황당의 현황은 다음과 같다.

안산 잿머리 성황당安山 잿머리 城隍堂

안산시 단원구 성곡동 산 76번지에 있다. 고려시대부터 전해져 내려오며, 현재 안산시에서 매년 10월 1일에 '잿머리 성황제'를 올리고 있는 곳이다.

　　『신증동국여지승람』 사묘조에 의하면 '성황사가 2개 있는데, 하나는 군

---

124) 성황사와 관련된 내용은 한국학중앙연구원의 한국민족대백과사전과 향토문화전자대전의 내용을 참조하였다.

의 서쪽 21리에 있고, 하나는 군의 서쪽 32리에 있다.'고 되어 있다. 또한 『기전 읍지畿甸邑誌』 안산군조에 실려 있는 지도에 읍내로부터 20리 떨어져 있는 군자 산君子山에 성황당이 있으며 또 한 곳의 성황당은 성두城頭 30리 떨어진 곳에 있음을 기록하고 있다.

군자산에 있는 성황당은 현재 시흥시에 소속되어 있다. 때문에 안산의 대표적인 성황당은 잿머리 성황당이다. 이 성황당은 고려 성종 때 서희徐熙가 중국으로 사신을 가는 길에 풍랑을 만나 갈 수가 없었는데, 꿈에 안씨와 홍씨가 나타나서 원혼귀로 떠도니, 자신들의 자리를 잡아주면 무사하게 다녀올 수 있다고 하였다. 서희는 당을 짓고 안씨부인과 홍씨부인을 모시도록 하였다는 이야기가 전해지고 있다. 주신은 김부대왕의 부인 홍씨부인과 장모 안씨부인으로 지역주민들에게 풍어와 뱃길의 안전을 위한 어촌공동체의 마을신과 바닷길의 안녕을 지켜주는 수호신으로서 모셔지고 있다

성황당지는 약 30여 평이고 성황당의 면적은 15평이다. 당집은 화재로 새로 지었으며 정면 3칸 측면 1칸으로 되어 있으며 내부에는 홍씨부인과 안씨부인, 관음장군, 대신할머니, 마태장군, 용궁칠성 영정과 성황기 등이 보관되어 있다.

포천 군내면郡內面 **성황당**城隍堂

경기도 포천시 군내면 상성북 2리에서 마을을 지켜 주는 서낭신[성황신]을 모셔 놓은 신당이다. 본래 성황당은 토지와 마을을 지켜 준다는 서낭신이 깃들어 사는 안식처로서 예부터 성스러운 공간으로 인식되고 있다. 성황당은 서낭신이 길에서 떠도는 악령으로부터 비롯된 질병과 재해, 호환을 막아 준다고 믿었기 때문에 대개 마을 입구나 고갯마루에 설치되었다. 포천의 성황사는 『신증동국여

지승람』에는 성산에, 『여지도서』에는 성산 안에, 『경기읍지』 반월산성 안에 있다고 기록되어 있다.

　군내면 성황당과 관련하여 마을 주민의 기억에 따르면 매년 정기적으로 시행하는 마을 단위의 제례 행사는 없었다. 다만 개인적으로 개업을 하거나 자녀의 시험, 자동차를 구입할 때 무사고를 비는 경우 등에 성황당을 찾았다. 이때에는 떡과 과일, 술 등 간단한 제물을 차려 고사를 지낸 다음 마을 주민과 음식을 나누어 먹었다고 한다. 하지만 최근 들어 주변에 도로가 개설되면서 성황당은 사라졌다.

시흥 군자성황사지

군자성황사지는 경기도 시흥시 군자동에 있는데, 군자봉 성황제가 거행되던 군자봉 정상이 성황사터이다. 2002년 3월 15일 시흥시의 향토유적 제14호로 지정되었다. 성황단은 산성이나 고을 관아의 주위에 나타나는데, 고을이나 성안城內의 안녕을 빌기 위해서 수령이 백성들과 더불어 위무慰撫했던 곳이다.

　군자봉에는 신라 마지막 임금인 경순왕과 부인 안씨 그리고 장모 홍씨를 성황신으로 모신다고 전한다. 『시흥군지始興郡誌』에는 경순왕비 안씨가 난을 피하여 군자봉 아래에서 살다가 왕의 승하 소식을 듣고 군자봉 정상에 초막을 짓고 3년 동안 남편의 명복을 빈 적이 있으며, 그 뒤 주민들이 성황당을 짓고 경순왕의 위패를 모셨다는 내용이 소개되어 있다. 이와 달리 군자봉 성황당은 김부대왕을 모신 것이 아니라 안산군安山君으로 봉해진 안산 김씨의 중시조 김은부金殷傅(?~1017)를 모셨을 것이라고 추정하기도 한다. 오늘날 지역주민은 김부대왕으로 모시고 있고, 경순왕의 이름이 '김부'인데 와전되었는지 군자동 주위의 사람들은 '금부대왕'이라고 부른다.

군자봉 성황제는 경기도 산이(세습무 화랭이)들이 하는 도당 굿이며, 굿을 하기 전에 먼저 유교식 제례를 지낸다. 굿의 절차는 아침에 제물을 진설한 후, 당기(신대)에 옷을 입혀 앞세운다. 주민과 악사 및 무당 일행은 군자봉에 오른다. 산에 도착하면 부정풀이-산신맞이-신장거리-대감거리-뒷전을 하고, 이어서 산에서 내려오면 맞이 굿을 한다. 이어서 만신의 신당 안에서 부정거리-산거리-신장·군웅거리-단골맞이굿-제석거리-호구·대감거리-대안주(승전거리-장군거리-별상거리-대감거리)-조상거리-성주·창부거리-뒷전 순으로 진행된다.

양주 성황제단 터

경기도 양주시 유양동에 있는 조선 시대 성황신에게 제사를 지내던 제단의 터이다. 『신증동국여지승람』 경기도 양주목楊州牧 사묘조에 의하면 "성황사는 주의 서쪽에 있다"고 하나 『여지도서』에는 "성황제단이 읍내에서 동쪽으로 1리에 있다"고 기록되어 있고 『경기읍지』에는 서쪽 2리에 있다고 하였다. 현재 양주시 유양동 산118번지에 성황제단 터가 남아 있다.

04
여단厲壇125)

여단厲壇은 떠돌이 귀신들에게 제사를 드리거나, 지방의 고을을 지켜주는 토지신에게 제사를 지내는 곳이다. 이는 집 안에 터줏대감을 모셔두는 터주가리가 있듯이 군현 단위의 터줏대감 구실을 하는 지역 신을 모셔두고 제를 올리던 사당이다. 여제는 제사를 받지 못하는 무주고혼無主孤魂이나 전염병을 퍼뜨리는 귀신인 여귀厲鬼게 지내는 제사를 말한다.

조선시대에는 서울과 지방의 각 군현에 여단을 두어 역병을 예방하였다. 여제단祭壇을 줄여서 여단厲壇이라고도 하는데, 조선 건국 후 국가 의례에 포함되어 사직단·성황단과 함께 국가의 발전과 지역민들의 안녕을 기원하는 공적 의례를 행하던 공간 가운데 하나였다. 여단에서는 일반적인 의례로 매년 봄·여름·가을에 정기적으로 제사를 지냈는데, 역병이 도는 해에는 수시로 제사를 지내기도 하였다.

---

125) 여단과 관련해서 한국학중앙연구원의 향토문화전자대전을 참고하였다.

양주 여제단터

경기도 양주시 유양동 산39-1번지 부근으로 추정된다. 여제단 터의 위치만 짐작할 수 있을 뿐 형태는 알 수 없다. 『신증동국여지승람』 경기도 양주목楊州牧 사묘조에는 "여단이 주州 북쪽에 있다"고 하였으나, 『여지도서』에는 "여제단이 읍내에서 동쪽으로 5리에 있다"고 기록되어 있다.

양지현 여단

경기도 용인시 처인구 양지면에 있었던 조선시대의 단묘壇廟이다. 현재는 그 위치를 알 수 없다. 『동국여지승람』 사묘조에 "양지현 여단은 현북쪽에 있다"고 기록되어 있고, 『여지도서』에는 성황사만 나타날 뿐 여단에 관한 기록은 없다. 1871년의 『경기읍지』에는 여제단의 "신실神室이 1칸이고 단壇이 4칸이다. 신미년에 이건하였다"라고 하였다. 그러나 1899년에 성책된 『양지읍지』의 기록에 "여제단은 관문 서쪽 2리에 있다"고 되어 있어, 원래 현 북쪽 2리에 있던 것을 신미년에 서쪽으로 이건하였음을 알 수 있다.

05
기우제단祈雨祭壇[126]

예로부터 우리나라는 농업을 주 산업으로 했다. 때문에 물이 중시되었고, 가뭄이 계속되면 비가 내리기를 기원하는 기우제祈雨祭를 지냈다. 이와 관련해서는 2부 참고. 경기도 각지의 기우단 은『여지도서』단묘조를 보면 알 수 있는데, 영평·포천·과천에 기우제단 2곳이 있었으며, 양천에는 4곳이 있었고 여주·양주에도 기우단이 있었다.『경기읍지』에도 기우제단으로 양천에 4곳이, 포천에는 2곳이 있었다고 하며 여주와 양지에도 기우단, 기우제단이 있었다고 한다. 다음은 경기도에 있었던 기우단과 경기도에서 행해진 기우제 관련 현황이다.

포천의 화적연禾積淵

화적연은 조선시대 포천에서 기우제를 지내는 제단이다.『여지도서』와 1871년 편찬『경기읍지』경기도 영평현조에 기우제단祈雨祭壇 두 곳으로, 현의 북쪽 30리

---

[126] 기우제단과 관련해서 한국학중앙연구원 한국민족문화대백과사전과 향토문화전자대전을 참조하였다.

에 화적연이 현의 동쪽 60리에 백운산白雲山이 나온다. 『조선왕조실록』에도 기우
제를 지냈다는 기사를 확인할 수 있다.

화적연은 늙은 농부가 비 한방울 내리지 않던 3년 가뭄에 하늘을 원망하면
서 이 연못가에 앉아 탄식하자 물이 뒤집히면서 용이 하늘로 올라갔는데 그날
밤부터 비가 내려 풍년이 들었다고 한다. 이 일이 있은 후부터 가뭄이 들면 이곳
에서 기우제를 지내는 풍습이 생겼다고 한다.

포천 화적연은 그 모습이 마치 볏단을 쌓아 올린 듯 하다 하여 '화적禾積'이
라는 이름이 붙여졌다. 『여지도서』 경기도 영평현永平縣 고적조古跡條에는 "유석
향乳石鄕은 현의 북쪽 30리에 있으며 옛날에는 유석향이라고 이름 불렀는데, 지
금은 화적연이라고 부른다"라 하여, 화적연의 옛 이름이 유석향乳石鄕임을 알 수
있다. 또한 박세당朴世堂의 『서계집西溪集』 제3권에는 바위의 생김새가 기괴하여
위는 마치 용머리처럼 두 개의 뿔을 이고 있으며, 아래는 거북 같다고 하여 귀룡
연龜龍淵이라고 부르기도 하였다.

양천의 우장산雨裝山

우장산은 서울특별시 강서구에 있는 조선시대 기우제를 지내던 산이다. 『여지도
서』와 1871년 편찬 『경기읍지』를 보면 양천현에는 기우제단이 4곳인데, 이 중
읍치성황산은 관문에서 북쪽으로 2리에 있으며, 주룡산은 서쪽으로 10리, 공암
산은 동쪽으로 3리, 우장산은 남쪽으로 6리에 있다고 하였다.

우장산의 높이는 해발 99m로 화곡동의 진산鎭山이며 북쪽은 검두산鈐頭山,
남쪽은 원당산元堂山이라고 불렀다. 검두산과 원당산에서 기우제를 지내면서부
터 두 산을 합쳐 우장산이라고 부르게 되었다고 한다. 두 산에 기우제단을 차려

놓고 천신께 기우제를 지낼 때 제주祭主가 세 번째 기우제를 지내는 날에는 언제나 소나기가 쏟아져 내리므로 이날 참가자 모두가 우장雨裝을 쓰고 산을 올라갔다는 전설에서 이름이 유래되었다

금천구 시흥동 천정天井

서울특별시 금천구 시흥동에 있는 우물로, 한우물·용보龍洑라고도 한다. 『신증동국여지승람』금천현조에는 호랑이 모양을 한 바위로 된 호암산이 있으며, 거기에는 호암산성虎巖山城이 있는데, 이 성 안에 큰 못이 있으며, 날씨가 가물면 이곳에서 기우제를 지냈다는 기록이 있다.

천정에는 비가 내리지 않을 때에 기우제를 지내기도 하였으며, 전시에는 군대 시설물로 이용되기도 하였다. 천정의 면적은 7만 5053㎡이다. 통일신라시대인 6~7세기경에 축조되었으며, 그 후 조선시대에 서쪽으로 약간 이동하여 다시 축조되었다. 통일신라시대에는 그 규모가 동서 17.8m, 남북 13.6m, 깊이 2.5m에 달하였으며, 조선시대에 축조된 우물은 동서 22m, 남북 12m, 깊이 1.2m에 달하였다. 현재 우물의 둘레는 직사각형의 형태로 보수되어 있다.

안산 신길동능新吉洞陵 능길 기우제祈雨祭

경기도 안산시 단원구 신길동 능길마을에서 가뭄이 들었을 때 비가 내리기를 기원하며 올리는 의례이다. 안산 능길마을에는 오래전부터 마을에 가뭄이 들면 대동우물에서 우물고사를 지내거나 마을 건너 거북바위 목 밑에 불을 지펴 비가 오기를 기원했다. 이를 '물제'라고도 한다. 1998년에도 비가 오지 않아 김수옥[남, 1925년생]은 거북바위의 목에 불을 지폈는데, 마을사람들이 별로 없어서 혼

자 조용히 행하였으며, 영험이 있었다고 믿고 있다.

양주 울대1리鬱垈1里 가마소沼 기우제祈雨祭

경기도 양주시 장흥면 울대1리에서 주민들이 비가 내리기를 기원하며 지내던 마을 제사이다. 울대1리 가마소 기우제는 가뭄이 들었을 때 홍복산 남쪽에 위치한 가마소에서 마을 주민이 비가 내리기를 기원하며 마을 공동으로 지내는 제사이다. 울대1리 뒷산 위의 물이 마르지 않는 용못과 가마소, 곰소 등과 같은 산중의 늪이 기우제의 대상이었다. 하지만 이 기우제는 1960년대에 그 전통이 끊겼다.

울대1리 뒷산 위에 있는 용못은 옛날에 용이 승천하였다고 전해지는 곳이다. 따라서 이 일대를 '용못' 또는 '용못골'이라고 부른다. 수심이 매우 깊어서 명주실 한 꾸러미가 다 들어가도 바닥을 보이지 않는다는 말이 있을 정도로 아무리 가물어도 물이 마르지 않아 마을 사람들은 오랜 세월 이곳에서 기우제를 지내 왔다.

인천 기우단터

인천광역시 남구 남구 문학산에 서쪽 연경산 북쪽 산기슭에 있었다고 한다. 가뭄이 들었을 때 비가 내리기를 비는 기우제를 지냈던 곳이다.

기우단 터는 1949년 인천시립 박물관에서 실시한 '문학산 방면 고적 조사'에서 처음 확인되었다. 그러나 당시의 조사는 지표 조사 및 구술 채록 조사의 성격이 강하였기 때문에 기우단에 대한 현황이나 유구遺構의 내용을 자세히 알 수는 없다.

당시 조사 내용을 전하면 다음과 같다. "문학사에서 또 산중턱을 끼고 서쪽으로 우회하면 산허리가 길게 돌출한 곳에 다다른다. 이 돌출부에 선단先端은 마치 인공적으로 구축한 것 같은 돌기를 하고 있는데 이 선단에 바로 기우제단이 있다. 몇 개의 자연석으로 단을 만들고 날이 가물 때 제관이 이 제단에다 정성껏 차려 놓고 북면에서 남면 산봉을 올려다보며 산신과 하늘을 향하여 비오기를 기구祈求하던 것이었다."

이에 따르면 조사 당시만 해도 자연석으로 조성된 석축 제단이 일부 남아 있었던 것으로 보이나, 현재는 그 흔적을 찾을 수 없다.

인천 안관당安官堂 밑 기우제터

안관당은 인천광역시 남구 문학산 봉수대 밑에 있던 인천 부사 김민선金敏善의 사당으로, 안광당 밑에는 기우제 터도 있었는데 과거 비가 오지 않을 때는 동네의 남자들이 목욕재계를 하고 의복을 정제하고 마을에서 음식을 차려서 이곳에 가서 제를 지냈다. 기우제를 지낼 때는 며칠씩 단식을 하고 소나무 가지로 물을 끼얹는 주술 행위도 하였다. 또 동네 사람들이 아이를 낳고자 사당 앞에서 비손[두 손을 비비면서 신에게 병이 낫거나 소원을 이루게 해 달라고 비는 일]을 하기도 하였다.

성남 기우제단

성남의 기우제단터는 분당구 수내동 중앙공원 내의 영장산 정산에 있었던 제단이다. 그 전에 숲안과 역말 주민들이 날이 가물면 기우제를 지냈던 곳이라고 한다. 기우제는 산봉우리나 냇가, 연못 등지에 제단을 만들고, 그 일대를 신성한 영역신역神域으로 정하여 하늘에 제사를 지냈다. 현재는 그 흔적은 남아 있지 않다.

대신 1993년 12월 토지개발공사가 분당신도시를 건설하면서 기우제단터에 '영장대'라 이름 붙여진 팔각정을 건설하였다.

성남 금곡동金谷洞 쇳골마을 기우제祈雨祭

경기도 성남시 분당구 금곡동 쇳골마을에서 가뭄이 계속되는 경우에 비가 내리기를 기원하면서 제사지냈다. 기우제는 마을의 남쪽 진재산陳在山(현재의 안산) 안에 있는 용바위와 용바위 우물에서 행해졌으며, 용이 비를 지배한다고 믿어 용신에게 바치는 용제龍祭에 해당된다.

일제강점기까지만 하더라도 용바위에서 정기적으로 기우제를 지냈으며, 이후에도 마을에 가뭄이 들면 마을 사람들이 추렴을 하여 돼지 한 마리를 잡고 용바위에 제를 올렸다고 한다.

용바위는 이 바위에서 이무기가 용이 되어 하늘로 올라갔다고 전해지며 바위의 형태도 용머리가 얹어져 있는 형상이다. 용바위 우물은 바위 정면으로 6.3m의 거리에 높이 40cm, 너비 40cm, 폭 120cm 가량의 소형 우물인데 지금도 식수로 사용할 수 있을 정도로 깨끗한 물이 고여 있다. 우물 좌측으로 9.5×3.8m의 평평한 단이 조성되어 있다. 분당구 쇳골마을에서 행해졌던 기우제에 제관을 선출하고 마을 주민들이 각출하여 돼지 한 마리를 잡고 술과 과일 등을 준비해서 기우제를 지냈다. 아직까지 일대의 일부 마을 사람들과 무당들이 바위와 샘에 와서 치성을 드린다고 한다.

용인시 기우제

경기도 용인 지역에서 가뭄이 들었을 때 비가 내리기를 기원하며 올리는 의례이다. 처인구 삼가동 궁촌마을과 이동면 묘봉1리 중동, 이동면 송전1리 웃말, 포곡읍 마성리 마가실에서 기우제를 지냈던 사례가 확인되었다.

처인구 삼가동 궁촌마을에는 비가 오랫동안 내리지 않을 경우 부녀자들이 키를 가지고 우물 곁에 가서 우물물을 키에 떠서 까불렀다.이동면 묘봉1리 중동에는 개인별로 다른 사람에게 알리지 않고 몰래 우물물을 지붕에 뿌리면서 비가 오기를 기원하였다.

이동면 송전1리 웃말에는 1970년대까지 기우제를 지냈는데, 이 마을에는 기제사를 용제사라고 불렀다. 용이 비를 내려준다는 관념에서 그렇게 부르는 것이다. 하지가 지나도 비가 오지 않으면 날짜를 정해서 용제사를 지내는데, 용제사에는 소를 잡아서 제물로 쓰며, 용굴에서 제사를 지낸다. 용굴은 용이 나갔다는 자리로 움푹 패어서 물이 항상 고여 있었는데, 이동저수지를 조성하면서 수몰되었다. 용제사 날짜를 잡으면 그때부터 용굴에 금줄을 쳐놓는다. 어떤 때는 용굴에 금줄만 쳐놓아도 비가 내린 적이 있었다고 한다. 비가 오지 않으면 날씨가 흐리기라도 한다. 이때 제관은 일주일 동안 목욕재계하고 근신하며, 정결한 마음으로 용제사를 올린다.

포곡읍 마성리 마가실의 경우 근대에 들어와서도 가뭄이 심할 때마다 성산에서 기우제를 지냈다. 노인들에 의하면, 군청에서 기우제를 지내기 위해서 마가실 이장에게 부탁을 하면 마을 사람들이 주축이 되고 용인군수가 주관하여 기우제를 지냈다고 한다. 기우제를 지내기 위해서는 해가 진 후 한참 있다가 마을 사람들이 양동이에 물을 담아서 성산으로 올라가는데, 솔잎에 물을 적시어 사방에 뿌리면서 성산 꼭대기인 제터골까지 올라간다. 제터골에 올라가면 소머리를 놓고 제사를 올렸다. 제관인 군수가 헌작하고 축관이 축문을 읽은 다음 소지

하는 것으로 기우제의 절차가 끝나는데, 기우제를 지내고 나면 적지만 비가 꼭 내렸다고 한다.

이밖에 민간에서 마을 단위나 개별적으로 기우제를 지낼 때는 특별한 행위를 수반하면서 비가 오기를 기원하였다. 명당 터에 부정한 시신을 매장하여 가뭄이 들었다고 생각하여 그 묘소를 파헤치는 행위도 이루어졌다. "미친년이 발광하면 비가 온다."는 말이 있듯이 솥을 머리에 이고 기우제를 지낸 곳도 있으며, 홑치마를 입은 노파가 솥을 이고 춤을 추면 구경하는 사람들이 바가지로 물을 뿌리는 마을도 있었다.

기우제를 지낼 때는 일반적으로 산 정상이나 냇가 등에 제단을 만들고는, 제단과 제단 주변을 신역神域으로 정하여 정결히 하여 마을 전체의 공동 행사로 제사를 지냈다. 제주는 마을의 장이나 지방 관청의 장이 맡았으며, 돼지·닭·술·과실·떡·밥·포 등을 제물로 올렸다. 경우에 따라서는 무녀의 가무도 곁들였다.

06
기타 사묘祠廟[127]

『신증동국여지승람』을 보면 3단 1묘三壇一廟, 사직단·문묘·성황사·여단 외에 기타 단묘로 개성부에는 송악산사와 팔선궁, 용수산사가, 인천도호부에는 원도사猿島祠가, 양주목에는 양진사楊津祠가, 장단도호부에는 덕진사德津祠·오관산사五冠山祠·용호산사龍虎山祠가, 강화도호부에는 참성단塹城壇·산천제단山川祭壇·진강신사鎭江神祠·하음신사河陰神祠 등이, 풍덕군에는 적덕산사德積山祠·백마산사白馬山祠·삼성당사三聖堂祠·주작신당朱雀神堂이, 가평현에는 화악신사花岳神祠가, 적성현에는 감악사紺岳祠가 있었다. 『여지도서』 양주에는 절제처節祭處 양진당楊津堂이, 적성에는 감악신묘紺嶽神廟가 있었다. 『경기읍지』 적성에는 감악신묘紺嶽神廟, 장단에는 덕진묘德津廟, 양주에는 양진사楊津祠가 있었으며 인천에는 원도사가 있었으나 지금은 없어졌다고 하였고 시흥에는 단壇이 있었다.

이들 사묘 중 그 현황을 알 수 있는 것은 인천의 원도사, 양주의 양진사, 강

---

127) 한국학중앙연구원의 향토문화전자대전을 참조하였다.

화의 참성단, 풍덕적성의 감악사 등이다. 여기에서는 『신증동국여지승람』·『여지도서』·『경기읍지』에 나오는 이외의 기타 사묘 내용도 적어둔다.

개성부의 송악산사 · 팔선궁 · 용수산사 등

『신증동국여지승람』을 보면 개성부에는 송악산사와 팔선궁, 용수산사가 보인다. 『여지도서』에는 『승람』의 송악산사 외에 오관산사와 박연제단·대정제단·독소가 새로 편제되었다. 『중경지』에는 기왕의 송악산사·오관산사·박연제단·독소 외에 덕적산신당이 첨가되었다.

송악산사는 5곳의 신당이 있는데, 성황城隍·대왕大王·국사國師·고녀姑女·부녀府女를 모셨다. 조선의 국가제사, 즉 사전祀典에는 서악西岳으로 중사中祀에 편제되어 있다. 해마다 1월에 향香과 축문祝文 및 예물을 내려주고 원장제元狀祭를 지냈으며 봄·가을 중월仲月에 절제節祭를 지냈고 극심한 가뭄이 들면 기우제를 지냈다. 위치는 『승람』에는 기록하지 않았지만, 『여지도서』에는 고암 위, 『중경지』에 송악정에 있었다고 하였다.

팔선궁과 용수산사는 『승람』에만 보이는데, 전자는 송악 정상에 있었다고 하며 후자는 위치 정보가 없지만, 용수산에 있었을 것이다. 오관산사의 위치는 『여지도서』와 『중경지』에 영통동 북쪽에 있다고 하였고, 사전에는 소사小祀로 편제되어 있어 해마다 연초 및 봄·가을로 향과 축문을 내려 제사지내게 하였다.

박연제단은 『여지도서』와 『중경지』에 있는 것으로, 위치정보는 기록하지 않았다. 예전에는 봄·가을로 제사지냈으나, 지금은 기우제만 지낸다고 하였다. 대정제단은 『여지도서』와 『중경지』에 보이는데, 가뭄이 들면 기우제를 지냈으며, 신당이 있었다.

독소는 『여지도서』와 『중경지』에 훈련원 뒤 곽재리郭在里에 위치하였는데, 예전에는 흥국사興國寺 터에 있었다고 한다. 해마다 경칩驚蟄·상강霜降에 여기에서 제사지냈다. 대국·덕물 2신당은 『여지도서』와 『중경지』에 보이며, 오정문 밖에 위치하였고 대국은 회회세자回回世子의 소상塑像이, 덕물에는 최영崔瑩의 소상이 있었다고 하였다. 『중경지』의 덕적산 신당에는 최영의 소상이 있다고 하였다.

인천도호부 원도사猿島祠와 청황패靑黃牌놀이

원도사는 인천광역시 남구에 있던 조선시대 국왕의 안위와 백성의 안녕을 기원하는 제사를 지내던 제단터이다. 원도猿島는 낙섬이라고도 불렸으며, 인천광역시 남구 용현동에 있었던 섬이다. 조선시대 원도의 제사는 지방 관아에서 주재하는 주현제州縣祭가 아니라 국가에서 주관하는 국제國祭였다. 이를 행하던 곳을 원도사猿島祠 또는 원도 신단猿島神壇이라 하였다. 원도사에는 여러 섬에 설치되어야 할 신단도 함께 모셔져 있었다.

『신증동국여지승람』에 "원도는 인천도호부 서쪽 12리 되는 곳에 있으며 섬 가운데 여러 섬의 신神을 모시는 제단祭壇이 있는데, 봄과 가을에 악岳·해海·독瀆에 제사를 지낼 때 수령이 친히 행한다."라는 기록이 보인다. 또 1861년에 제작한 『대동여지도』에 보면 인천 앞바다에 원도가 표시되어 있다.

원도사의 제사가 언제부터 시작되었는지는 명확하지 않으나 세종 19년(1437) 원도 신단 가운데 타 지방 섬의 것과 소재를 모르는 섬의 신단은 모두 이관하거나 없애라는 기록이 있는 것으로 보아 조선 초기부터 행해졌을 것으로 보인다. 18세기 중엽 간행된 『여지도서』의 단묘조에 원도사가 누락되어 있으며, 1841년 간행된 『인천부읍지』의 사묘조에 원도사를 소개하면서 '지금은 폐지되었다'라고 한 것으로 미루어 원도에 대한 제사는 그 전에 혁파되었던 것으로 보인다.

청황패靑黃牌놀이는 인천광역시 남구에서 원도猿島의 신을 비롯한 인근 섬들의 신에게 뱃길의 안녕과 풍어 등을 축원하는 과정에서 유래한 것이다. 청황패의 청은 동·남·서·북·중앙의 오방五方 가운데 동과 바다를 뜻하며 바다는 어업과 통한다. 또 황은 오방 가운데 중앙과 땅을 뜻하고, 땅은 농사와 통한다. 패는 글자 그대로 무리라는 것이다. 따라서 '청황패 놀이'는 어부 무리와 농부 무리가 어울려서 벌이는 놀이라는 데서 지어진 명칭이다.

청황패 놀이는 제일을 맞아 바다에 접해 있는 마을 사람들이 생계와 직결되는 풍농, 풍어를 함께 축원하며 놀았다. '원도사 제도신 합사 신위猿島祠諸島神合祀神位'라고 쓴 신위기神位旗 앞에서 축원을 올리며 고사를 지낸 다음 향반·육방 관속을 거느린 수령이 지켜보는 앞에서 여덟 마당으로 구성된 놀이를 차례로 펼쳤다. 일 년에 두 차례, 봄철에는 삼월 삼짇날, 가을철에는 시월상달 첫 오일午日에 논다. 짝수 날을 피하는 까닭은 홀수 날을 만물이 힘차게 움직이는 기운인 양으로 치기 때문이다. 또한 음이 다하여 양이 생긴다 해서 양월이라고 하기도 하는 시월상달 첫 오일을 택하는 것은 오午는 곧 말馬과 통하며 말은 농경 및 면액과도 통하기 때문이다. 특히 오일에서도 무오일戊午日을 최상으로 친다. 무戊를 무無로 보아 아무런 탈이 없는 오일午日이라고 여기기 때문이다. 청황패 놀이가 시작되면 놀이꾼들은 청과 황의 두 패로 나누어지는데, 청은 바다를 뜻하며 어부를 상징하고, 황은 땅을 뜻하며 농부를 상징한다. 그러나 이곳의 주민들은 대개 반농반어半農半漁로 생계를 이어가기 때문에 놀이에서도 승패를 가르지 않고 양자 승으로 해 풍농과 풍어를 모두 기원하였다.

양주목의 양진사楊津祠

고려와 조선시대의 양진楊津 또는 광진廣津[광나루]은 현재 서울 강북의 광진구 광장동과 강남의 강동구 천호동을 연결하는 다리인 광진교와 천호대교 주변이다.

양진은『고려사』지리지 남경유수관 양주조에 양주 관내의 삼각산, 한강과 함께 소개되어 있고『고려사』에는 광진이란 명칭이 확인되지 않는다. 광진은 조선 태종 10년(1410) 9월에 임금이 광나루에 나가 건원릉에 제사지내고 온 상

[도면 38] 겸재謙齋 정선鄭敾(1676~1759) 경교명승첩京郊名勝帖의 광진

왕 정종을 영접하여 잔치를 베풀고 밤에 돌아왔다는 기사에서 처음 확인된다.

양진, 광진은 교통의 요충지였을 뿐만 아니라 신라 이래 국가에서 제사를 지냈다. 『세종실록지리지』에는 양주도호부 남쪽에 있는 양진에 제단을 쌓고 용왕에게 제사를 지낸다고 했는데, 세종 13년(1431) 5월 18일 범의 머리를 양진과 광진에 담갔다는 기사가 전한다. 또한 조선 후기 화가 겸재 정선鄭敾의 작품 가운데 1741년에 제작한 『경교명승첩京郊名勝帖』에는 광진의 모습을 사실적으로 그린 그림이 전하고 있다.

장단도호부의 덕진사德津祠, 德津廟 · 오관산사五冠山祠 · 용호산사龍虎山祠

덕진사는 『승람』에 덕진에 있다고 하였고, 『경기읍지』에는 덕진묘가 덕진도에 있다고 하였다. 이것은 사전祀典에 서독西瀆으로 중사中祀에 실려 있다. 매년 봄 · 가을에 향축香祝을 내려 가뭄이 들면 여기에서 비를 빌었다.

오관산사와 용호산사는 『승람』에만 보인다. 오관산사는 영통사 북쪽 언덕에 있었고 사전에 소사小祀로 기록되었으니, 매년 봄 · 가을로 향과 축을 내려서 제사지냈다. 용호산사는 용호산에 있는데, 봄 · 가을로 본읍本邑에서 제사지냈다.

강화도호부의 참성단塹城壇 · 산천제단山川祭壇 · 진강신사鎭江神祠 · 하음신사河陰神祠 등

(1) 참성단塹城壇

『신증동국여지승람』을 보면 참성단은 마니산 꼭대기에 있으며 참성단參星壇이라고도 하였다. 돌을 모아 쌓았는데, 단의 높이는 10척이며, 위는 모가 나고 아래는 둥근데, 위는 사면이 각각 6척 6촌이요, 아래 둥근 것은 각각 15척이다. 세상에서 전하기를, "단군檀君이 하늘에 제사지내던 곳이다." 하였다. 조선에서 고려에서 행한 예전 방식대로 이 사단에서 별에 제사지냈는데, 아래에 재궁齋宮이 있었고 조선 태종太宗이 잠저 때 대언代言이 되어 여기서 재숙齋宿하기도 했다.

이처럼 참성단은 고려와 조선시대에는 국가제사의 제단으로 활용되었다. 참성단 제사로는 임시제와 정기제가 있었다. 임시제는 특별한 일이 있을 때, 이를 해결하거나 극복하기 위해 치러졌고, 정기제는 매년 봄과 가을에 거행하였다. 조선시대의 대부분의 국가의례가 유교식 의례였던 것과는 달리, 참성단 제사는 도교의례 중 초제였다. 참성단에서 초제가 베풀어진 것은 고려시대부터로, 원종 5년(1264)이 왕이 친초하였고, 공민왕 때 문신 경복흥(慶復興)이 마리산 참성에서 초제를 지냈으며우왕 5년(1379)에 사신을 보내어 마니산에서 초제를 지냈다고 한다.

참성단과 관련하여 고려 후기 이암李嵒의 단군세기檀君世紀에는 "… 이 분이 단군이다.… 제천단을 쌓고(강화도 마니산에 있음.) 삼랑성三郞城을 쌓으시다(성이 강화 전등산에 있고 세 아들을 보내어 쌓았기 때문에 삼랑이라 한다)." 라는 기록되어 있다. 조선시대 이종휘李種徽『수산집修山集』「동사東史」에는 "제천단은 강화도 마니산에 있으니, 단군이 혈구穴口(강화의 옛 이름)의 바다와 마니산 언덕에 성을 돌리어 쌓고 단을 만들어서 제천단이라 이름하였다. 단은 높이가 17척인데 돌로 쌓아 위는 네모나고 아래는 둥글다. 위의 네모는 각 변이 6자 6치요 아래는 둘레가 60자이다. 혹자에 의하면 마니는 강과 바다의 모퉁이라, 땅이 따로 동떨어지고 깨끗하며 고요하여 신명神明의 집이 된다."라는 내용이 있다. 이 기록을 통해 제천단에 관한 본래의 연혁을 짐작할 수 있다.

『문헌비고』에는 "고려 고종 46년에 교서랑校書郞 경유景瑜가 말하기를 '대궐을 마니산에 세우면 가히 나라의 복조福祚를 늘게 하리라.' 함에 명령하여 이궁離宮을 그 산 남쪽에 세웠다."는 기록이 있다. 그리고 인조 17년(1639)에 개수축改修築하였으며, 숙종 26년(1700)에 또 개수축하여 비를 세웠는데, 그 비문에 "동녘땅 수천리 전체를 둘러서 강도江都가 보장지중지保障之重地가 되고, 강도 수백리 전체를 둘러서 마니가 으뜸가는 명산이라. 산 서쪽 제일 높은 곳에 돌을 쌓아 대를 만드니 이른바 참성단이라. 세상에서 전하되 단군께서 쌓아 제단으로 하여 한얼께 제사지낸 곳이라 하니, 돌이켜보건대 오랜 연대가 흘러 비바람에 깎이고 허물어져서 서북쪽 태반이 무너지고 동쪽 층계가 또한 많이 기울어져서…선두포별장船頭浦別將 김덕하金德夏와 전등사총섭傳燈寺總攝 승 신묵愼默이 주로 맡아 고쳐 쌓으니 20일 만에 일을 마쳤다."라는 기록이 있다.

(2) 산천제단山川祭壇 · 진강신사鎭江神祠 · 하음신사河陰神祠 등

『승람』에 산천제단 · 진강신사 · 하음신사가 보인다. 『여지도서』에는 『승람』의 제사 외에 삼충단 · 궁아제단 · 맥현제단 · 충렬사 · 생사당 · 이총병사가 더해졌다.

『승람』을 보면 산천제단의 위치는 마니산 초성단 아래에 있으며, 봄 · 가을로 강화부에서 제사를 지내는데 왕의 이름으로 된 축문을 썼다. 진강신사와 하음신사는 『승람』에 진강산과 성산에 있었는데, 『여지도서』에는 지금은 이 둘은 폐했다고 한다.

『여지도서』의 삼충단은 인조 15년(1637) 호란 때 중군中軍 황선신黃善身, 천총千摠 강흥업姜興業 · 구원일具元一이 나라를 위해 목숨을 바친 곳이다. 궁아제단은 송악 남쪽 행궁 뒤에 있는데, 정축년 호란 때 궁녀들이 세자빈을 모시고 강화도에 들어왔다가 오랑캐 군사가 급히 강을 건넜다는 소식이 들려와 장차 어떤 치욕을 당할지 알 수 없는 상황에서 행궁 후원의 나무에서 모두 스스로 목을 매어 목숨을 끊었다. 영조 34년(1758) 그 곳에 제단을 세우고 제사를 지내도록 했다. 맥아제단은 부의 서쪽 성 안 사직단의 남쪽 언덕에 있었는데, 정축년에 성이 함락되었을 때 많은 군사가 참혹하게 죽은 곳이다. 영조 33년(1757)에 유수 김상복金相馥이 보고하여 이 제단에 제관을 보내 제사를 올렸다.

충렬사는 선원면에 있으며 관아에서 7리 지점에 있었다. 인조 15년(1637)에 나라를 위해 목숨을 바친 사람들인 우의정 이상용金尙容, 공조판서 이상길李尙吉, 도정都正 심현沈誢, 참의參議 홍명형洪命亨, 봉상시정奉常寺正 이시직李時稷, 필선弼善 윤전尹烇, 주부主簿 송시영宋時榮, 별좌別坐 권순장權順長, 생원生員 김익겸金益兼과 강화부의 세 충신을 제사지내는 곳이다. 인조 20년(1642)에 사당을 세우고 효종 9년(1658)에 나라에서 충렬사라는 이름을 내려주었다. 봄과 가을의 중정中丁에 제사를 지냈다.

생사당은 수진궁 담 북쪽에 있다. 숙종 9년(1683)에 유수 이민서李敏敍가 1년간 고을을 다스리며 많은 공을 세웠다. 모든 백성들이 이민서를 위해 사당을 세우고 그의 모습을 본 뜬 형상을 설치해서 봄·가을에 제사를 드리고, 그 사당의 현판 이름을 서하사西河祠라고 하여 이민서가 떠난 다음 그를 그리워하는 마음을 나타냈다. 이민서가 세상을 떠난 지 9년째 된 숙종 22년(1696)에 그의 조카 이이명李頤命이 유수가 되어 고을 사람들과 의논해 그 사당을 다시 수리한 다음, 남아 있는 형상을 함 속에 넣어 보관해 두고 위패를 대신 모셨다. 이병총사는 갑곶진 위에 있다. 명의 총병摠兵 이여해李如梅와 그의 아버지 영원백寧遠伯 이성량李成樑의 위패를 함께 모신 사당이다.

풍덕군의 덕적산사德積山祠 · **백마산사**白馬山祠 · **삼성당사**三聖堂祠 · **주작신당**朱雀神堂

덕적산사 · 백마산사 · 삼성당사 · 주작신당은 『승람』에만 보인다. 이 중 삼성당사는 고려 충숙왕 6년(1337)에 덕수현에서 사냥하다가 해동청海東靑과 내구內廐의 말이 죽으니, 성황과 신사를 불사르도록 명한 것이 바로 이곳이다. 주작신당은 속칭 당두산이라고 하였고 옛 장원정 서남쪽 2리 해변에 있다고 하였다.

가평현의 화악신사花岳神祠

화악산사는 『신증동국여지승람』에만 보이며 봄 · 가을에 본읍에서 제사지냈다고 한다. 가평현의 화악산은 태백산맥에서 갈라진 광주산맥廣州山脈에 속하는 산으로 서쪽에 국망봉國望峰(1,168m), 동쪽에 응봉鷹峰(1,436m) 등이 있으며 경기도에는 가장 높은 산이다. 화악산사가 어디에 있었는지는 현재로서는 알 수 없다.

적성현의 감악사紺岳祠 ; 紺嶽神廟 ; 紺岳山神祠

경기도 파주시 적성면과 양주시 남면의 경계에 있었던 신사이다. 『삼국사기』 잡지 제사조에는 소사小祀의 하나로 '감악紺岳'이라 쓰여 있는데, 『고려사』나 『동국여지승람』에는 '감악紺岳' · '감악紺嶽'으로 표기되어 있다. 감악산은 신라 때부터 명산이며 무속의 신산神山의 하나로, 『태조실록』에 의하면 조선시대 궁중에서 이 산에 춘추로 별기은別祈恩을 지냈다고 한다.

감악사는 『승람』에는 위치정보가 없지만, 『여지도서』와 『경기읍지』에는 감악신묘가 감악산 꼭대기에 1칸이 있었다고 하였다. 조선에서는 명산으로 중사中祀에 기재하였고, 봄 · 가을에 향축香祝을 내려서 제사한다고 하였다. 감악사에 모신 산신은 당의 장수 설인귀薛仁貴였고, 고려 현종 5년(1014)에 거란 군사가 장단長湍에 이르니, 감악사에서 정기旌旗와 군사가 없는 듯하므로, 거란 군사가 크게 두려워하여, 감히 앞으로 가지 못하였다고 하였고 충렬왕이 장차 원에 가서 황제를 도와 내안乃顔을 토벌하려고 할 때, 신神을 제2로 봉해서 도만호都萬戶로 삼았는데, 이것은 대개 신의 음공陰功을 바란 것이었다고 하였다. 『여지도서』와 『경기읍지』의 성황신실은 1칸으로, 객사 북쪽에 있었으며 고종 6년(1869)에 새로 지었다고 한다.

산정에는 약 3m 높이의 비석이 있어 그것을 속칭 '빗돌대왕'이라 부른다. 주민들에 의하면, 대왕신이 비스듬히 갓을 쓰고 있기 때문에 '비뚤어진 돌', 즉 '빗돌'이라고 하며, 또한 '갓바위'라고도 하는데 이것은 갓을 썼다는 뜻에서 나온 것이다. 그러나 '빗돌'은 비석의 속칭이기도 하다.

중부지방 무속의 열두거리굿 가운데 산마누라거리 무가巫歌에서 '감박산 천총대왕'이라는 산신 이름이 나오고, 문헌에는 당나라 장군 설인귀薛仁貴가 죽어서 산신이 되었다고 한다. 이 산에는 감악사紺岳祠를 비롯하여, 운계사雲溪寺·신암사神巖寺·봉암사鳳巖寺 등의 당과 절이 있는 바, 중부지방에서 주요한 신앙처의 구실을 한다. 특히, 주변의 양주·포천·고양·적성·파주·교하·연천 지방에는 감악산을 신산으로 여겨 신앙하는데, 봄·가을로 무당에게 의뢰하여 이 산의 산신을 맞아 굿을 하는 경우가 많다. 이를 가리켜 '산을 쓴다'고 표현한다. 산을 쓰면, 자식이 없는 사람은 자식을 낳을 수 있고, 또 자식 있는 경우에는 수명장수 한다고 믿는다.

5부

정리 및 평가

01
정리

『신증동국여지승람』에 나오는 경기도의 사묘는 개성부를 제외하고는 대체로 3단 1묘, 즉 사직단·문묘·성황사·여단으로 이루어져있다. 개성부는 3단 1묘가 보이지 않고, 송악산사·팔선궁·용수산사가 보인다. 송악산사에는 5곳의 신당이 있었는데, 성황城隍·대왕大王·국사國師·고녀姑女·부녀府女를 모셨다. 조선의 국가제사, 즉 사전祀典에는 서악西岳으로 중사中祀에 편제되어 있다. 해마다 1월에 향香과 축문祝文 및 예물을 내려주고 원장제元狀祭를 지냈으며 봄·가을 중월仲月에 절제節祭를 지냈고 극심한 가뭄이 들면 기우제를 지냈다. 팔선궁은 송악 정상에 있었다고 하며 고려시대 이색의 시에서도 팔선궁을 알 수 있다. 용수산사는 고려 의종 때 용수산신사가 영험이 없어 불태웠으나, 그 날 밤 왕의 꿈에 신이 나타나 구해 달라고 하여 다시 그 신사를 세웠다고 한다. 『신증동국여지승람』의 경기도의 사묘를 「표 42」로 나타내면 다음과 같다.

:: [표 42] 『신증동국여지승람』경기도 사묘조의 제사유적

권수	지역	사직단	문묘	성황사	여단	기타
5	개성부	×	×	×	×	松岳山祠, 八仙宮, 龍首山祠
6	광주목	○	○	○(남)	○	×
7	여주목	○	○	○(남)	○	×
8	이천도호부	○	○	○(설봉산)	○	×
	양근군	○	○	○(서)	○	×
	지평현	○	○	○(북)	○	×
	음죽현	○	○	○(북)	○	×
	양지현	○	○	○(북)	○	×
	죽산현	○	○	○(북)	○	×
	과천현	○	○	○(서)	○	×
9	수원도호부	○	○	○(동)	○	×
	부평도호부	○	○	○(북)	○	×
	남양도호부	○	○	○(서)	○	×
	인천도호부	○	○	○(남)	○	猿島祠
	안산군	○	○	○(2곳)	○	×
	안성군	○	○	○(북)	○	×
10	진위현	○	○	○(북)	○	×
	양천현	○	○	○(성산)	○	×
	용인현	○	○	○(동)	○	×
	김포현	○	○	○(북)	○	×
	금천현	○	○	○(동)	○	×
	양성현	○	○	○(북)	○	×
	통진현	○	○	○(북)	○	×
11	양주목	○	○	○(동)	○	楊津祠
	파주목	○	○	○(서)	○	×
	고양군	○	○	○(2곳)	○	×
	영평현	○	○	○(동)	○	×
	포천현	○	○	○(성산)	○	×
	적성현	○	○	×	○	紺岳祠
	교하현	○	○	○(오도성)	○	×
	가평현	○	○	○(2곳)	○	花岳山祠

권수	지역	사직단	문묘	성황사	여단	기타
12	장단도호부	○	○	○(동)	○	德津祠, 五冠山祠, 龍虎山祠
	강화도호부	○	○	○(갑곳나루)	○	塹城壇, 山川祭壇, 鎭江神祠, 河陰神祠
13	풍덕군	○	○	○(승천포성)	○	德積山祠, 白馬山祠, 三聖堂祠, 朱雀神堂
	삭녕군	○	○	○(2곳)	○	×
	마전군	○	○	○(서)	○	崇義殿
	연천현	○	○	○(남)	○	×
	교동현	○	○	○(화개산)	○	×

「표 42」의 경기도 각 지역의 사묘의 위치는 사직단은 서쪽에, 문묘는 향교에, 여단은 북쪽에 있었다. 그런데 성황사는 그 위치가 다양하다.

성황사가 동쪽에 있는 경우는 수원도호부·용인현·금천현·양주목·영평현·장단도호부이며 성황사가 서쪽인 경우는 양근군·과천현·남양도호부·파주목·고양군·마전군이다. 성황사가 남쪽인 경우는 광주목·여주목·인천도호부·연천현이다. 성황사가 북쪽인 경우는 지평현·음죽현·죽산현·부평도호부·안성군·진위현·김포현·양성현·통진현이다. 성황사가 특정 장소인 경우 이천도호부는 설봉산雪峯山에, 양천현·포천현은 성산城山에, 교하현은 오도성烏島城에, 강화도호부는 갑곳甲串에, 풍덕군은 승천포성昇天浦城에, 교동현은 화개산花盖山에 있었다.

성황사가 2곳인 경우는 총 4개로, 안산군의 경우 하나는 군 서쪽 21리에 있었고 하나는 군 서쪽 32리에 있었으며 고양군의 경우 하나는 군의 서쪽 15리에 있었고, 하나는 행주에 있었다. 가평현의 성황사는 하나는 현의 동쪽 3리 지점에 있었고, 하나는 조종현에 있었다. 삭녕군의 경우는 하나는 성산에 있었고 하나는 승령산에 있었다. 적성현에는 성황사가 보이지 않는다.

3단 1묘 외에 기타 사단으로 인천도호부에는 원도사가 있었는데, 여기에서 여러 섬의 신령을 이 섬에서 합하여 제사지내며, 봄·가을에는 본 고을에서 제사를 드린다고 하였다. 인천의 여러 섬 자연도·심수도·대인도·우음도·용매도·묵도·고도·어울도·미정도·마전도·구상도·송가도·영흥도·독우도·용류도·장봉도·부령도·구자굴도·우도·소홀도·원도에는 신단神壇이 있는데, 원도에서 치제하였다.[128] 양주목의 양진사는 광나루廣津 아래쪽에 있었는데, 용에게 제사하는 단이었다. 봄·가을에 나라에서 향축香祝을 내렸고 신라 때는 북독北瀆으로 중사中祀였는데, 지금은 소사小祀에 편제되어 있다고 하였다.

적성현의 감악사는 "신라에서 당 나라 장수 설인귀薛仁貴를 산신山神으로 삼았다." 하며 조선에서도 명산으로 중사中祀에 기재하고, 봄 가을에 향축香祝을 내려서 제사지낸다고 하였다. 가평현의 화악신사에는 봄·가을에 본읍에서 제사지냈다고 하였다.

장단도호부의 덕진사는 덕진德津에 있었는데, 사전祀典에 서독(西瀆)으로 중사中祀였다. 봄·가을로 향香과 축祝을 내려 제사지냈다. 오관산사는 사전에 소사小祀로 기록되어 있고, 매년 봄·가을로 향과 축을 내려서 제사지냈고 사祠는 영통사靈通寺 북쪽 언덕에 있었다. 용호산사는 용호산에 있었고 봄·가을로 본읍本邑에서 제사지냈다.

강화도호부의 참성단은 마니산 꼭대기에 있는 것으로, 돌을 모아 쌓았는데, 단의 높이는 10척이며, 위는 모가 나고 아래는 둥근데, 위는 사면이 각각 6척 6촌

---

128) 『중종실록』권59, 중종 22년 5월 28일(갑진)

이고, 아래 둥근 것은 각각 15척이다. "단군檀君이 하늘에 제사지내던 곳이다."라고 하였다. 조선에서 전조前朝의 예전 방식대로 이 사단에서 별에 제사지냈는데, 아래에 재궁齋宮이 있다. 산천제단은 마니산 초성단醮星壇 아래에 있었고 진강신사는 진강산에, 하음신사는 성산城山에 있었다.

풍덕군에는 덕적산사 · 백마산사 · 삼성당사 · 주작신당이 있었는데, 삼성당사와 관련해서 고려 충숙왕6년에 덕수현에서 사냥하다가 해동청海東靑과 내구內廏의 말이 죽으니, 성황과 신사를 불사르도록 명한 것이 바로 이 곳이다라고 하였다. 주작신당은 보통 당두산堂頭山이라 하는데, 옛 장원정長源亭 서남쪽 2리 바닷가에 있다고 하였다.

마전군의 숭의전崇義殿은 태조 원년(1392)에 예조에 명하여 마전현에 사당을 짓고, 고려 태조太祖 · 혜종惠宗 · 성종成宗 · 현종顯宗 · 문종文宗 · 원종元宗 · 충렬왕忠烈王 · 공민왕恭愍王을 제사하게 하고 제전祭田을 주었다.

『여지도서』 단묘조에는 3단 1묘의 순서가 『승람』과는 달리 사직단 · 문묘 · 여단 · 성황사로 나오기도 하며, 김포군의 경우는 사직단-여단-우저서원牛渚書院-문묘 순으로 나오기도 한다. 이처럼 『여지도서』에는 단묘의 기재순서가 각 군현 마다 다르다.

송도의 경우 『승람』에는 3단 1묘가 보이지 않지만, 『여지도서』에는 3단 1묘가 다 기재되어 있다. 그리고 『승람』에는 송도의 기타 제단으로 송악산사, 팔선궁, 용수산사가 기재되어 있는데, 『여지도서』에는 『승람』의 팔선궁과 용수산사가 빠지고 송악산사, 오관산사, 박연제단, 대정제단, 독소, 오정문 밖에 대국덕물2신당大國德物二神堂이 있었다. 오관산사는 영통동靈通洞 북쪽에 있었고 해마다 연초 및 봄 · 가을로 향과 축문을 내려주었으며 소사小祀로 제사지냈다. 박연제단은 가뭄이 들면 기우제를 지냈고, 대정제단은 예전에는 봄·가을로 제사지냈는데, 기우제만 지내며 신당이 있었다. 독소는 예전에는 흥국사興國寺 터에 있었는데, 지금은 곽재리郭在里로 옮겨져 훈련원訓鍊院 뒤에 있었고 해마다 경칩驚蟄·상강霜降에 제사지냈다. 오정문 밖에 대국·덕물 두 개의 신당 중 대국에는 회회세자回回世子의 소상塑像이, 덕물에는 최영崔瑩의 소상이 있었다. 『여지도서』의 경기도 각 군현의 제사 유적을 보면 다음 「표 43」과 같다.

:: [표 43] 『여지도서』 경기도 단묘 조의 제사 유적

	사직단	문묘	성황사	여단	기타
松都	○ (오정문 안)	○ (성균관)	○ (태평관 서쪽 비로암) *성황단	○ (북)	松嶽山祠, 五冠山祠, 朴淵祭壇, 大井祭壇, 蠶所, 午正門外有大國德物二神堂
강화부	○ (府城 小西門 안) *社稷祠 *府社稷祠	○ (校宮)	○ (부성 동문 안) *성황단	○ (부성 북 밖)	山川祭壇, 塹城壇, 三忠壇, 祈雨祭壇, 祈晴祭壇, 宮娥祭壇, 麥峴祭壇, 忠烈祠, 진강신사, 하음신사, 生祠堂, 李撣兵祠
喬桐	○ (북)	○ (북)	○ (화개산 북)	○ (북)	×
양주목	○ (서)	×	○ (동) *성황제단	○ (동) *여제단	節祭處, 楊津堂
영평현	○ (동)*사직	○ (향교)	○ (동)	○ (북)	祈雨祭壇二所, 玉屏書院
포천현	○ (남)	○ (동)	○ (성산)	○ (성산의 북) *癘壇	花山書院, 龍淵書院, 祈雨祭壇二所
교하군	○ (서)	○ (향교)	○ (서) *성황단	○ (서)	×
가평군	○ (서)	○ (향교)	○ (북)	○ (북) *여제단	鄕校(북), 潛谷書院
장단부	○ (서)	×	○ (북)	○ (북) *여제단	鄕校(북), 臨江書院
풍덕부	○ (서)	×	○ (북)	○ (북) *여제단	鄕校(동), 龜巖書院
과천현	○ (서)	×	○ (북) *성황단	○ (북)	鄕校(서), 祈雨祭壇 2곳, 愍節書院, 鷺江書院, 四忠書院, 滄江書院
부평부	○ (서)	○ (서, 향교)	○ (남)	○ (북)	×
남양도호부	○ (서)	×	×	○ (서)	龍栢祠, 安谷書院
인천도호부	○ (서)	×	×	○ (북)	鶴山書院
안산군	○ (서)	○ (동)	○ (2곳)	○ 북	×
진위현	○ (동)	○ (향교)	○ (동) *성황단	○ (북)	×

	사직단	문묘	성황사	여단	기타
용인현	○ (서)	○ (향교)	○ (동)	○ (북)	×
금천현	○ (남)	×	○ (남)	○ (북) *여제단	忠賢祠
양성현	○ (서)	○ (향교, 동)	○ (서)	○ (북)	德峰祠宇
통진부	○ (북)	○ (향교, 서)	○ (서)	×	玉城府院君張晩祠宇
삭녕군	○ (서)	×	○ (동)	○ (서) *여제단	鄕校(동)
마전군	○ (남)	○ (북)	×	○ (북)	崇義殿, 嵋江書院
연천읍	○ (서)	○ (향교)	○ (남)	○ (북)	×
광주부	○ (남한산성)	×	○ (남한산성) *성황단	○ (남한산성)	溫王廟
여주	○ (남)	○ (향교)	○ (남)	○ (북)	祈雨壇, 沂川書院, 孤山書院
이천도호부	○ (서 설봉산)	×	○ (북) *성황단	○ (북)	大成殿(북)
양근군	○ (북)	○ (향교)	○ (북)	○ (북)	迷源書院
지평현	○ (서)	○ (향교)	○ (북)	○ (북)	×
죽산부	○ (비봉산)	○ (향교)	○ (비봉산) *성황단	○ (비봉산)	×
음죽현	○ (서)	×	○ (북)	○ (북)	鄕校(북)
양지현	○ (서)	○ (향교, 동)	○ (서)	×	祈雨壇
수원부	○ (서)	○ (서쪽에서 남쪽으로 옮김)	○ (동)	○ (북) *癘壇	梅谷書院
파주목	○ (서)	○ (향교)	○ (서)	×	×
안성군	○ (북) *사직담	×	×	○ (북) *여담	沙溪金公諱書院, 南坡洪公諱書院
고양군	○ (서)	○ (향교)	○ (서) *성황단	○ (북)	×
김포군	○ (남)	○ (남)	×	○ (북)	牛渚書院
양천현	○ (서) *사단	×	×	○ (동)	祈雨祭壇(4)
적성현	○ (서)	×	○ (남) *성황단	○ (북)	紺嶽神廟, 성황신실

위의 「표 43」을 보면 사직단은 모든 군현에 기록되어 있다. 그 위치는 대체로 서쪽이지만, 영평현과 진위현은 동쪽에, 포천현과 금천현 · 마전군 · 여주 · 김포현은 남쪽에, 교동 · 통진부 · 양근군 · 안성군은 북쪽에 있었다 한다. 송도

는 오정문 안에, 광주부의 경우는 남한산성에, 죽산부는 비봉산 아래에 있다고 한다. 영평현은 사직단을 사직으로, 양천현은 사단, 안성군은 사직담으로 기록하였다. 강화부의 경우 사직단은 부성府城 소서문小西門 안에 있었는데, 사직사社稷祠와 부사직사府社稷祠도 있었다. 사직사는 부성府城 북문北門 안 향교의 동쪽에 있어 비상시에 나라의 사직을 모셨다. 영조 20년(1744)에 유수 김시혁金始爀이 처음 세웠다. 부사직사는 직단 남쪽으로 조금 내려온 곳에 있었다.

문묘는 양주목·장단부·풍덕부·과천현·남양도호부·인천도호부·금천현·삭녕군·광주부·음죽현·안성군·양천현·적성현에는 보이지 않는다. 대신 장단부·풍덕부·과천현·삭녕군·음죽현의 경우 향교가, 이천부에는 대성전이 단묘조에 나온다. 가평군의 경우는 문묘와 향교가 모두 단묘조에 나온다. 이러한 문묘는 대체로 향교(송도는 성균관에 있다고 하였다)에 있다고 하였다. 하지만 포천현은 동쪽, 안산군은 동쪽, 교동·마전군은 북쪽, 죽산부는 비봉산 아래, 김포는 동쪽으로 되어 있다. 수원부의 문묘는 서쪽에서 남쪽으로 옮겼다.

성황사의 경우 남양도호부·인천도호부·마전군·안성군·김포현·양천현은 보이지 않는다. 대부분 성황사라 사용하였고, 성황단이라 한 경우는 송도·강화부·교하군·풍덕부·과천현·진위현·광주부·이천부·죽산부·고양군·적성현이며, 양주목은 성황제단이라고 하였다. 안산군은 성황사가 2곳이 있었으며, 『신증』에는 적성의 성황사는 보이지 않지만, 『여지도서』에는 성황사가 있고, 성황신실도 보인다. 성황사의 위치는 양주목·영평현·용인현·삭녕군·수원부는 동쪽에, 교하군·안산군·양성현·통진부·양지현·파주목·고양군은 서쪽에, 포천현·장단부·풍덕부·과천현·양근군·지평현·음죽현은 북쪽에 있었다. 송도는 태평관 서쪽 비슬암에, 강화부는 부성 동문 안에, 교동은 화개산 북쪽에, 광주부는 남한산성에, 죽산부는 비봉산 아래에 있었다.

여단은 통진부 · 양지현 · 파주목에는 없다. 그 명칭과 관련해서 양주목 · 가평군 · 장단부 · 금천현 · 삭녕군은 여제단으로, 안성군은 여담으로 나온다. 그 위치는 대체로 북쪽이었지만, 양주목 · 양천현은 동쪽에, 교하군 · 남양도호부 · 삭녕군은 서쪽에 있었다고 한다. 그리고 죽산부는 비봉산 아래에 있었다고 한다.

『승람』과는 달리『여지도서』단묘조에는 기우제단이 나오는데, 영평현 · 포천현 · 과천현에 기우제단 2곳이 있었으며, 양천에는 4곳이 있었고 여주 · 양주목에도 기우단이 있었다. 영평현의 기우제단 중 하나는 현의 북쪽 30리 화적연禾積淵에 있었고 하나는 현의 동쪽 60리 백운산白雲山에 있었다. 포천현의 기우제단은 하나는 반월산半月山의 옛 성古城아래에 있었고 하나는 수원산水源山 아래의 명산鳴山 서쪽에 있었다. 과천현의 기우제단은 하나는 청계산清溪山 백화동百花洞에 있었고 현의 동쪽 8리이다. 하나는 관악산冠岳山에 있는데, 현의 서쪽 10리이다.

양천현의 기우제단 중 읍치성황산邑治城隍山은 관문官門에서 북쪽으로 거리가 2리에 있었고, 주룡산駐龍山은 서쪽으로 거리가 10리에 있었고, 공암산孔巖山은 동쪽으로 거리가 3리에 있었고 우장산雨裝山은 한 곳이 있는데, 남쪽으로 거리가 6리였다. 여주의 기우단은 주의 동쪽 3리에 있었고, 양지현의 기우단은 현의 남쪽 4리 어은산御隱山에 있었다.

『승람』과 마찬가지로 양주에는 절제처節祭處 양진당楊津堂이, 적성에는 감악신묘紺嶽神廟가 있었고,『승람』에는 있지만『여지도서』에는 가평군의 화악산사, 장단부도호부의 덕진사德津祠 · 오관산사五冠山祠 · 용호산사龍虎山祠, 풍덕부의 덕적산사德積山祠 · 백마산사白馬山祠 · 삼성당사三聖堂祠 · 주작신당朱雀神堂이 보이지 않는다.

『승람』의 강화부도호부에는 참성단塹城壇 · 산천제단山川祭壇 · 진강신사鎭江神祠 · 하음신사河陰神祠가 있었는데, 『여지도서』에는 진강신사 · 하음신사가 없어졌다고 하였고 삼충단三忠壇 · 기우제단祈雨祭壇 · 기청제단祈晴祭壇 · 궁아제단宮娥祭壇 · 맥현제단麥峴祭壇 · 충렬사忠烈祠 · 생사당生祠堂 · 이총병사李摠兵祠가 더해졌다.

삼충단은 인조 15년(1637) 호란 때 중군中軍 황선신黃善身, 천총千摠 강흥업(姜興業) · 구원일具元一이 나라를 위해 목숨을 바친 곳이다. 『여지도서』의 기우제단祈雨祭壇 · 기청제단祈晴祭壇은 고려산에 있었다.

궁아제단은 송악 남쪽 행궁 뒤에 있는데, 정축년 호란 때 궁녀들이 세자빈을 모시고 강화부에 들어왔다가 오랑캐 군사가 급히 강을 건넜다는 소식이 들려와 장차 어떤 치욕을 당할지 알 수 없는 상황에서 행궁 후원의 나무에서 모두 스스로 목을 매어 목숨을 끊었다. 영조 34년(1758) 그 곳에 제단을 세우고 제사를 지내도록 했다.

맥아제단은 부의 서쪽 성 안 사직단의 남쪽 언덕에 있었는데, 정축년에 성이 함락되었을 때 많은 군사가 참혹하게 죽은 곳이다. 영조 33년(1757)에 유수 김상복金相福이 보고하여 이 제단에 제관을 보내 제사를 올렸다.

사직사는 부성 북문 안 향교의 동쪽에 있다. 비상시에 나라의 사직을 모시는 곳이다. 영조 20년(1744)에 유수 김시혁金始煐이 처음 세웠다. 부사직사는 사직단 남쪽으로 조금 내려온 곳에 있었다.

충렬사는 선원면에 있으며 관아에서 7리에 있었다. 인조 15년(1637)에 나라를 위해 목숨을 바친 사람들인 우의정 이상용金尙容, 공조판서 이상길李尙吉, 도정都正 심현沈誢, 참의參議 홍명형洪命亨, 봉상시정奉常寺正 이시직李時稷, 필선弼善

윤전尹烇, 주부主簿 송시영宋時榮, 별좌別坐 권순장權順長, 생원生員 김익겸金益兼과 강화부의 세 충신을 제사지내는 곳이다. 인조 20년(1642)에 사당을 세우고 효종 9년(1658)에 나라에서 충렬사라는 이름을 내려주었다. 봄과 가을의 중정中丁에 제사를 지내도록 하였다

생사당은 수진궁 담 북쪽에 있다. 숙종 9년(1683)에 유수 이민서李敏敍가 1년간 고을을 다스리며 많은 공을 세웠다. 모든 백성들이 이민서를 위해 사당을 세우고 그의 모습을 본 뜬 형상을 설치해서 봄·가을에 제사를 드리고, 그 사당의 현판 이름을 서하사西河祠라고 하여 이민서가 떠난 다음 그를 그리워하는 마음을 나타냈다. 이민서가 세상을 떠난 지 9년째 된 숙종 22년(1696)에 그의 조카 이이명李頤命이 유수가 되어 고을 사람들과 의논해 그 사당을 다시 수리한 다음, 남아 있는 형상을 함 속에 넣어 보관해 두고 위패를 대신 모셨다. 이총병사는 갑곶진 위에 있다. 명의 총병摠兵 이여해李如梅와 그의 아버지 영원백寧遠伯 이성량李成樑의 위패를 함께 모신 사당이다.

『여지도서』에는 서원이 단묘조에 포함된 것이 특징적인 면인데, 영평의 옥병서원玉屛書院, 포천현의 화산서원花山書院·용연서원龍淵書院, 가평군의 잠곡서원潛谷書院, 풍덕부의 구암서원龜巖書院, 과천현의 민절서원愍節書院, 노강서원鷺江書院·사충서원四忠書院·창강서원滄江書院, 남양도호부의 용백사龍栢祠·안곡서원安谷書院, 인천도호부의 학산서원鶴山書院, 금천현의 충현사忠賢祠, 양성현의 덕봉사우德峰祠宇, 통진부의 옥성부원군장만사우玉城府院君張晩祠宇, 마전군의 숭의전崇義殿, 미강서원嵋江書院, 광주부의 온왕묘溫王廟, 여주의 기천서원沂川書院·호산서원孤山書院, 양근군의 미원서원迷源書院, 수원부의 매곡서원梅谷書院, 안성의 사계김공휘서원沙溪金公諱書院·남파홍공휘서원南坡洪公諱書院, 김포의 우저서원牛渚

書院이 있다.

『경기읍지』 역시 『여지도서』와 마찬가지로 3단 1묘의 순서가 사직단·문묘·여단·성황사로 나오기도 하며, 김포군의 경우는 사직단-여단-우저서원牛渚書院-문묘 순으로 나오기도 한다. 이처럼 각 군현에서 기재한 순서가 달랐다. 그리고 중경, 즉 개성부에는 문묘를 제외한 사직단, 성황사, 여단이 단묘조에 포함되었는데, 『여지도서』에 3단 1묘가 모두 기재되어 있는 것과는 구분된다. 중경의 기타 사단으로 송악산사, 오관산사, 박연제단, 대정제단, 독소, 대국·덕물 2신당, 덕적산신당으로, 『여지도서』와 비교할 때 덕적산신당이 추가되어 있다. 덕적산신당에는 최영의 소상이 모셔져 있다. 『경기읍지』 경기도 단묘조의 제사유적은 다음 「표 44」와 같다.

:: [표 44] 1871년 편찬 『京畿邑誌』 壇廟조의 제사 유적

	사직단	문묘	성황사	여단	기타
中京	○ (오정문 안)	×	○ (태평관 서쪽 비슬암 위) *성황단	○ (북)	松嶽山祠, 五冠山祠, 朴淵祭壇, 大井祭壇, 蠹所, 大國·덕물 二神堂, 德積山神堂
교동부	○ (북)	×	○ (북)	○ (북)	鄕校(북)
김포군	○ (남)	○ (남)	×	○ (북)	牛渚書院
양천현	○ (서) *사단	×	×	○ (동)	鄕校, 祈雨祭壇(4)
부평부	○ (서)	×	○ (남)	○ (북)	×
안산군	○ (서)	×	×	○ (북)	내용없음
가평읍	○ (향교 서당 아래) *사직당	×	○ (동) *성황당	○ (성황당 위) *여제단	大成殿, 潛谷書院, 大報壇
연천현	○ (서)	×	○ (서남쪽 성산)	○ (북) *여제단	×
삭녕군	○ 내용없음	○ 내용없음	○ 내용없음	○ 내용없음	내용없음
마전군	○ (서)	×	×	○ (북)	大成殿, 崇義殿, 湄江書院
적성현	○ (서)	×	○ (남) *성황단	○ (북)	紺嶽神廟, 城隍神室
파주목	○ (서)	○ (향교)	○ (서)	×	×

	사직단	문묘	성황사	여단	기타
고양군	○ (서)	○ (향교)	○ (서) *성황단	○ (북)	×
장단부	○ (서)	○ (향교)	○ (북)	○ (북)	德津廟
풍덕부	○ (서)	×	×	○ (동)	×
교하군	○	×	○	○	×
양주목	○ (서) *社稷坍	○ (아현의 동쪽)	○ (동)	○ (북) *坍	楊津祠
포천현	○ (남)	×	○ (반월산성 안)	○ (반월산 북쪽) *여제단	鄕校(동) 祈雨祭壇二所, 花山書院, 龍淵書院
영평군	○ (동) *社稷	○ (향교)	○ (동)	○ (북)	祈雨祭壇二所, 玉屛書院
안성군	○ (북) *社稷坍	×	×	○ (북) *坍	沙溪金公諱書院, 南坡洪公諱書院
용인현	○ (서)	○ (향교)	○ (동) *성황단	○ (북)	×
여주목	○ (남)	×	○ (남) *성황단	○ (북) *여제단	祈雨壇
양지현	○	×	×	○ *여제단	祈雨祭壇
지평현	○ (서)	○ (북)	○ (북)	○ (서)	향교(북)
이천부	○ (서)	×	○ (북) *성황단	○ (북)	×
통진부	○ (북)	○ (서)	×	○ (서)	玉城府院君張晩別廟
양근군	○ (북)	×	○ (북)	○ (북)	×
시흥현	○ (남)	×	○ (남)	○ (북) *厲祭祠	壇, 鄕校(동), 忠賢祠
인천부	○ (서)	×	○ (남)	○ (북)	猿島祠[今廢]
과천현	×	×	×	×	愍節書院, 鷺江書院, 滄江書院, 四忠書院
양성현	○ (서)	×	○ (북)	○ (북)	祈雨壇(2), 德峯祠宇
남양도호부	○ (서)	×	×	○ (서) *여제단	龍栢祠, 安谷書院
죽산부	○ (비봉산)	×	○ (비봉산) *성황단	○ (비봉산)	×
진위현	○ (서→동)	○ (향교)	○ (북)	○ (북)	×
음죽현	○ (서)	×	×	○ (북) *여제단	×

위의 「표 44」를 보면 『경기읍지』에는 삭녕군·과천현의 경우 사직단에 대한 기록이 없다. 이것은 『승람』과 『여지도서』에 사직단이 모든 군현에 기재된 것과는 차이가 보인다. 사직단의 명칭과 관련해서 가평읍은 사직당, 양주목·안

성군은 사직단, 영평군은 사직이라고 기재하고 있다. 그 위치는 대체로 서쪽으로 나타나지만, 영평군은 동쪽으로, 김포군·포천현·여주목·시흥현은 남쪽, 교동부·안성군·통진부·양근군은 북쪽에 있었다. 가평읍은 향교 서당 아래에, 교하군·양지현은 그 위치를 알 수 없으며, 죽산은 비봉산 아래에 있었다고 한다. 진위현의 사직단은 서쪽에서 동쪽으로 옮겨졌다.

문묘는 김포군·파주목·고양군·장단부·양주목·영평군·용인현·통진부·진위현만 있었다. 교동부·양천현·포천현·시흥현·지평현에는 향교가, 마전군에는 대성전이 문묘를 대신하였다. 진위현의 경우는 문묘와 향교가 둘 다 단묘에 속해 있다. 그 위치와 관련해서 대체로 향교에 있는데, 김포군은 남쪽에, 양주목은 아헌의 동쪽에, 통진부는 서쪽에 있다고 한다.

성황사는 김포군·양천현·안산군·삭녕군·마전군·풍덕부·안성군·양지현·통진부·과천현·남양도호부·음죽현에는 기록이 보이지 않는다. 가평읍은 성황사를 성황당으로, 중경·적성현·고양군·용인현·여주목·이천부·죽산부는 성황단으로 기록되어 있다. 그 위치는 양주목·영평군·용인현는 동쪽, 연천군은 서남쪽, 파주목·고양군은 서쪽, 부평부·적성현·여주목·시흥현·인천부는 남쪽, 교동부·장단부·지평현·이천부·양근군·진위현은 북쪽에 있었다. 포천현은 반월산성 안에 있었으며 죽산은 비봉산 아래에 있었다. 적성현에는 성황신실이 보이기도 한다.

여단은 삭녕군·파주목·과천현에는 보이지 않는다. 그 위치는 대체로 북쪽이었으나, 양천현·가평읍은 동쪽, 지평현·통진부는 서쪽에 있었다. 포천현은 반월산 북쪽에, 죽산부는 비봉산 아래에 있었다. 명칭과 관련해서는 가평읍·포천현·여주목·양지현·남양도호부·음죽현은 여제단, 양주목·안성군은 여담, 시흥현은 여제사라고 하였다.

『경기읍지』단묘조에는『여지도서』와 마찬가지로 기우제단으로 양천현에 4곳이, 포천현에는 2곳이 여주목에는 기우단이, 양지현에는 기우제단 1곳이 있다. 양지현의 기우제단은『여지도서』에 그 위치가 현의 남쪽 4리 어은산御隱山에 있었다고 하였고『경기읍지』에는 남단南壇은 1칸이고 북단北壇은 1칸이었다고 하였다. 그런데『여지도서』의 영평군과 과천의 기우제단 2곳과 양주목의 기우단이 보이지 않는다. 그리고『여지도서』에는 양주목에 절제처 양진당이 적성현에는 감악신묘가 있었다고 하였는데,『경기읍지』단묘조에는 적성현에는 감악신묘, 장단부에는 덕진묘, 양주목에는 양진사가 있었으며 인천부에는 원도사가 있었으나, 지금은 폐하였다고 하며 시흥현에는 단壇이 있었다고 하나, 그 성격은 알 수 없다.

『경기읍지』에도『여지도서』와 같이 서원이 사묘조에 들어와 있는데, 김포군에는 우저서원, 가평읍에는 잠곡서원, 마전군에는 미강서원, 포천현에는 화산서원 · 용연서원, 영평군에는 옥병서원, 안성군에는 사계금공휘서원, 남파홍공휘서원, 통진부에는 옥성부원군장만별묘, 시흥현에는 충현사가, 과천현에는 민절서원 · 노강서원 · 창강서원 · 사충서원, 양성현에는 덕봉사우, 남양에는 안곡서원이 있다.

김포군의 우저서원은 군의 서쪽 5리에 있다. 문열공文烈公 조헌趙憲의 위패를 모신 서원이고 사액을 받았다. 가평읍의 잠곡서원은 숙종 갑자년에 잠곡리潛谷里에 세웠고 봄 · 가을로 향사享祀하였는데, 고종 8년(1871) 신미년에 조정에서 영을 내려 훼철毁撤했다. 마전군의 미강서원은 군의 남쪽 7리에 있었고 미수眉叟 허목許穆을 모신 서원이다. 영조 26년(1750)에 서원을 세우고, 영조 29년

(1753)에 사액을 받았다. 이 서원 역시 고종 8년(1871) 신미년 봄에 조령朝令으로 훼철毀撤되었다.

포천현의 화산서원은 현의 남쪽 20리 화산花山 아래에 있다. 문충공文忠公 이항복李恒福의 위패를 모시고 제사지낸다. 신미년 가을에 조령朝令으로 훼철毀撤되었다. 용연서원은 현의 북쪽 20리에 있다. 문익공文翼公 이덕형李德馨과 문간공文簡公 조경趙絅의 위패를 모시고 제사지낸다.

영평군의 옥병서원은 현의 서쪽 15리에 있다. 고故 정승相公 사암思菴 박순朴淳, 문곡文谷 김수항金壽恒, 동은峒隱 이의건李義健을 합향合享하였다. 안성군의 사계 김장생의 위패를 모신 사당은 군의 남쪽 도기리道基里에 있었고 남파 홍우원의 위패를 모신 서원은 군의 동쪽 마학동摩鶴洞에 있었다. 그러나 두 서원 모두 고종 신미년(1871, 고종 8)에 조정의 명령으로 철거됐다.

통진부의 옥성부원군 장만 별묘는 부의 동쪽 20리 소이포所伊浦에 있다. 시흥현의 충현사는 고려의 태사太師 강감찬姜邯贊을 주향主享하고 고려 장령掌令 서견(徐甄)과 조선 영의정領議政 이원익李元翼을 배향配享한다. 숙종 계묘년에 현 북쪽 10리 장안동長安洞에 세웠고 숙종 병진년에 나라에서 서원의 이름을 내렸다. 고종 8년(1871)에 훼철되었다.

과천현의 민절서원은 현의 북쪽 2리 하가차산리下加次山里에 있다. 단종의 복위를 꾀하다 처형된 6명의 충신인 사육신死六臣을 모셨다. 숙종 7년(1681)에 처음 세우고 숙종 18년(1692)에 나라에서 서원의 이름을 지어 내려주었다. 박팽년朴彭年 · 성삼문成三問 · 이개李塏 · 하위지河緯地 · 유성원柳誠源 · 유응부兪應孚의 위패를 아울러 모시고 제사지낸다. 노강서원은 현의 북쪽 20리 상가차산리上加次山里에 있다. 숙종 때 응교應校를 지낸 박태보朴泰輔의 사당이다. 숙종 20년(1694)

에 사당을 세웠고 숙종 23년(1697)에 사액을 받았다. 사충서원은 현의 북쪽 25리 옹막리(甕幕里)에 있다. 영조 2년(1726)에 서원을 세우고 곧바로 사액을 받았다. 영조 3년(1727)에 서원을 헐었다가 영조 32년(1756)에 다시 세웠다. 충헌공忠獻公 몽와夢窩 김창집金昌集, 충문공忠文公 소재疏齋 이이명李頤命, 충익공忠翼公 이우당二 憂堂 조태채(趙泰采), 충민공忠愍公 한포재寒圃齋 이건명李建命의 위패를 함께 모시고 제사지낸다. 창강서원은 현의 서쪽 15리 호계리虎溪里에 있다. 숙종 42년(1716)에 처음 세웠고 나라에서 서원의 이름을 지어 내려주었다. 독암獨庵 조종경趙宗敬과 창강滄江 조속趙涑의 위패를 함께 모시고 제사지낸다.

양성현의 덕봉사우는 현의 남쪽 5리에 있다. 판서判書 충정공忠貞公 오두인吳斗寅의 사당이다. 숙종 20년(1694)에 사당을 세우고 사액을 받았다. 남양도호부의 안곡서원은 관문官門에서 서쪽으로 30리 떨어져 있다. 주위主位는 기묘명현己卯名賢 송촌松村 박세훈朴世勳이며 배위配位는 도원재道源齋 문강공文剛公 박세희朴世熹를 함께 모시고 추가로 인재忍齋 홍섬洪暹의 위패를 추가로 모시고 제사지낸다. 경종 8년(1728)에 사액을 받았고, 사원祠院과 함께 고종 8년(1871)에 훼철毀撤되었다. 남양도호부의 용백사는 부내府內에 있는데, 제갈량諸葛武侯의 묘廟이다. 문정공文定公 호안국胡安國의 위패를 함께 모시고 제사지낸다. 부사府使 윤계尹棨의 위패를 사당에 모시고 제사지낸다. 현종 10년(1669)에 사액을 받았다.

그런데 『경기읍지』에는 『여지도서』 단묘조에 포함된 풍덕부의 구암서원龜巖書院, 인천부의 학산서원鶴山書院. 광주의 온왕묘溫王廟, 여주목의 기천서원沂川書院・고산서원孤山書院, 양근군의 미원서원迷源書院, 수원의 매곡서원梅谷書院이 빠져있다.

풍덕부의 구암서원은 부의 북쪽 관문官門에서 5리 떨어져 있다. 훌륭한 옛 신라先正臣 문성공文成公 이이李珥의 위패만을 모시고 제사지낸다. 숙종 8년(1682)에 사액을 받았다.

인천부도호부의 학산서원은 부내에 있다. 숙종 28년(1702)에 처음 세웠고 정중재靜觀齋 이단상李端相의 위패를 모셨다. 숙종 34년(1708)에 사액을 받았고, 영조 2년(1726)에 간암艮菴 이희조李喜朝의 위패를 모셨다.

광주부의 온왕묘는 남한산성에 있었는데, 그 성격을 알 수 없다. 여주목의 기천서원은 주의 서쪽 30리에 있었고 사액을 받았다. 김안국金安國의 신위를 가운데 모시고元位 이언적李彦迪 · 홍인우洪仁佑 · 이원익李元翼 · 정엽鄭曄 · 홍명구洪命耉 · 이식李植의 신위를 곁에 모셨다. 고산서원은 주의 서쪽 30리에 있었고 사액을 받았다. 고려 때의 우정언右正言 이존오李存吾의 신위를 모셨다.

양근군의 미원서원은 군의 북쪽 60리에 있다. 조광조趙光祖 · 김식金湜의 신위를 가운데 모시고, 남언경南彦經 · 이제신李濟臣 · 김육金堉을 추가로 모셨다. 숙종 14년(1688)에 처음 세웠다.수원의 매곡서원은 부의 서쪽 15리 호매절면好梅折面의 치악산鴟岳山 아래에 있다. 문정공文正公 송시열宋時烈이 이 지역을 왕래했기 때문에 많은 선비들이 요청해서 세웠다.

『여지도서』 단묘조에는 보이지 않았지만, 『경기읍지』 사묘조 가평읍에 대보단大報壇이 새로 편입되고 있다. 대보단은 조종하면朝宗下面에 조종암朝宗巖이 있다. 암면巖面에는 만절필동萬折必東이라는 4자가 새겨져 있다. 황조인皇朝人 자손인 왕씨王氏 · 황씨黃氏 · 풍씨馮氏 제인諸人이 이 땅에 와서 살았는데, 대개 '조종우해(朝宗于海: 육지의 크고 작은 물줄기가 바다로 모여든다)'의 뜻을 취한 것이다. 단壇을 설치하고 제사지냈는데, 지금은 폐廢해졌다.

02
평가

본서는 관찬지리서를 중심으로 경기도의 제사 유적을 살펴 본 것이다. 관찬지리서는 관부官府에서 편찬원칙, 자료 수집, 정리, 편집, 간행에 이르기까지 모든 과정을 주관하며, 따라서 개인의 의지나 영향력이 관여할 여지가 적다. 이처럼 관찬지리지는 중앙으로부터 하달된 편찬 범례에 따라 일정한 형식 하에서 일률적인 체제로 편찬되므로 지역 간의 특성을 파악하거나 비교하기에 적절한 객관적인 자료를 제공한다. 그리고 『신증동국여지승람』과 『여지도서』, 고종 때 편찬된 『경기읍지』는 조선시대의 중요한 역사적 시기라 할 수 있는 15세기(성종), 18세기(영조), 19세기(고종) 때 발간되어서, 주요한 시기별로 조선시대 지방제사의 역사적 추이를 살펴볼 수 있다는 점에서도 매우 유용한 자료이다.

　『신증동국여지승람』에 보이는 경기도 각 지역의 사묘는 사직단 · 문묘 · 성황사 · 여단 순으로 기재되어 있지만, 『여지도서』와 『경기읍지』 단묘조에는 3단 1묘의 순서가 『승람』과는 달리 사직단 · 문묘 · 여단 · 성황사로 나오기도 하며,

김포군의 경우는 사직단-여단-우저서원牛渚書院-문묘 순으로 나오기도 한다. 그 위치와 관련해서『신증동국여지승람』에는 사직단은 서쪽에, 문묘는 향교에, 여단은 북쪽에 있었다. 하지만『여지도서』와『경기읍지』에는 그 방향이 다양하게 나오고 있다. 이처럼 조선초기와 비교해 볼 때 각 지방의 사묘 기재의 원칙성이 흩어졌음을 알 수 있다.

『신증동국여지승람』에는 성황사가 2곳인 경우 총 4개로, 안산군의 경우 하나는 군 서쪽 21리에 있었고 하나는 군 서쪽 32리에 있었으며 고양군의 경우 하나는 군의 서쪽 15리에 있었고, 하나는 행주에 있었다. 가평현의 성황사는 하나는 현의 동쪽 3리 지점에 있었고, 하나는 조종현에 있었다. 삭녕군의 경우는 하나는 성산에 있었고 하나는 승령산에 있었다. 이것은『여지도서』와『경기읍지』에서 1곳으로 정리되거나 사라지는데, 조선의 사묘 정책과 밀접한 관련을 가진 것이다.

한편『신증동국여지승람』1단 3묘 외에 기타 사단이 있는 경우 인천도호부에는 원도사猿島祠가, 양주목에는 양진사楊津祠가, 장단도호부에는 덕진사德津祠 · 오관산사五冠山祠 · 용호산사龍虎山祠가, 강화도호부에는 참성단塹城壇 · 산천제단山川祭壇 · 진강신사鎭江神祠 · 하음신사河陰神祠가, 풍덕군에는 적덕산사德積山祠 · 백마산사白馬山祠 · 삼성당사三聖堂祠 · 주작신사朱雀神堂祠가, 가평현에는 화악신사花岳神祠가, 적성현에는 감악사紺岳祠가 있었다.『여지도서』양주에는 절제처節祭處 양진당楊津堂이, 적성에는 감악신묘紺嶽神廟가 있었다.『경기읍지』적성에는 감악신묘紺嶽神廟, 장단에는 덕진묘德津廟, 양주에는 양진사楊津祠가 있었으며 인천에는 원도사가 있었으나 지금은 없어졌다고 하였고 시흥에는 단壇이 있었다.

이와 같이 『승람』과 마찬가지로 양주에는 절제처^{節祭處} 양진당^{楊津堂}이, 적성에는 감악신묘^{紺嶽神廟}가 있었고, 『승람』에는 있지만 『여지도서』에는 가평군의 화악산사, 장단부도호부의 덕진사 · 오관산사 · 용호사산, 풍덕부의 덕적산사 · 백마산사 · 삼성당사 · 주작신당이 보이지 않는다. 이것은 『대동지지』에 가평의 화악산단^{華嶽山壇}, 장단의 덕진단^{德津壇} · 용호산단^{龍虎山壇}, 인천의 원도신단^{猿島神壇}이 보이는 것과는 구분된다.

『승람』 개성부에는 3단 1묘가 보이지 않지만, 『여지도서』에는 3단 1묘가 다 기재되어 있다. 『승람』에는 송도의 기타 제단으로 송악산사 · 팔선궁 · 용수산사가 기재되어 있는데, 『여지도서』에는 『승람』의 팔선궁과 용수산사가 빠지고 송악산사 · 오관산사 · 박연제단 · 대정제단 · 독소 · 오정문 밖에 대국덕물2신당^{大國德物二神堂}이 있었다. 오관산사는 영통동^{靈通洞} 북쪽에 있었고 해마다 연초 및 봄 · 가을로 향과 축문을 내려주었으며 소사^{小祀}로 제사 중경, 즉 개성부에는 문묘를 제외한 사직단 · 성황사 · 여단이 단묘조에 포함되었는데, 『여지도서』에 3단 1묘가 모두 기재되어 있는 것과는 구분된다. 중경의 기타 사단으로 송악산사 · 오관산사 · 박연제단 · 대정제단 · 독소, 대국 · 덕물 2신당 · 덕적산신당으로, 『여지도서』와 비교할 때 덕적산신당이 추가되어 있다. 덕적산신당에는 최영의 소상이 모셔져 있다.

『승람』 강화부도호부에는 참성단^{塹城壇} · 산천제단^{山川祭壇} · 진강신사^{鎭江神祠} · 하음신사^{河陰神祠}가 있었는데, 『여지도서』에는 진강신사 · 하음신사가 없어졌다고 하였고 삼충단^{三忠壇} · 기우제단^{祈雨祭壇} · 기청제단^{祈晴祭壇} · 궁아제단^{宮娥祭壇} · 맥현제단^{麥峴祭壇} · 충렬사^{忠烈祠} · 생사당^{生祠堂} · 이총병사^{李摠兵祠}가 더해졌다. 『경기읍지』에는 강화부가 빠져 있어 그 내용을 알 수 없다.

『여지도서』에는 서원이 단묘조에 포함된 것이 특징적인 면인데, 영평의 옥병서원玉屛書院, 포천현의 화산서원花山書院·용연서원龍淵書院, 가평군의 잠곡서원潛谷書院, 풍덕부의 구암서원龜巖書院, 과천현의 민절서원愍節書院·노강서원鷺江書院·사충서원四忠書院·창강서원滄江書院, 남양도호부의 용백사龍栢祠·안곡서원安谷書院, 인천도호부의 학산서원鶴山書院, 금천현의 충현사忠賢祠, 양성현의 덕봉사우德峰祠宇, 통진부의 옥성부원군장만사우玉城府院君張晚祠宇, 마전군의 숭의전崇義殿·미강서원嵋江書院, 광주부의 온왕묘溫王廟, 여주의 기천서원沂川書院·고산서원孤山書院, 양근군의 미원서원迷源書院, 수원부의 매곡서원梅谷書院, 안성의 사계금공휘서원沙溪金公諱書院·남파홍공휘서원南坡洪公諱書院, 김포의 우저서원牛渚書院이 있다. 『경기읍지』에도 『여지도서』와 같이 서원이 사묘조에 들어와 있는데, 김포군에는 우저서원, 가평읍에는 잠곡서원, 마전군에는 미강서원, 포천현에는 화산서원·용연서원, 영평군에는 옥병서원, 안성군에는 사계금공휘서원·남파홍공휘서원, 통진부에는 옥성부원군장만별묘, 시흥현에는 충현사가, 과천현에는 민절서원·노강서원·창강서원·사충서원, 양성현에는 덕봉사우, 남양에는 안곡서원이 있다.

그리고 마전이 작은 고을임에도 군郡이란 중급의 고을 지위를 얻게 된 것은 고려를 멸망시킨 후 태조 6년(1397)에 짓고 정종 1년(1399)에 고려의 태조와 7명의 임금 신위를 모시고 제사를 올리게 했던 숭의전 때문이다. 숭의전은 태조 6년(1397)에 짓고 정종 1년(1399)에 고려의 태조와 7명의 임금 신위를 모시고 제사를 올리게 했다. 문종 2년(1452)에 고려 태조 등 7명의 왕을 제사 지내던 숭의전崇義殿이 있기 때문에 군으로 승격시켰다.

숭의전은 『승람』과 『여지도서』에 군의 서쪽 5리에, 『경기읍지』에는 군의 서쪽 10리에 있었다고 한다. 조선 태조 원년(1392)에 예조에 명하여 마전현에 사당을 짓고, 고려 태조太祖 · 혜종惠宗 · 성종成宗 · 현종顯宗 · 문종文宗 · 원종元宗 · 충렬왕忠烈王 · 공민왕恭愍王을 제사하게 하고 제전祭田을 주었다. 세종 7년(1425)에 유사有司들이 말하기를, "나라의 종묘宗廟에도 다만 오실五室을 제사하는데, 전조前朝의 사당은 8위八位를 제사하니, 예에 맞지 않는다." 하였다. 이에 태조 · 현종 · 문종 · 원종만 남겨놓고, 봄 · 가을 이중삭二仲朔에 향과 축문을 보내 제사했다. 문종 2년(1452)에 고려의 후손 왕순례王循禮를 찾아서 그 제사를 맡아 지내게 하고, 그 사당 이름을 숭의전이라 하여 왕순례를 부사副使로 삼았다. 복지겸卜智謙 · 홍유洪儒 · 신숭겸申崇謙 · 유금필庾黔弼 · 배현경裵玄慶 · 서희徐熙 · 강감찬姜邯贊 · 윤관尹瓘 · 김부식金富軾 · 김취려金就礪 · 조충趙冲 · 김방경金方慶 · 안우安祐 · 이방실李芳實 · 김득배金得培 · 정몽주鄭夢周 등을 배향했다. 중종 38년(1543) 6월에 마전군수 박세무朴世茂가 쓴 '숭의전기崇義殿記'가 있다.

기록으로 보는
경기도 지방 제사

01
『신증동국여지승람新增東國輿地勝覽』
경기도京畿道의 사묘祠廟

1) 『신증동국여지승람』 5 개성부開城府 하下

【祠廟】 송악산사松岳山祠 [산 위에 사당집이 다섯이 있다. 첫째는 성황이요 둘째
는 대왕이요 셋째는 국사요 넷째는 고녀요 다섯째는 부녀이다. 모두 어
떤 신을 모신 것인지 알 수 없다.] 팔선궁八仙宮 [송악산 정상에 있다. ○
이색李穡의 시에, "돌길이 빙빙 돌아 산 위에 올라가니, 팔선궁이 신주神
州를 굽어보네." 하였다.] 용수산사龍首山祠 [의종 때 함유일이 귀신을 믿
지 아니하고 여러 산에 있는 산신의 이상한 영험이 없는 것을 용수산 신
사에 가서 시험하니, 영험이 없으므로 불태웠다. 이날 밤 왕이 꿈을 꾸니
신이 와서 구해 달라 하였다. 다음 날 관원에 명하여 "그 신사를 다시 지
어 주라" 하였다.] (『신증동국여지승람』5 개성부 하)

【祠廟】 松岳山祠 [上有五宇 一曰城隍 二曰大王 三曰國師 四曰姑女 五曰府女 俱
未知何神] 八仙宮 [在松岳頂 ○ 李穡詩 石路○回到上頭 八仙宮觀俯神

州] 龍首山祠 [毅宗祖咸有一不信鬼神 盡焚諸山神無異跡者 至龍首山神祠試 靈無驗焚之 是夜王夢有神來救者 翌日命攸司復構其祠]

2) 『신증동국여지승람』 6 경기도 광주목廣州牧

【祠廟】 사직단社稷 [주의 서쪽에 있다.] 문묘文廟 [향교鄕校[129]에 있다.] 성황사城隍祠 [주의 남쪽 7리에 있다.] 여단厲壇 [주의 북쪽에 있다.]

【祠廟】 社稷壇 [在州西] 文廟 [在鄕校] 城隍祠 [在州南七里] 厲壇 [在州北]

3) 『신증동국여지승람』 6 경기도 여주목驪州牧

【祠廟】 사직단社稷 [주의 서쪽에 있다.] 문묘文廟 [향교鄕校[130]에 있다.] 성황사城隍祠 [주의 남쪽 5리에 있다.] 여단厲壇 [주의 북쪽에 있다.]

【祠廟】 社稷壇 [在州西] 文廟 [在鄕校] 城隍祠 [在州南五里] 厲壇 [在州北]

4) 『신증동국여지승람』 8 경기도 이천도호부利川都護府

【祠廟】 사직단社稷壇 [부의 서쪽에 있다.] 문묘文廟 [향교鄕校[131]에 있다.] 성황사城隍祠 [설봉산雪峯山에 있다.] 여단厲壇 [부의 북쪽에 있다.]

【祠廟】 社稷壇 [在府西] 文廟 [在鄕校] 城隍祠 [在雪峯山] 厲壇 [在府北]

5) 『신증동국여지승람』 8 경기도 양근군楊根郡

129)【學校】鄕校[在州西二里]
130)【學校】鄕校[在州東二里]
131)【學校】鄕校[在州北一里]

【祠廟】 사직단社稷壇 [군의 서쪽에 있다.] 문묘文廟 [향교鄕校132)에 있다.] 성황사城
　　　隍祠 [군의 서쪽 10리에 있다.] 여단厲壇 [군의 북쪽에 있다.]

【祠廟】 社稷壇 [在郡西] 文廟 [在鄕校] 城隍祠 [在郡西十里] 厲壇 [在郡北]

6) 『신증동국여지승람』 8 경기도 지평현砥平縣

【祠廟】 사직단社稷壇 [현의 서쪽에 있다.] 문묘文廟 [향교鄕校133)에 있다.] 성황사城
　　　隍祠 [현 북쪽에 있다.] 여단厲壇 [현의 북쪽에 있다.]

【祠廟】 社稷壇 [在縣西] 文廟 [在鄕校] 城隍祠 [在縣北] 厲壇 [在縣北]

7) 『신증동국여지승람』 8 경기도 음죽현陰竹縣

【祠廟】 사직단社稷壇 [현의 서쪽에 있다.] 문묘文廟 [향교鄕校134)에 있다.] 성황사城
　　　隍祠 [현의 북쪽에 있다.] 여단厲壇 [현의 북쪽에 있다.]

【祠廟】 社稷壇 [在縣西] 文廟 [在鄕校] 城隍祠 [在縣北] 厲壇 [在縣北]

8) 『신증동국여지승람』 8 경기도 양지현陽智縣

【祠廟】 사직단社稷壇 [현의 서쪽에 있다.] 문묘文廟 [향교鄕校135)에 있다.] 성황사城
　　　隍祠 [현의 북쪽 3리 지점에 있다.] 여단厲壇 [현의 북쪽에 있다.]

【祠廟】 社稷壇 [在縣西] 文廟 [在鄕校] 城隍祠 [在縣北三里] 厲壇 [在縣北]

---

132) 【學校】 鄕校[在郡西三里]
133) 【學校】 鄕校[在縣南一里]
134) 【學校】 鄕校[在縣北二里]
135) 【學校】 鄕校[在縣西一里]

9) 『신증동국여지승람』 8 경기도 죽산현竹山縣

【祠廟】 사직단社稷壇 [현의 서쪽에 있다.] 문묘文廟 [향교鄕校[136)]에 있다.] 성황사城
   隍祠 [현의 북쪽 3리에 있다.] 여단厲壇 [현의 북쪽에 있다.]

【祠廟】 社稷壇 [在縣西] 文廟 [在鄕校] 城隍祠 [在縣北三里] 厲壇 [在縣北]

10) 『신증동국여지승람』 8 경기도 과천현果川縣

【祠廟】 사직단社稷壇 [현의 서쪽에 있다.] 문묘文廟 [향교鄕校[137)]에 있다.] 성황사城
   隍祠 [현의 서쪽 3리에 있다.] 여단厲壇 [현의 북쪽에 있다.]

【祠廟】 社稷壇[在縣西] 文廟[在鄕校] 城隍祠[在縣西三里] 厲壇[在縣北]

11) 『신증동국여지승람』 9 경기도 수원도호부水原都護府

【祠廟】 사직단社稷壇 [부의 서쪽에 있다.] 문묘文廟 [향교鄕校[138)]에 있다.] 성황사城
   隍祠 [부의 동쪽 5리에 있다.] 여단勵壇 [부의 북쪽에 있다.]

【祠廟】 社稷壇 [在府西] 文廟 [在鄕校] 城隍祠 [在府東五里] 厲壇 [在府北]

12) 『신증동국여지승람』 9 경기도 부평도호부富平都護府

【祠廟】 사직단社稷壇 [부의 서쪽에 있다.] 문묘文廟 [향교鄕校[139)]에 있다.] 성황사城
   隍祠 [부의 북쪽 2리에 있다.] 여단厲壇 [부의 북쪽에 있다.]

【祠廟】 社稷壇 [在府西] 文廟 [在鄕校] 城隍祠 [在府北二里] 厲壇 [在府北]

---

136) 【學校】 鄕校[在縣西三里]
137) 【學校】 鄕校[在縣西二里]
138) 【學校】 鄕校[在府西三里]
139) 【學校】 鄕校[在府北二里]

13) 『신증동국여지승람』 9 경기도 남양도호부南陽都護府

【祠廟】 사직단社稷壇 [부의 서쪽에 있다.] 문묘文廟 [향교鄕校¹⁴⁰⁾에 있다.] 성황사城
隍祠 [부의 서쪽 30리에 있다.] 여단厲壇 [부의 북쪽에 있다.]

【祠廟】 社稷壇 [在府西] 文廟 [在鄕校] 城隍祠 [在府西三十里] 厲壇 [在府北]

14) 『신증동국여지승람』 9 경기도 인천도호부仁川都護府

【祠廟】 사직단社稷壇 [부의 서쪽에 있다.] 문묘文廟 [향교鄕校¹⁴¹⁾에 있다.] 성황사城
隍祠 [부의 남쪽 1리에 있다.] 원도사猿島祠 [여러 섬의 신령을 이 섬에서
합하여 제사지낸다. 봄 · 가을에는 본 고을에서 제사를 드린다.] 여단厲
壇 [부의 북쪽에 있다.]

【祠廟】 社稷壇 [在府西] 文廟 [在鄕校] 城隍祠 [在府南一里] 猿島祠 [合祠諸島
之神于此島 春秋本邑致祭] 厲壇 [在府北]

15) 『신증동국여지승람』 9 경기도 안산安山郡

【祠廟】 사직단社稷壇 [군의 서쪽에 있다.] 문묘文廟 [향교鄕校¹⁴²⁾에 있다.] 성황사城
隍祠 [사당이 둘 있다. 하나는 군 서쪽 21리에 있고, 하나는 군 서쪽 32리
에 있다.] 여단厲壇 [군의 북쪽에 있다.]

【祠廟】 社稷壇 [在郡西] 文廟 [在鄕校] 城隍祠 [有二祠 一在郡西二十一里 一在
郡西三十二里] 厲壇 [在郡北]

---

140) 【學校】 鄕校[在府東二里]
141) 【學校】 鄕校[在府東一里]
142) 【學校】 鄕校[在郡東一里]

16)『신증동국여지승람』10 경기도 안성군安城郡

【祠廟】 사직단社稷壇 [군의 서쪽에 있다.] 문묘文廟 [향교鄕校143)에 있다.] 성황사城隍祠 [군의 북쪽 3리 에 있다.] 여단厲壇 [군의 북쪽에 있다.]

【祠廟】 社稷壇 [在郡西] 文廟 [在鄕校] 城隍祠 [在郡北三里] 厲壇 [在郡北]

17)『신증동국여지승람』10 경기도 진위현振威縣

【祠廟】 사직단社稷壇 [현의 서쪽에 있다.] 문묘文廟 [향교鄕校144)에 있다.] 성황사城隍寺 [현의 북쪽 1리에 있다.] 여단厲壇 [현의 북쪽에 있다.]

【祠廟】 社稷壇 [在縣西] 文廟 [在鄕校] 城隍祠 [在縣北一里] 厲壇 [在縣北]

18)『신증동국여지승람』10 경기도 양천현陽川縣

【祠廟】 사직단社稷壇 [현의 서쪽에 있다.] 문묘文廟 [향교鄕校145)에 있다.] 성황사城隍祠 [성산城山에 있다.] 여단厲壇 [현의 북쪽에 있다.]

【祠廟】 社稷壇 [在縣西] 文廟 [在鄕校] 城隍祠 [在城山] 厲壇 [在縣北]

19)『신증동국여지승람』10 경기도 용인현龍仁縣

【祠廟】 사직단社稷壇 [현의 서쪽에 있다.] 문묘文廟 [향교鄕校146)에 있다.] 성황사城隍祠 [현의 동쪽 1리에 있다.] 여단厲壇 [현의 북쪽에 있다.]

【祠廟】 社稷壇 [在縣西] 文廟 [在鄕校] 城隍祠 [在縣東一里] 厲壇 [在縣北]

---

143)【學校】鄕校[在郡東二里]
144)【學校】鄕校[在縣東一里]
145)【學校】鄕校[在縣北]
146)【學校】鄕校[在縣東二里]

20) 『신증동국여지승람』 10 경기도 김포현金浦縣

【祠廟】 사직단社稷壇 [현의 서쪽에 있다.] 문묘文廟 [향교鄕校147)에 있다.] 성황사城隍祠 [현의 북쪽 1리에 있다.] 여단厲壇 [현의 북쪽에 있다.]

【祠廟】 社稷壇 [在縣西] 文廟 [在鄕校] 城隍祠 [在縣北一里] 厲壇 [在縣北]

21) 『신증동국여지승람』 10 경기도 금천현衿川縣

【祠廟】 사직단社稷壇 [현의 서쪽에 있다.] 문묘文廟 [향교鄕校148)에 있다.] 성황사城隍祠 [현의 동쪽 1리에 있다.] 여단厲壇 [현의 북쪽에 있다.]

【祠廟】 社稷壇 [在縣西] 文廟 [在鄕校] 城隍祠 [在縣東一里] 厲壇 [在縣北]

22) 『신증동국여지승람』 10 경기도 양성현陽城縣

【祠廟】 사직단社稷壇 [현의 서쪽에 있다.] 문묘文廟 [향교鄕校149)에 있다.] 성황사城隍祠 [현의 북쪽 2리 지점에 있다.] 여단厲壇 [현의 북쪽에 있다.]

【祠廟】 社稷壇 [在縣西] 文廟 [在鄕校] 城隍祠 [在縣北一里] 厲壇 [在縣北]

23) 『신증동국여지승람』 10 경기도 통진현通津縣

【祠廟】 사직단社稷壇 [현의 서쪽에 있다.] 문묘文廟 [향교鄕校150)에 있다.] 성황사城隍祠 [현의 북쪽 6리에 있다.] 여단厲壇 [현의 북쪽에 있다.]

【祠廟】 社稷壇 [在縣西] 文廟 [在鄕校] 城隍祠 [在縣北六里] 厲壇 [在縣北]

---

147)【學校】鄕校[在縣東一里]
148)【學校】鄕校[在縣東一里]
149)【學校】鄕校[在縣北二里]
150)【學校】鄕校[在縣北一里]

24) 『신증동국여지승람』11 경기도 양주목楊州牧

【祠廟】 사직단社稷壇 [주의 서쪽에 있다.] 문묘文廟 [향교鄕校151)에 있다.] 성황사城
隍祠 [주의 동쪽 10리에 있다.] 여단 [주의 북쪽에 있다.] 양진사楊津祠 [광
나루廣津 아래에 있다. 용에게 제사하는 단이 있다. 봄 · 가을에 나라에서
향축香祝을 내린다. 신라 때는 북독北瀆이라 불렀고 중사中祀에 올랐다. 지
금은 소사小祀에 기록되었다.]

【祠廟】 社稷壇 [在州西] 文廟 [在鄕校] 城隍祠 [在州東十里] 厲壇 [在州北] 楊
津祠 [在廣津下 有祭龍壇 春秋降香祝 新羅時稱北瀆躋中祀 今載小祀]

25) 『신증동국여지승람』11 경기도 파주목坡州牧

【祠廟】 사직단社稷壇 [주의 서쪽에 있다.] 문묘文廟 [향교鄕校152)에 있다.] 성황사城
隍祠 [주의 서쪽 2리에 있다.] 여단厲壇 [주의 북쪽에 있다.]

【祠廟】 社稷壇 [在州西] 文廟 [在鄕校] 城隍祠 [在州西二里] 厲壇 [在州北]

26) 『신증동국여지승람』11 경기도 고양군高陽郡

【祠廟】 사직단社稷壇 [군의 서쪽에 있다.] 문묘文廟 [향교鄕校153)에 있다.] 성황사城
隍祠 [하나는 군의 서쪽 15리에 있고, 하나는 행주幸州에 있다.] 여단厲壇
[군의 북쪽에 있다.]

【祠廟】 社稷壇 [在郡西] 文廟 [在鄕校] 城隍祠 [一在郡西十五里 一在幸州] 厲
壇 [在郡北]

---

151) 【學校】 鄕校[在州東二里]
152) 【學校】 鄕校[在州西一里]
153) 【學校】 鄕校[在郡東一里]

27) 『신증동국여지승람』 11 경기도 영평현永平縣

【祠廟】 사직단社稷壇 [현의 서쪽에 있다.] 문묘文廟 [향교鄕校[154]에 있다.] 성황사城隍祠 [현의 동쪽 12리에 있다.] 여단厲壇 [현의 북쪽에 있다.]

【祠廟】 社稷壇 [在縣西] 文廟 [在鄕校] 城隍祠 [在縣東十二里] 厲壇 [在縣北]

28) 『신증동국여지승람』 11 경기도 포천현抱川縣

【祠廟】 사직단社稷壇 [현의 서쪽에 있다.] 문묘文廟 [향교鄕校[155]에 있다.] 성황사城隍祠 [성산에 있다.] 여단厲壇 [현의 북쪽에 있다.]

【祠廟】 社稷壇 [在縣西] 文廟 [在鄕校] 城隍祠 [在城山] 厲壇 [在縣北]

29) 『신증동국여지승람』 11 경기도 적성현積城縣

【祠廟】 사직단社稷壇 [현의 서쪽에 있다.] 문묘文廟 [향교鄕校[156]에 있다.] 감악사紺岳祠 [민간에 전해 오길, "신라에서 당 장수 설인귀薛仁貴를 산신山神으로 삼았다."고 한다. 본조(조선-필자 주)에서도 명산으로 중사(中祀)로 기록되었고, 봄·가을에 향축香祝을 내려서 제사한다. ○ 고려 현종 5년(1014)에 거란 군사가 장단長湍에 이르니, 감악사에 정기旌旗와 군사가 있는 듯하여, 거란 군사가 크게 두려워하여, 감히 앞으로 가지 못하였다. 또 충렬왕이 원元에 가서 황제를 도와 내안乃顏을 토벌하려고 할 적에, 신神을 제2로 봉해서 도만호都萬戶로 삼았다. 대개 신이 가만히 돕는 공을 바란 것이었다.] 여단厲壇 [현의 북쪽에 있다.]

---

154) **【學校】** 鄕校[在縣西三里]
155) **【學校】** 鄕校[在縣東一里]
156) **【學校】** 鄕校[在縣西]

【祠廟】社稷壇 [在縣西] 文廟 [在鄕校] 紺岳祠 [諺傳 新羅以唐將薛仁貴爲山神 本朝以名山載中祀 春秋降香祝以祭 ○ 高麗顯宗五年丹兵至長湍 紺嶽祠 若有旌旗士馬 丹兵懼而不敢前 又忠烈王將如元助帝討乃顔 封神第二爲 都萬戶 盖兼陰功也] 厲壇 [在縣北]

30) 『신증동국여지승람』 11 경기도 교하현交河縣

【祠廟】 사직단社稷壇 [현의 서쪽에 있다.] 문묘文廟 [향교鄕校157)에 있다.] 성황사城隍祠 [오도성에 있다.] 여단厲壇 [현의 북쪽에 있다.]

【祠廟】 社稷壇 [在縣西] 文廟 [在鄕校] 城隍祠 [在烏島城] 厲壇 [在縣北]

31) 『신증동국여지승람』 11 경기도 가평현加平縣

【祠廟】 사직단社稷壇 [현의 서쪽에 있다.] 문묘文廟 [향교鄕校158)에 있다.] 성황사城隍祠[하나는 현의 동쪽 3리에 있고, 하나는 조종현에 있다.] 여단厲壇 [현의 북쪽에 있다.] 화악산사花岳山祠 [봄 · 가을에 본읍에서 제사한다.]

【祠廟】 社稷壇 [在縣西] 文廟 [在鄕校] 城隍祠 [一在縣東三里 一在朝宗縣] 厲壇 [在縣北] 花岳山祠 [春秋本邑致祭]

32) 『신증동국여지승람』 12 경기도 장단도호부長湍都護府

【祠廟】 사직단社稷壇 [부의 서쪽에 있다.] 문묘文廟 [향교鄕校159)에 있다.] 성황사城

---

157) 【學校】 鄕校[在縣東二里]
158) 【學校】 鄕校[在縣西一里]
159) 【學校】 鄕校[在府北三里]

隍祠 [부의 동쪽 2리에 있다.] 여단厲壇 [부의 북쪽에 있다.] 덕진사德津祠 [덕진德津에 있다. 사전祀典에 서독西瀆으로 중사中祀로 기록되었다. 봄·가을로 향香과 축祝을 내려 제사했다.] 오관산사五冠山祠 [사전에 소사小祀로 기록되었다. 매년 봄·가을로 향과 축을 내려 제사했다. 사祠는 영통사靈通寺 북쪽 언덕에 있다.] 용호산사龍虎山祠 [용호산에 있는데, 봄·가을로 본읍本邑에서 제사지낸다.]

【祠廟】社稷壇 [在府西] 文廟 [在鄕校] 城隍祠 [在府東二里] 厲壇 [在府北] 德津祠 [在德津 祀典爲西瀆載中祀 春秋降香祝以祭] 五冠山祠[祀典載小祀 每春秋降香祝以祭 祠在靈通寺北岡] 龍虎山祠 [在龍虎山 春秋本邑致祭]

33) 『신증동국여지승람』 12 경기도 강화도호부江華都護府

【祠壇】참성단塹城壇[마니산 꼭대기에 있다. 돌을 모아 쌓았는데, 단의 높이는 10척이며, 위는 모가 나고 아래는 둥근데, 위는 사면이 각각 6척 6촌이요, 아래 둥근 것은 각각 15척이다. 세상에서 전하기를, "단군檀君이 하늘에 제사지내던 곳이다." 하였다. 본조에서 전조前朝의 예전 방식대로 이 사단에서 별에 제사지냈는데, 아래에 재궁齋宮이 있다. 우리 태종太宗이 잠저 때 대언代言이 되어 여기서 재숙齋宿했다. ○ 이색의 시에, "향 피우고 맑게 앉아 시 읊으며 머리를 갸우뚱하니, 한 방이 비고 밝은데, 작기가 배舟 같네. 가을빛을 가장 사랑하여 지게문 열어 들이고, 다시 산 그림자 맞아들여 온 뜰에 머물게 하네. 몸은 가뿐하여 때垢가 없으니 봉황을 탈 생각하고 마음은 고요하여 기심機心을 잊었으니, 갈매기를 가까이 하려 하네. 단丹을 만들어 신선되기 구할 필요 없다. 육착六鑿만 제거하면 바로

14천유天遊일세.” ○ “무릉茂陵은 무슨 일로 신선 찾기에 그다지 애썼는가. 다만 봉래蓬萊만은 또한 혹 그럴 듯도 하나, 산은 구름과 같이 떴으니 자연 끝이 없고, 바람은 배를 불어 가니 앞설 이 없네. 금인金人의 한 방울 이슬은 소반 가운데에 떨어지고, 청조靑鳥는 바다 위 하늘로 외로이 날아가네. 참호塹城에서 제사하여, 그대로 사람들로 하여금 태평스러운 해를 누리게 하면 어떠하랴.” ○ “산하는 험하기 이와 같으니, 장한 우리나라일세. 절정에 구름 기운 흐르고, 높은 벼랑에 고목나무를 굽어보네. 바람을 향해 휘파람 길게 부니, 울리는 소리 암곡巖谷에 진동하네. 소문蘇門 놀이 계속하려 하니, 석수石髓는 지금 한창 푸르렀으리. 해와 달은 쌍 수레바퀴가 되고, 우주는 한 칸 집이 되었네. 이 단이 천연적으로 된 것이 아니라면, 모르겠네, 정녕 누가 쌓은 것이냐. 향 냄새 올라가니 별은 낮아지고 축문綠文이 들어가니, 기운이 비로소 엄숙해지네. 다만 신神이 내린 은혜에 보답할 뿐이지. 무엇 때문에 스스로 복을 구하겠는가.” ○ “긴 바람 나에게 불어 요대瑤臺(신선이 사는 곳)에 오르니, 넓은 바다 먼 하늘이 만 리나 터졌네. 옷을 털고 이어 발 씻을 것 없다. 신선의 피리와 학이 공중에서 내려오는 듯하네.” ○ “만 장丈이나 되는 현단玄壇(도관(道觀))에 밤기운이 맑은데, 녹장綠章을 아뢰자마자 담담히 티끌 생각 잊었네. 돌아가는 말 안장에 장생長生할 복을 가득 실어다, 우리 님께 바쳐 태평 성대 이룩하려네.” ○ 고려 이강李岡의 시에, “마음은 고요하고 몸은 한가하여 뼈가 신선이 되려 하니, 멀리 인간 일 생각하며 정히 망연하구나. 제사 지내는 신비한 자리는 중흥中興한 뒤이요, 돌로 쌓은 영단靈壇은 태고太古 전의 일일세. 이미 눈은 천리 밖 땅을 보게 되었고, 황홀히 몸은 구중九重 하늘에 있는 듯해라. 이번 걸음엔 짝도 없이 서로 속이는 것 같으나, 환도還都한 첫 해를 누가 만났는가." 하였다.] 산천제단山川祭壇[마니산 초성단醮星壇 아래에 있다.] 사직단社稷壇[부의 서쪽에 있다.] 문묘文廟[향교鄕校160)에 있다.] 성황사城隍祠[갑곶에 있다.] 여단厲壇[부의 북쪽에 있다.] 진강신사鎭江神祠[진강산에 있다.] 하음신사河陰神祠[성산城山에 있다.]

【祠壇】塹城壇[在摩尼山頂 累石築之壇 高十尺上十五尺 世傳檀君祭天處 本朝仍前朝之舊 醮星于此祠 下有齋宮我太宗潛邸時爲代言 齋宿于此 ○ 李穡詩 焚香淸坐 側吟頭 一室虛明 小似舟楫 愛秋光 開戶入 更邀山影 滿庭留 身輕無垢 思騎鳳 心靜忘機 欲近鷗 不用煉丹 求羽化掃除 六鑿便天遊 ○ 茂陵何事苦求仙 低是蓬萊亦或然 山與雲浮自無際 風吹舡去莫能前 金人一滴盤中露 靑鳥孤飛海上天 何似塹城修望秋 坐今人享大平年 ○ 山河險如此 壯哉吾有國 絶頂雲氣流 碩崖俯喬木 臨風發長肅 餘響振巖谷 欲繼蘇門遊 石髓今正綠 日月兩轂輪 宇宙一間屋 此壇非天成 不知定誰築 香昇星爲低 章入氣初肅 祇以苔神呪 何以自求福 ○ 長風吹我上瑤臺 海闊天遙萬里開 不用振衣仍濯足 似聞笙鶴駕空來 ○ 萬丈玄壇夜氣淸 綠章才奏澹望情 歸鞍滿載長生福 拜獻吾君作大平 ○ 高麗李岡詩 心靜身閑骨欲仙 遙思人事正茫然 薦蘋秘席中興後 壘石靈壇太古前 已得眼看千里地 怳疑身在九重天 此行無偶如相託 誰値還都第一年] 山川祭壇 [在摩尼山醮星壇下] 社稷壇 [在府西] 文廟 [在鄕校] 城隍祠 [在甲串] 厲壇 [在府北] 鎭江神祠[在鎭江山] 河陰神祠 [在城山]

---

160) 【學校】鄕校[在府東一里]

34) 『신증동국여지승람』 13 경기도 풍덕군豊德郡

【祠廟】 사직단社稷壇[군의 서쪽에 있다.] 문묘文廟[향교鄕校161)에 있다.] 성황사城隍祠[승천포성昇天浦城에 있다.] 여단厲壇[군의 북쪽에 있다.] 덕적산사德積山祠 · 백마산사白馬山祠 · 삼성당사三聖堂祠[고려 충숙왕 6년(1337)에 덕수현에서 사냥하다가 해동청海東靑과 내구內廏의 말이 죽으니 노하여, 성황과 신사를 불사르도록 명한 것이, 바로 이곳이다.] 주작신당朱雀神堂[속칭 당두산堂頭山이라 한다. 옛 장원정長源亭 서남쪽 2리 바닷가에 있다.]

【祠廟】 社稷壇 [在郡西] 文廟 [在鄕校] 城隍祠 [在昇天浦城] 厲壇 [在郡北] 德積山祠 白馬山祠 三聖堂祠 [高麗忠肅王六年 畋于德水縣 怒海東靑及內廏馬之斃 命焚城隍神祠 卽此] 朱雀神堂 [俗稱堂頭山 在古長源亭西南二里海邊]

35) 『신증동국여지승람』 13 경기도 삭녕군朔寧郡

【祠廟】 사직단社稷壇[군의 서쪽에 있다.] 문묘文廟[향교鄕校162)에 있다.] 성황사城隍祠[하나는 성산城山에 있고, 하나는 승령산僧嶺山에 있다.] 여단厲壇[군의 북쪽에 있다.]

【祠廟】 社稷壇 [在郡西] 文廟 [在鄕校] 城隍祠 [一在城山 一在僧嶺山] 厲壇 [在郡北]

---

161) 【學校】鄕校[在郡東一里]
162) 【學校】鄕校[在郡西二里]

【祠廟】숭의전崇義殿[군의 서쪽 5리에 있다. 본조 태조 원년(1392)에 예조에 명하여 마전현에 사당을 세우고, 고려 태조太祖·혜종惠宗·성종成宗·현종顯宗·문종文宗·원종元宗·충렬왕忠烈王·공민왕恭愍王을 제사지내게 하고 제전祭田을 주었다. 세종 7년(1425)에 유사有司들이 말하기를, "나라의 종묘宗廟에도 다만 오실五室을 제사지내는데, 전조前朝의 사당은 팔위八位이니, 예에 맞지 않는다."고 하였다. 이에 태조·현종·문종·원종만 남겨놓고, 봄·가을 이중삭二仲朔에 향과 축문으로 제사 드리게 했다. 문종 2년(1452)에 고려의 후손 왕순례王循禮를 찾아서 그 제사를 맡아 지내게 하고, 그 사당 이름을 숭의전이라 하여 왕순례를 부사副使로 삼았다. 복지겸卜智謙·홍유洪儒·신숭겸申崇謙·유금필庾黔弼·배현경裵玄慶·서희徐熙·강감찬姜邯贊·윤관尹瓘·김부식金富軾·김취려金就礪·조충趙冲·김방경金方慶·안우安祐·이방실李芳實·김득배金得培·정몽주鄭夢周 등을 배향했다.] 사직단社稷壇[군의 서쪽에 있다.] 문묘文廟[향교鄕校[163]에 있다.] 성황사城隍祠[군의 서쪽 3리에 있다.] 여단厲壇[군의 북쪽에 있다.]

【祠廟】崇義殿[在郡西五里 本朝太祖元年 命禮曹立廟於麻田縣 祭高麗太祖惠宗成宗顯宗文宗元宗忠烈王恭愍王給祭田 世宗七年有司言 國家宗廟只祭五室而前朝之廟乃八位 未合於禮 於是只留太祖顯宗文宗元宗 以春秋二仲朔傳 香祝致祭 文宗二年 求高麗後王循禮 俾主其祀 仍命其廟爲崇義殿 以循禮爲副使 以卜智謙洪儒申崇謙庾黔弼裵玄慶徐熙姜邯贊尹瓘金富軾金就礪趙沖金方慶安祐李芳實金得培鄭夢周配享] 社稷壇[在郡西] 文廟[

---

163)【學校】鄕校[在郡東一里]

在鄕校] 城隍祠[在郡西三里] 厲壇[在郡北]

37) 『신증동국여지승람』 13 경기도 연천현 連川縣

【祠廟】 사직단社稷壇[현의 서쪽에 있다.] 문묘文廟[향교鄕校[164]에 있다.] 성황사城
隍祠[현의 남쪽 2리에 있다.] 여단厲壇[현의 북쪽에 있다.]

【祠廟】 社稷壇 [在縣西] 文廟 [在鄕校] 城隍祠 [在縣南二里] 厲壇 [在縣北]

38) 『신증동국여지승람』 13 경기도 교동현 喬桐縣

【祠廟】 사직단社稷壇[현의 서쪽에 있다.] 문묘文廟[향교鄕校[165]에 있다.] 성황사城
隍祠[화개산에 있다.] 여단厲壇[현의 북쪽에 있다.]

【祠廟】 社稷壇 [在縣西] 文廟 [在鄕校] 城隍祠 [在花盖山] 厲壇 [在縣北]

---

164) 【學校】 鄕校[在縣東一里]
165) 【學校】 鄕校[在縣南四里]

02

『여지도서興地圖書』 경기도京畿道의 단묘壇廟

1) 『여지도서』 상上 보유편補遺篇 송도松都

【祠廟】 사직단社稷壇[오정문午正門 안에 있다.] 문묘文廟[성균관[166]에 있다.] 송악

산사松嶽山祠[고암皷巖 위에 있다. 고려가 망할 때 송악산사에서 소리가

났다고 한다. ○ 사전祀典에는 서악西岳으로 중사中祀로 기록되었다. 해

마다 1월에 향香과 축문祝文 및 예물을 내려주고 원장제元狀祭를 지내고

봄·가을로 가운데 달인 중월仲月에 절제節祭를 지낸다. ○ 극심한 가뭄

이 들면 개성부에서 기우제를 지낸다.] 오관산사五冠山祠[영통동靈通洞 북

쪽에 있다. ○ 해마다 연초 및 봄·가을로 향과 축문을 내려준다. 소사小

祀로 제사지낸다.] 성황단城隍壇[태평관太平館 서쪽 비슬암琵瑟巖 위에 있

다.] 여단厲壇 [관아의 북쪽 15리, 부아봉負兒峯 남쪽 기슭에 있다. 내소

릉內韶陵 냉정동冷井洞에서 여기로 옮겨 왔다.] 박연제단朴淵祭壇[가뭄이

들면 기우제를 지낸다] 대정제단大井祭壇[예전에는 봄·가을로 제사지

---

166) 【學校】成均館[在府東五里 馬巖之北 ○ 舊在府西 國子洞 恭愍王十五年移于此]

냈다. 지금은 기우제만 지낸다]

독소纛所[훈련원訓鍊院 뒤에 있다. 예전에는 흥국사興國寺 터에 있었는데, 지금은 곽재리郭在里 옮겼다. ○ 해마다 경칩驚蟄·상강霜降에 제사지내는데, 한결같은 절차로 거행한다.]

송악松嶽에는 다섯 개의 신당神堂이 있다. 오정문 밖에 대국大國·덕물德物 두 개의 신당이 있다[대국은 회회세자回回世子의 소상塑像이, 덕물에는 최영崔瑩의 소상이 있다.] 대정大井에도 신당이 있다. ○ 명종 병인년(1566, 명종 21)에 유생 김이도金履道 등이 송악의 신당을 불태웠다. 당시에는 송악·대정·대국·덕물 등의 곳에서 무당과 박수가 성행했다. 대궐 및 여러 궁가宮家에서 시정잡배에 이르기까지 앞을 다투어 길에 가득하여 어지러우니 겨울과 여름에는 일을 더욱 소중히 하여 소비하는 재물이 매우 많았다. 김이도와 그 벗 박성림朴成林이 분하여 여기며 말하기를, '이것을 불사르지 않고 어찌 유학의 도를 밝히겠는가'라 했다. 임대수林大秀 등 200여명의 여러 유생을 거느리고 먼저 송악에 올라가 그 신당을 불태우고 이른바 대왕이니 부인이니 하는 목상 둘을 끌어내어 깨뜨려 부수어 옮겨 버리고 그 사당을 모조리 불태웠다. 문정왕후가 그 소식을 듣고 크게 성을 내며, 의금부에 명령해 주동자 20여명은 잡아다가 국청鞫廳에서 심문하고 그 나머지 2백명은 개성부에 가두도록 했다. 김이도 등이 감옥에 들어가자, 의정부와 육조에서 사람을 보내 안부를 물으며 말하기를, '뜻밖에도 오늘 여러분들의 올바른 기상을 보게 되었다.'라 했다. 사헌부와 사간원에는 먼저 승정원에게 임금의 명령을 돌이키지 못한 것을 공격하며, 여섯 승지를 파직할 것을 청했다. 의정부·홍문관에서도 모두 여러 유생들이 한 일은 올바른 기상에서 나온 것이니 죄가 될 수 없다고 말하며 속히 풀어 주어 돌려보낼 것을 청했다. 여러 날을 계속해서 글을 올려 다투니, 임금이 마침내 허락했다. 남명 조식曹植이 이 소식을 듣고 그 덕을 우러르며 속마음을 털어 놓아 말하기를 "내 마음이 이로부터 시원해졌다."라 했다.[유수留守 심수경沈守慶이 음사淫祠를 불태우려는 시를 지어 여러 유생들을 위로 했다. 음사의 폐단이 이제 극에 달하여 淫祠爲弊極于今 / 한번에 불태우니 사람들 마음 통쾌했네 一炬燒來快衆心 / 이로부터 옛 도읍에 올바른 기상 북돋우리 從此故都培正氣 / 여러 유생 참으로 나의 공자 자아내네 諸生眞箇起余欽. 또 시를 지었다. 유생들이 옥히 갇히니 놀랄만한 일지 靑衿繫獄事堪驚 / 임금 분노 갑가지 걷히니 해와 달이 바뀌었네 忽霽天威日月更 / 매우 기쁜 전하의 명령, 선비들 기상 떠받치니 深喜聖朝扶士氣 / 술잔 하나로 그저 여러 유생 위로할 뿐이지 一尊聊用慰諸生]

【祠廟】 社稷壇 [在午正門內] 文廟 [在成均館] 松嶽山祠 [在皷巖上 麗亡時嶽祠有聲云 ○ 祀典爲西岳載中祀 每年元月降香祝及幣 致元狀祭春秋仲月致節祭 ○ 亢旱則自本府行祈雨祭] 五冠山祠 [在靈通洞北 ○ 每歲首及春秋降香祝祭以小祀] 城隍壇 [在太平館西琵琶巖上] 厲壇 [在府北十五里負兒峯南麓 自內詔陵冷井洞移此] 朴淵祭壇 [遇旱則禱雨] 大井祭壇 [古春秋致祭 今只行雩]

蠶所[訓鍊院後 舊在無國寺基 今移郭在里 ○ 每歲驚蟄霜降祀之 一如儀] 松嶽有五神堂 午正門外有大國德物二神堂 [大國有回回世子塑像 德物有崔瑩望像] 大井亦有神堂 ○ 明廟丙寅 儒生金履道等 焚栢嶽神堂 時巫覡

盛行 松岳大井大國德物等處 自闕中及諸宮家至市井下賤 奔波載路婆娑

冬夏事之甚 謹糜費不貲 履道與其友朴成林憤曰 此而不焚 何以明吾道 率

諸生林大秀等二百餘人 先登松岳 火其堂 曳出兩木像所謂大王夫人者 破

毁推轉 盡焚其祠 聞之大怒 命禁府拿鞫首倡二十人 其餘二百人囚於本府

履道等就獄 政府六曹使人候問曰 不意今日得見諸君子正氣 兩司先論政

院居喉舌之地 不能繳還 嚴旨請罷六承旨 政府玉堂 俱言諸生所爲出於正

氣 不可罪也 請速放還 連日抗爭 上乃允之 曹南溟植聞之 何風開襟曰 我

心從此豁然也 [沈留守守慶作焚淫祠 詩慰諸生曰 淫祠爲弊極于今 一炬

燒來快衆心 從此故都培正氣 諸生眞箇起余欽 又曰 靑衿繫獄事堪驚 忽

霽天威日月更 深喜 聖朝扶士氣 一尊聊用慰諸生]

2) 『여지도서』 상 강도부江都府 강화江華

【壇廟】 사직단社稷壇[부성府城 소서문小西門 안에 있다.] 성황단城隍壇[부성 동문東

門 안 정자산亭子山에 있다.] 여단厲壇[부성 북문北門 밖 주산主山인 송악

산 뒤에 있다.] 산천제단山川祭壇[마니산摩尼山에 있다. 봄·가을로 강화

부에서 제사를 지낸다. 축문은 임금의 이름으로 된 것을 쓴다.] 참성단塹

城壇 [참성단參星壇이라고도 부른다. 고적古蹟 항목에 자세히 나온다.[167]]

삼충단三忠壇[갑곶진甲串津 상당현上唐峴 남쪽 언덕에 있다. 정축년(1637.

인조 15) 호란 때 중군中軍 황선신黃善身, 천총千摠 강흥업姜興業·구원일具

---

[167] 【古蹟】 참성단塹城壇 [마리산摩尼山 꼭대기에 있다. 돌을 포개어 쌓았는데 높이는 10척이다. 위는 네모나고 밑은 둥근데, 네 면이 각각 7척 6촌이고 밑은 둥근 면은 각각 15척이다. 동쪽 면의 층계는 21개이다. 세상에 전하는 말에 따르면 단군이 쌓았으며 이 단에서 하늘에 제사지냈다고 한다. 조선에는 고려 왕조에서 해 오던 옛날 일을 따라 이 단에서 별에게 제사지낸다. 참성단 아래에는 부추가 자란다. 처음 참성단에 올라 바라보면 저 멀리 흰빛이 아른 거리고, 사방의 바다를 내려다보노라면 멀리 호남과 영남까지 보인다. 강화도의 명승지 가운데 으뜸가는 고적이다. 증주增註]

元一이 나라를 위해 목숨을 바친 곳이다. 그 당시 파총把摠 안몽상安夢祥 ·
이참李參, 초관哨官 이사후李嗣後, 기패관旗牌官 이광원李光元, 출신出身 서언
길徐彦吉, 교사敎師 고의겸高義謙, 정병正兵 차명세車命世 등 일곱 사람이 늙
고 힘없는 약간의 군사를 이끌고 황선신과 강흥업 두 충신을 따라서 함
께 힘껏 싸우다 목숨을 잃었다. 철곶첨사鐵串僉使 김득남金得男은 스스로
군사를 모아서 싸움터에 나아가 있는 힘껏 싸우다 목숨을 잃었다. 수군水
軍 송영춘宋榮春은 자기 마을에 적이 닥치자 용감하게 적을 쳐서 죽였지
만, 자신도 목숨을 잃고야 말았다. 이상의 사실은 기묘년(1539, 인조 17) 4
월 병조에 보고한 소명성책초小名成冊草에 자세히 실려 있다. 그러나 지
위가 보잘 것 없어서 여러 충신들과 똑같은 포상을 받지 못했다. 또한 자
손들도 쇠퇴하여 대가 끊긴 경우가 많았다. 계축년(1733, 영조 9)에 유수
이유李瑜가 그들을 위해 단을 설치하고 비석을 세웠으며 장관청將官廳에
관둔전官屯田을 지급하여 해마다 나라를 위해 목숨을 바친 날에 제사를
지내도록 했다. 그리고 세 충신의 위패를 가운데에 모시고 동쪽과 서쪽
에 9명의 위패를 나누어 모셨으며 임금에게 보고해 영구히 폐지하지 않
는 의식으로 정했다. 증주增註]

{보유補遺} 기우제단祈雨祭壇 · 기청제단祈晴祭壇[고려산高麗山에 있다]

{신증新增} 궁아제단宮娥祭壇[송악松岳 남쪽 행궁行宮 뒤에 있다. 정축년 호
란 때 궁녀들이 세자빈을 모시고 강화도에 들어왔다. 오랑캐 군사가 급
히 강을 건넜다는 소식이 들려와 장차 어떤 치욕을 당할지 알 수 없는 상
황이었다. 여러 궁녀들이 치욕을 견딜 수 없다고 생각해 분연히 행궁行
宮 후원의 나무에서 모두 스스로 목을 매어 목숨을 끊었다. 오랜 세월이

흘러 그 때 일은 멀어져만 가서, 그토록 아름다운 행적은 잊어져 버렸다. 계사년(1713, 숙종 39)에 영조가 왕자로서 임금의 명령을 받들고 강화에 왔을 때 옛 일을 잘 아는 늙은이가 궁녀들이 죽음으로 절개를 지킨 곳을 손가락으로 가리켜 보인 적이 있었다. 그리하여 무인년(1758, 영조 34) 겨울에 임금이 지난 일을 돌이켜 생각하고 강화 유수에게 명령하여 그 곳에 제단을 세우고 제사를 지내도록 했다.] 맥아제단麥峴祭壇[부府의 서쪽 성 안 사직단의 남쪽 언덕에 있다. 정축년에 성이 함락되었을 때 많은 군사가 참혹하게 죽은 곳이다. 지난 정축년(1697, 숙종 23)이 60주년이었다. 유수 이이명李頤命이 보고를 올려 요청해서 충렬사忠烈祠에 제물을 내려 제사를 지내도록 한 후 또 이 곳에 맥현제단을 세우고 같은 날 여러 장수와 군사들에게도 제사를 올렸다. 이번 정축년(1757, 영조 33)이 되자 또 유수 김상복金相福이 보고하여 이 제단에 제관을 보내 제사를 올렸다.] 문묘文廟[향교에 있다.] 사직사社稷祠[{신증新增} 부성府城 북문北門 안 향교의 동쪽에 있다. 비상시에 나라의 사직을 모시는 곳이다. 갑자년(1744, 영조 20)에 유수 김시혁金始爀이 처음 세웠다.] 부사직사府社稷祠[사직단 남쪽으로 조금 내려온 곳에 있다.] 충렬사忠烈祠[선원면仙源面에 있으며 관아에서 7리이다. 정축년(1637, 인조 15)에 나라를 위해 목숨을 바친 사람들인 우의정 이상용金尙容, 공조판서 이상길李尙吉, 도정都正 심현沈誢, 참의參議 홍명형洪命亨, 봉상시정奉常寺正 이시직李時稷, 필선弼善 윤전尹烇, 주부主簿 송시영宋時榮, 별좌別坐 권순장權順長, 생원生員 김익겸金益兼과 강화부의 세 충신을 제사지는 곳이다. 인조 임오년(1642, 인조 20)에 사당을 세우고 나라에서 충렬사라는 이름을 내려주었다(필자 주- 효종 9년(1658)).

봄·가을의 중정中丁에 제사를 지내도록 하였다. ○ 충렬사의 소속으로 원안원생元案院生 70명, 별안원생別案院生 20명, 동몽童蒙 100명, 원노院奴 5명, 원비院婢 3명을 둔다. 보주補註] 진강신사鎭江神祠[진강산鎭江山에 있었으나, 지금은 없어졌다.] 하음신사河陰神祠[하음면河陰面에 있었으나, 지금은 없어졌다.] 생사당生祠堂[수진궁壽進宮 담 북쪽에 있다, 두 번 전계해년(1683, 숙종 9)에 유수 이민서李敏敍가 1년간 고을을 다스리며 많은 공을 세웠다. 세금감면, 관청 경비 절약, 학교 부흥, 군비 강화, 가혹한 형벌 금지 등 많은 선정을 베풀어 고을이 평안했다. 모든 백성들이 이민서를 위해 사당을 세우고 그의 모습을 본 든 형상을 설치해서 봄·가을에 제사를 드리고, 그 사당의 현판 이름을 서하사西河祠라고 하여 이민서가 떠난 다음 그를 그리워하는 마음을 나타냈다. 이민서가 세상을 떠난 지 9년째 된 병자년(1696, 숙종 22)에 그의 조카 이이명李頤命이 유수가 되어 고을 사람들과 의논해 그 사당을 다시 수리한 다음, 남아 있는 형상을 함 속에 넣어 보관해 두고 위패를 대신 모셨다. 이상의 일들은 모두 농암農巖 김창협金昌協이 기문記文에 실려 있다. 지난 신미년 (1751, 영조 27) 유수 조관빈趙觀彬이 강화도를 다스린 지 반년 만에 문예와 학문을 모두 권장하고 세금의 징수를 미루며, 관아 경비를 축소하는 등 청렴결백하게 백성들을 돌보았다. 백성들이 모두 그가 베푼 은혜를 오랫동안 잊지 않으려고, 서하사西河祠의 규모를 조금 넓혀 몇 칸을 지어서 조관빈의 조각상을 설치하고 이민서의 위패와 함께 제사를 지냈다. ○ 예전에는 유수 이인엽李寅燁의 생사당生祠堂이 강도부의 서하사 오른 쪽에 있었다. 이인엽 본가에서 이인엽의 형상을 놓아 두는 것을 허락하지 않았기 때문에 몇

해 전에 허물어졌다.] 이총병사李摠兵祠 [{신증新增} 갑곶진甲串津 위에 있다. 명나라의 총병摠兵 이여해李如楳와 그의 아버지 영원백寧遠伯 이성량李成樑의 위패를 함께 모신 사당이다. 이여매의 자字는 자청子淸이며 호號는 방성方城이다. 이성량의 자는 여기汝器이고 농서隴西의 장군 집안이다. 임진왜란 때 이여매, 그의 형 제독提督 이여송李如松 및 이여백李如栢, 이여장李如樟 등 5명이 모두 중국 장수로 우리나라에 와서 구원하였다. 영원백 이성량이 바야흐로 아들들을 전송하던 그 때, 격려하고 열심히 싸우라는 말을 많이 하였다. 그러므로 여러 아들들은 아버지의 말씀대로 지극한 정성으로 우리를 구하고 우리나라를 다시 세우게 하는데, 뚜렷한 공적은 세웠으니 그 아버지와 아들 형제들은 실로 우리나라를 위해 잊기 어려운 은혜를 베풀었다. 그리고 총병 이여매의 자손이 우리나라에 머물러 살았는데, 그의 5세손인 이면거李葂居가 강화부 장령면長嶺面 만수산萬壽山 남쪽 기슭의 갑진을 굽어보는 작은 골짜기 안에서 살고 있다. 그 땅의 이름을 '보명동保明洞'이라고 붙인 것은 명나라의 은혜를 잊지 않으려 한 것이다. 나라에서 특별히 벼슬을 내려주어, 여러번 만호萬戶와 첨사僉使를 지냈다. 전에는 지방紙榜을 붙여 두고 총병 이여매의 제사를 지냈으나, 영조 경신년(1740, 영조 16) 4월 우의정 유척기兪拓基가 임금에게 아뢰어 신주를 만들어 봉안했다. 같은 해 11월 군기판관軍器判官 민효백閔孝百을 보내어 제사를 올렸다. 신유년(1741, 영조 17) 4월 이면의 사촌 아우인 오위장五衛將 이저李著가 동지부사冬至副使 민형수閔亨洙의 군관軍官으로 북경에 가서 영원백의 초상화를 구해 와서 이면의 집에 모셔 두었다. 임금이 소식을 듣고 그 그림을 대궐로 가져오게 해서 두루 살펴보고, 다시 돌려

보내며 영원백 이성량의 제사를 대대로 모실 위패를 만들어 총병 이여매의 위패와 헌 곳에 모시게 하였다. 같은 해 9월 영의정 김재로金在魯가 임금에게 보고하여 5결의 토지에 부과하는 세금을 면제하여 주는 대신 그것으로 제사를 모시게 했다. 신미년(1751, 영조 27) 3월 김광세金光世가 유수였을 대 또 임금의 지시에 따라 강화부에서 제사에 스이는 물자를 계속 지급해 주도록 했다. 을해년(1755, 영조 31) 신사건申思建이 유수였을 때 임금의 지사를 받아 사당을 짓게 하고 아버지와 아들을 함께 제사지내도록 했다. 계유년(1753, 영조 29)에 임금의 명령으로 이면의 손자 이종윤李宗胤을 사용司勇에 임명하여 그 제사를 주관하게 하였다.]

【壇廟】 社稷壇 [在府城小西門內] 城隍壇 [在府城東門內亭子山] 厲壇 [在府城北門外主山之後] 山川祭壇 [在摩尼山 春秋自本府設祭 祝用御諱] 塹城壇 [一云參星壇 詳見古蹟(68)] 三忠壇 [在甲串津上唐峴南岡 丁丑亂 中軍黃善身千摠姜興業具元一死節之地也 其時把摠安夢祥李參哨官李嗣後旗牌官李光元出身徐彦吉教師高義謙正兵車命世等七人 率老殘軍若千名隨黃姜兩忠臣 同爲力戰而死 鐵串僉使金得男 自募出戰 力竭而死 水軍宋榮春 賊到其村 憤擊殺賊而死 事蹟昭在於己卯四月回移兵曹小名成冊草而由於地微不得與諸忠臣同被旌褒 子孫又多殘亡 癸丑 留守李瑜爲之設壇竪碑 劃給官屯田於將官廳 以每年死節之忘日使之行祭 而三忠爲主壁九人分東西位次 筵稟定式永久無斁 增註]

{補遺} 祈雨晴祭壇 [在高麗山]

---

168)【古蹟】塹城壇[在摩尼山頂纍石築之高十尺上方下圓四面各七尺六寸下圓各十五尺東面層階二十一級世傳檀君所築祭天子其壇云本朝因前朝之舊事醮星于此壇壇下生非菜初登壇上眼界忽白俯臨滄溟遠望湖嶺蓋島中名區第一古蹟也 增註]

{新增} 宮娥祭壇 [在松岳南行宮後 丁丑亂 宮人陪嬪宮入此都 聞虜兵急渡 辱將不測 諸粉黛不忍羞 憤皆自縊於行宮後苑樹木中 年久時遠 芳蹟堙沒 癸巳 當宁以王子 奉命來臨之時 有古老指點宮人死節處 乃於戊寅冬 自上 追念往事 命守臣設壇其地而祭之] 麥峴祭壇 [在府西城內社稷壇南岡 丁 丑陷城時 諸軍魚肉之地 去丁丑回甲 因留守李頤命狀 請致祭忠烈祠之後 又設壇於此 同因致祭于諸將士 今丁丑人因留守金相福啓聞 賜祭於此壇] 文廟 [在校宮] 社稷祠 [{新增} 在府城北門內校宮東 待變奉國社之所 甲 子留守金始煥創建] 府社稷祠 [在社稷壇南稍低處] 忠烈祠[在仙源面 距 府七里 丁丑死節人右議政金尙容工曹判書李尙吉都正沈誢參議洪命亨奉 常寺正李時稷弼善尹烇主簿宋時榮別坐權順長生員金益兼及本府三忠臣 俎豆之所 孝廟壬午建祠 賜額 以春秋中丁行祀 ○ 置院屬 元案院生七十 人 別案院生二十人 童蒙一百人 院奴五名 院婢三名 補註] 鎭江神祠 [在 鎭江山今廢] 河陰神祠 [在河陰今廢] 生祠堂 [在壽進宮墻北 二去癸亥 留 守李敏敍在任一朞 多有惠政 蠲賦捐俸課學飭戎不苛箠楚村閭晏如 大小 民人爲之建祠 設像祭以春秋 扁其祠曰西河 以寓去思之誠 歿後九年丙子 李頤命以其從子爲留守 議於鄕人 改修其祠 藏櫝遺像代以位牌 事蹟具在 農巖金昌協所撰記文 去辛未留守趙觀彬爲政半載 文武皆勸 停稅捐俸 淸 白愛恤 民感其惠久而不忌 就西河祠 稍廣間架設 像而同祀之 ○ 舊有留 守李寅燁生祠在於西 本家不許留像 故在下補江都府三字] 李摠兵祠 [{新 增} 在甲串津上 天朝摠兵李如梅及其父寧遠伯成樑同配之祠也 如梅字子 淸號方城 成樑字汝器隴西將種也 壬辰倭亂時 如梅與其兄提督如松及如 栢如樟等五人 皆以天將來授我國 而寧遠伯方 其送子之時 多有勉戒之語

故諸子遵父教 至誠救我 功著再造 則其父子兄弟 實爲東方難忘之恩. 而
摠兵子孫留在我國 五世孫苾居於本府長嶺面萬壽山南麓小谷中俯臨甲津
名其地曰保明洞以寓不忘天朝之意 朝廷特加收錄屢 經萬戶僉使 前以紙
榜祭摠兵 當宁庚甲四月 因右議政兪拓基陳啓 使之題主奉安 同年十一月
遣軍器判官 閔孝百致祭 辛酉四月 苾之從弟五衛將著 以冬至副使閔亨洙
軍官 赴燕求得寧遠伯畵像小本 而來奉置苾家 自上聞之 命取入內經御覽
還下送 俾作不遷之位與摠兵祠版同奉一處 同年九月 因領議政金在魯所
陳 給復五結以奉其祀 辛未三月 金光世爲留守時 又因傳敎 自本府繼給
祭需 乙亥申思建爲留守時 因傳敎營建祠宇父子同享 苾之孫宗胤曰 癸酉
傳敎付司勇 祿以尸其祀]

3) 『여지도서』 상 강도부 교동喬桐

【壇廟】 사직단社稷壇[부府의 북쪽 10리에 있다.] 문묘文廟[부의 북쪽 3리에 있다]
성황사城隍祠[화개산華蓋山 북쪽 기슭에 있다.] 여단厲壇[부의 북쪽 10리
에 있다.]

【壇廟】 社稷壇 [在府北 十里] 文廟 [在府北三里] 城隍祠 [在華蓋山北麓] 厲壇 [
在府北十里]

4) 『여지도서』 상 경기도 양주목楊州牧

【壇廟】 사직단社稷壇[읍내에 있다. 서쪽으로 1리다.] 여제단厲祭壇[읍내에 있다.
동쪽으로 5리다.] 성황제단城隍祭壇[읍내에 있다. 동쪽으로 1리다.] 절제
처節祭處 양진당楊津堂[고양주면古楊州面에 있다. 남쪽으로 80리다.]

【壇廟】社稷壇 [在邑內西距一里] 厲祭壇 [在邑內東距五里] 城隍祭壇 [在邑內東距一里] 節祭處楊津堂 [在古楊州面南距八十里]

5) 『여지도서』 상 경기도 영평현永平縣

【壇廟】 사직社稷[현의 동쪽 1리에 있다.] 문묘文廟[향교鄕校에 있다.] 성황사城隍祠[현의 동쪽 10리 옛 성古城에 있다.] 여단厲壇[현의 북쪽 10리에 있다. 여단의 뒤쪽에 사청射廳이 있다.] 기우제단祈雨祭壇 두 곳二所[하나는 현의 북쪽 30리 화적연禾積淵에 있다. 하나는 현의 동쪽 60리 백운산白雲山에 있다.] 옥병서원玉屛書院[현의 서쪽 15리에 있다. 고故 정승相公 사암思菴 박순朴淳, 문곡文谷 김수항金壽恒, 동은峒隱 이의건李義健을 합향合享하였다.]

【壇廟】 社稷 [在縣東一里] 文廟 [在鄕校] 城隍祠 [在縣東十里古城] 厲壇 [在縣北十里後射廳] 祈雨祭壇二所 [一在縣北三十里 禾積淵 一在縣東六十里 白雲山] 玉屛書院 [在縣西十五里 古相公朴思菴淳 金文谷壽恒李峒隱義健合享]

6) 『여지도서』 상 경기도 포천현抱川縣

【壇廟】 사직단社稷壇[현의 남쪽 1리에 있다.] 문묘文廟[현의 동쪽 1리에 있다.] 화산서원花山書院[현의 남쪽 20리 화산花山 아래에 있다. 문충공文忠公 이항복李恒福의 위패를 모시고 제사지낸다. 숭정崇禎 을해년(1635, 인조 13)에 처음 세우고 순치順治 경자년(1660, 현종 1)에 서원의 이름을 지어 내려주었다.] 용연서원龍淵書院[현의 북쪽 20리 한암閑巖에 있다. 문익공文

翼公 이덕형李德馨과 문간공文簡公 조경趙絅의 위패를 모시고 제사지낸다. 강희康熙 정묘년(1687, 숙종 13)에 처음 세웠고, 임신년(1692, 숙종 18)에 나라에서 서원의 이름을 지어 내려주었다.] 성황사城隍祠[성산城山 안에 있다.] 여단厲壇[성산城山의 북쪽에 있다.] 기우제단祈雨祭壇 두 곳二所 [하나는 반원산半月山의 옛 성古城아래에 있다. 하나는 수원산水源山 아래의 명산鳴山 서쪽에 있다.]

【壇廟】 社稷壇 [在縣南一里] 文廟 [在縣東一里] 花山書院 [在縣南二十里花山下 亨文忠公李恒福 崇禎乙亥創建 順治庚子賜額] 龍淵書院 [在縣北二十里閑巖 亨文翼公李德馨文簡公趙絅 康熙丁卯創建 壬申賜額] 城隍祠 [在城山內] 厲壇 [在城山北] 祈雨祭壇二所 [一在半月山古城下 一在水源山下鳴山西]

7) 『여지도서』 상 경기도 교하군交河郡

【壇廟】 사직단社稷壇[군의 서쪽 1리에 있다.] 문묘文廟[향교鄕校[169]에 있다.] 성황단城隍壇·여단厲壇[모두 군의 서쪽 1리에 있다.]

【壇廟】 社稷壇 [在郡西一里] 文廟 [在鄕校] 城隍壇厲壇 [皆在郡西一里]

8) 『여지도서』 상 경기도 가평군加平郡

【壇廟】 사직단社稷壇[군의 서쪽 2리에 있다.] 향교鄕校[군의 북쪽 2리에 있다.] 문묘文廟[향교鄕校에 있다.] 성황사城隍祠·여제단厲祭壇[군의 북쪽 3리에

---

169)【學校】鄕校[在郡東金城里]

있다.] 잠곡서원潛谷書院[군의 서쪽 30리에 있다. 훌륭한 옛 신하先正臣 문정공文貞公 김육金堉 한분의 위패만 모시고 제사지낸다. 숙종 갑술년(1694, 숙종 20)에 처음 세웠고 정해년(1707, 숙종 33)에 나라에서 서원의 이름을 지어 내려주었다.]

【壇廟】 社稷壇 [在郡西二里] 鄕校[在郡北二里] 文廟[在鄕校] 城隍祠厲祭壇[在郡北三里] 潛谷書院 [在郡西三十里 先正臣文貞公金堉獨享 肅廟朝甲戌刱 丁亥賜額]

9) 『여지도서』상 경기도 장단부長湍府

【壇廟】 사직단社稷壇[부의 서쪽 관문官門에서 3리 떨어져 있다.] 향교鄕校[부의 북쪽 관문官門에서 3리 떨어져 있다.] 여제단 · 성황사厲祭壇 · 城隍祠[북의 북쪽 관문官門에서 4리 떨어져 있다.] 임강서원臨江書院[부의 동쪽 관문官門에서 20리의 장서면長西面 관송리貫松里에 있다. 문성공文成公 회헌晦軒 안유安裕의 위패를 가운데 모시고 문정공文靖公 목은牧隱 이색李穡, 문경공文敬公 모재慕齊 김안국金安國, 문목공文穆公 사재思齊 김정국金正國 3분의 신위를 모시고 제사지낸다. 숭정崇禎 계미년(1643, 인조 21)에 처음 세웠으며, 갑술년(1694)에 나라에서 서원의 이름을 지어 내려주었다. 회헌晦軒 안유와 목은牧隱 초상화畵像가 서원에 모셨다.]

【壇廟】 社稷壇 [在府西距官門三里] 鄕校 [在府北距官門三里] 厲祭壇城隍祠 [在府北距官門四里] 臨江書院 [在府東距官門二十里長西面貫松里 文成公晦軒安裕主享 文靖公牧隱李穡文敬公慕齊金安國文穆公思齊金正國三位同配享 崇禎癸未刱建 甲戌賜額 晦軒牧隱畵像奉安于院宇]

10) 『여지도서』상 경기도 풍덕부豊德府

【壇廟】 사직단社稷壇[부의 서쪽 관문官門에서 5리 떨어져 있다.] 향교鄕校[부내府
內의 동쪽 1리에 있다.] 여제단厲祭壇 · 성황사城隍祠[부내의 북쪽 1리에
있다.] 구암서원龜巖書院[부의 북쪽 관문官門에서 5리 떨어져 있다. 훌륭
한 옛 신라先正臣 문성공文成公 이이李珥의 위패만을 모시고 제사지낸다.
숙종 임술년(1682. 숙종 8)에 나라에서 서원의 이름을 지어 내려주었다.]

【壇廟】 社稷壇 [在府西距官門五里] 鄕校 [在府內東一里] 厲祭壇城隍祠 [在府
內北一里] 龜巖書院 [在府北距官門五里 先正臣文成公李珥獨亨 肅廟朝
壬戌賜額]

11) 『여지도서』상 경기도 과천현果川縣

【壇廟】 사직단社稷壇[현의 서쪽 2리에 있다. 북서쪽乾을 등지고 남동쪽巽을 바
라보고 있다.] 성황단城隍壇[현의 북쪽 1리에 있다. 북북서쪽亥을 등지
고 남남동쪽巳을 바라보고 있다.] 여단厲壇[현의 북쪽 1리에 있다. 북북
서쪽亥을 등지고 남남동쪽巳向을 바라보고 있다.] 기우제단祈雨祭壇[하나
는 청계산淸溪山 백화동百花洞에 있는데, 현의 동쪽 8리이다. 하나는 관악
산冠岳山에 있는데, 현의 서쪽 10리이다.] 향교鄕校[현의 서쪽 2리에 있
다. 북서쪽乾을 등지고 남동쪽巽을 바라보고 있다.] 민절서원愍節書院[현
의 북쪽 2리 하가차산리下加次山里에 있다. 단종의 복위를 꾀하다 처형된
6명의 충신인 사육신死六臣을 모셨다. 신유년(1681. 숙종 7)에 처음 세우
고 임신년(1692. 숙종 18)에 나라에서 서원의 이름을 지어 내려주었다. 박
팽년朴彭年 · 성삼문成三問 · 이개李塏 · 하위지河緯地 · 유성원柳誠源 · 유응

부俞應孚의 위패를 아울러 모시고 제사지낸다.] 노강서원鷺江書院[현의 북쪽 20리 상가차산리上加次山里에 있다. 숙종 때 응교應校를 지낸 박태보朴泰輔의 사당이다. 갑술년(1694, 숙종 20)에 사당을 세웠고 정축년(1697, 숙종 23)에 나라에서 서원의 이름을 지어 내려주었다.] 사충서원四忠書院 현의 북쪽 25리 옹막리甕幕里에 있다. 병오년(1726, 영조 2)에 서원을 세우고 곧바로 나라에서 서원의 이름을 지어 내려주었다. 정미년(1727, 영조 3)에 서원을 헐었다가 병자년(1756, 영조 32)에 다시 세웠다. 충헌공忠獻公 몽와夢窩 김창집金昌集, 충문공忠文公 소재疏齋 이이명李頤命, 충익공忠翼公 이우당二憂堂 조태채趙泰采, 충민공忠愍公 한포재寒圃齋 이건명李建命의 위패를 함께 모시고 제사지낸다.] 창강서원滄江書院 현의 서쪽 15리 호계리虎溪里에 있다. 병신년(1716, 숙종 42)에 처음 세웠고 나라에서 서원의 이름을 지어 내려주었다. 독암獨庵 조종경趙宗敬과 창강滄江 조속趙涑의 위패를 함께 모시고 제사지낸다.]

【壇廟】 社稷壇 [在縣西二里 乾坐巽向] 城隍壇 [在縣北一里 亥坐巳向] 厲壇 [在縣北一里 亥坐巳向] 祈雨祭壇 [一在清溪山百花洞縣東八里 一在冠岳山縣西十里] 鄉校 [在縣西二里乾坐巽向] 愍節書院 [在縣北二里下加次山里 端宗朝六臣 辛酉刱建 壬申賜額 朴彭年成三問李塏河緯地柳誠源俞應孚並享] 鷺江書院 [在縣北二十里上加次山里 肅宗朝應校朴泰輔祠宇 甲戌建祠 丁丑賜額] 四忠書院 [在縣北二十五里甕幕里 丙午建院 仍賜額 丁未毀 丙子重建 忠獻公夢窩金昌集忠文公疏齋李頤命忠翼公二憂堂趙泰采忠愍公寒圃齋李建命並享] 滄江書院 [在縣西十五里虎溪里 丙申刱建未賜額 獨庵趙宗敬滄江趙涑並享]

12) 『여지도서』상 경기도 부평부富平府

【壇廟】 사직단社稷壇[부의 서쪽 2리에 있다.] 문묘文廟[향교鄕校에 있다. 부의 서쪽 2리이다.] 성황사城隍祠[부의 남쪽 2리에 있다.] 여단厲壇[부의 북쪽 3리에 있다.]

【壇廟】 社稷壇 [在府西二里] 文廟 [在鄕校府西二里] 城隍祠 [在府南二里] 厲壇 [在府北三里]

13) 『여지도서』상 경기도 남양도호부南陽都護府

【壇廟】 사직단社稷壇[부의 서쪽에 있다.] 여단厲壇[부의 서쪽에 있다.] 용백사龍栢祠[부내府內에 있는데, 제갈량諸葛武侯의 묘廟이다. 문정공文定公 호안국胡安國의 위패를 함께 모시고 제사지낸다. 부사府使 윤계尹棨의 위패를 사당에 모시고 제사지낸다. 현종 10년(1669)에 나라에서 사당의 이름을 지어 내려주었다.] 안곡서원安谷書院[부의 서쪽 30리에 있다. 기묘명현己卯名賢 박세훈朴世勳, 박세희朴世熹의 위패를 함께 모시고 제사지내며 인재忍齋 홍섬洪暹의 위패를 추가로 모시고 제사지낸다. 우암尤菴 송시열宋時烈이 지은 기문記文이 있다.]

【壇廟】 社稷壇 [在府西] 厲壇 [在府西] 龍栢祠 [在府內諸葛武侯廟 文定公并享 府使尹棨從享 顯廟十年賜額] 安谷書院 [在府西三十里 己卯名賢朴世勳 朴世熹并享 忍齋洪暹追享 尤菴有記]

14) 『여지도서』상 경기도 인천도호부仁川都護府

【壇廟】 사직단社稷壇[부의 서쪽에 있다.] 여단厲壇[부의 북쪽에 있다.] 학산서원鶴

山書院[부내에 있다. 임오년(1702, 숙종 28)에 처음 세웠고 정중재靜觀齋 이
단상李端相의 위패를 모셨다. 무자년(1708, 숙종 34)에 나라에서 서원의 이
름을 지어 내려주었다. 병오년(1726, 영조 2)에 간암艮菴 이희조李喜朝의 위
패를 모셨다.]

【壇廟】 社稷壇 [在府西] 厲壇 [在府北] 鶴山書院 [在府內 壬午創建靜觀齋李端
相 戊子賜額 艮菴李喜朝丙午配享]

15) 『여지도서』 상 경기도 안산군安山郡

【壇廟】 사직단社稷壇[군의 서쪽 3리에 있다.] 문묘文廟[군의 동쪽 1리에 있다.] 성
황사城隍祠[두개의 사당이 있다. 하나는 군의 서쪽 21리에 있다. 하나는
군의 서쪽 32리에 있다.] 여단厲壇[군의 북쪽 1리에 있다.]

【壇廟】 社稷壇 [在郡西三里] 文廟 [在郡東一里] 城隍祠 [有二祠 一在郡西二十
一里 一在郡西三十二里] 厲壇 [在郡北一里]

16) 『여지도서』 상 경기도 진위현振威縣

【壇廟】 사직단社稷壇[현의 동쪽 2리에 있다.] 문묘文廟[향교鄕校170)에 있다.] 여
단厲壇[현의 북쪽 1리에 있다.] 성황단城隍壇[현의 동쪽 3리에 있다.]

【壇廟】 社稷壇 [在縣東二里] 文廟 [在鄕校] 厲壇 [在縣北一里] 城隍壇 [在縣東
三里]

---

170)【學校】鄕校[在縣東二里]

17) 『여지도서』상 경기도 용인현龍仁縣

【壇廟】 사직단社稷壇[현의 서쪽 1리에 있다.] 문묘文廟[향교鄕校에 있다.] 성황
　　　사城隍祠[현의 동쪽 1리에 있다.] 여단厲壇[현의 북쪽 2리에 있다.]

【壇廟】 社稷壇 [在縣西一里] 文廟 [在鄕校] 城隍祠 [在縣東一里] 厲壇 [在縣北
　　　二里]

18) 『여지도서』상 경기도 금천현衿川縣

【壇廟】 사직단社稷壇[현의 남쪽 1리에 있다. 정남쪽午을 등지고 정북쪽子을 바
　　　라보는 방향이며 기와 1칸이다.] 여제단厲祭壇[현의 북쪽 2리에 있다. 정
　　　북쪽子을 등지고 정남쪽午을 바라보는 방향이며 1칸이다.] 성황사城隍祠
　　　[현의 남쪽 1리에 있다. 정북쪽子을 등지고 정남쪽午을 바라보는 방향이
　　　며 2칸이다.] 충현사忠賢祠[예전에는 현의 북쪽 한천동寒泉洞에 있었다.
　　　효정 무술년(1658, 효종 9)에 처음 세웠고 현종 계묘년(1663, 현종 4)에 현
　　　의 북쪽 15리 장내리場內里 지역에 옮겨 세웠다. 숙종 병진년(1676, 숙종 2)
　　　에 나라에서 사당의 이름을 지어서 새긴 편액을 내렸다. 충현사를 세울
　　　때 병조판서兵判 원두표元斗杓, 형조판서刑判 오준吳竣, 대사헌大司憲 심지
　　　원沈之源 등이 돈을 내었다. 백헌白軒이경석李景奭이 상량문上樑文을 지었
　　　다.] 주위主位 [고려의 태사太師 강감찬姜邯贊이다.] 배위配位[고려 장령掌
　　　令 서견徐甄이다.] 배위配位 [조선本朝 영의정領議政 이원익李元翼이다.] 영
　　　당影堂 [현의 서쪽 오현리梧峴里에 있다. 완평부원군完平府院君 이원익李元
　　　翼의 초상화가 남아있다. 숙종 갑술년(1694, 숙종 20)에 그의 자손이 처음
　　　세웠다.]

【壇廟】 社稷壇 [在縣南一里 午坐子向 一間蓋瓦] 厲祭壇 [在縣北二里子坐午向
一間] 城隍祠 [在縣南一里子坐午向 二間] 忠賢祠 [舊在縣北寒泉洞 孝廟
戊戌創建 肅廟癸卯移建于縣北十五里場內地 肅廟丙辰賜額 營遠出文兵
判元斗杓刑判吳竣大憲沈之源等 白軒李景奭撰上樑文] 主位 [高麗太師
姜邯贊] 配位 [高麗掌令徐甄] 配位 [本朝領議政李元翼] 影堂 [在縣西梧
峴里 完平府院君李元翼遺像 肅廟甲戌其子孫捌建]

【學校】 향교鄕校[현의 동쪽에 있다. 숭정崇禎 임오년(1642, 인조 20)에 현감縣監 조
창서曹昌緖가 현의 서쪽 1리 쯤에 옮겨 세웠다. 신사년(1701, 숙종 27)에
현감 이명징李明徵이 다시 현의 동쪽 옛 터에 옮겨 세웠다.] 성전聖殿[동
쪽卯을 등지고 서쪽酉을 바라보는 방향이며 6칸이다.] 명륜당明倫堂[남
쪽午을 등지고 북쪽을 바라보는 방향이다.]

【學校】 鄕校 [在縣東 崇禎壬午 縣監曹昌緖 移建于縣西一里許 辛巳 縣監李明徵
復移建于縣東舊址] 聖殿 [卯坐酉向六間] 明倫堂 [午坐子向六間]

19)『여지도서』 상 경기도 양성현陽城縣

【壇廟】 사직단社稷壇[현의 서쪽 3리에 있다.] 문묘文廟[향교鄕校에 있으며, 현의
동쪽 3리에 있다.] 여단厲壇[현의 북쪽 4리에 있다.] 성황사城隍祠[현의 서
쪽 2리에 있다.]
{신증新增} 덕봉사우德峰祠宇[현의 동쪽 5리에 있다. 바로 판서判書 충정
공忠貞公 오두인吳斗寅의 사당이다. 숙종 갑술년(1694, 숙종 20)에 사당을
세우고 나라에서 서원의 이름을 지어서 새긴 편액을 내렸다.]

【壇廟】 社稷壇 [在縣西三里] 文廟 [鄕校在縣東三里] 厲壇 [在縣北四里] 城隍祠

[在縣西二里] {新增} 德峰祠宇 [在縣五里 卽判書忠貞公吳斗寅祠宇也 肅
宗朝甲戌建祠 賜額]

20) 『여지도서』 상 경기도 통진부通津府

【壇廟】 사직단社稷壇[부의 북쪽 3리에 있다.] 문묘文廟는 향교鄕校에 있다 [부의
　　　　서쪽 2리에 있다.] 성황사城隍祠[부의 서쪽 3리에 있다.] 옥성부원군玉城
　　　　府院君 장만張晩 사우祠宇[부의 동쪽 15리에 있다.]

【壇廟】 社稷壇 [在府北三里] 文廟在鄕校 [在府西二里] 城隍祠 [在府西三里] 玉
　　　　城府院君張晩祠宇 [在府東十五里]

21) 『여지도서』 상 경기도 삭녕군朔寧郡

【壇廟】 사직단社稷壇[군의 서쪽에 있다. 거리가 관문官門에서 3리이다.] 향교鄕校
　　　　[군의 동쪽에 있다. 거리가 관문官門에서 5리이다.] 여제단厲祭壇[군의 서
　　　　쪽에 있다. 거리가 관문官門에서 4리이다.] 성황사城隍祠[군의 동쪽에 있
　　　　다. 거리가 관문官門에서 3리이다.]

【壇廟】 社稷壇 [在郡西距官門三里] 鄕校 [在郡東距官門五里] 厲祭壇 [在郡西距
　　　　官門四里] 城隍祠 [在郡東距官門五里]

22) 『여지도서』 상 경기도 마전군麻田郡

【壇廟】 사직단社稷壇[관문官門에서 남쪽으로 3리이다.] 문묘文廟[군의 북쪽에 있
　　　　다. 거리가 관문官門에서 3리이다.] 여단厲壇[관문官門에서 북쪽으로 4리

이다.] 숭의전崇義殿[군의 서쪽 5리에 있다. ○ 가정嘉靖 계묘년(1543, 중종 38) 6월에 마전군수 박세무朴世茂가 '숭의전기崇義殿記'를 다음과 같이 지었다. "고려말에 천명은 이미 기울었고 민심은 이미 떠나서 우리 태조 강헌대왕康獻大王께서 하늘의 뜻을 따르고 백성들의 마음을 쫓아 새로운 나라를 세웠다. 그런데 그해 첫 해에 바로 개성松京의 왕씨들이 제사를 지내지 못하고 소홀하게 될까 염려했다. 이에 예조에 지시해 마전현 서쪽 5리 되는 지역에 있는 앙암사仰巖寺터에 사당을 세우도록 했다. 제사용 토지인 제전祭田 13결과 사당 관리인인 수복守僕 6호를 주어서 태조 신성왕神聖王, 혜종 의공왕義恭王, 성종 문의왕文懿王, 현종 원문왕元文王, 문종 인효왕仁孝王, 원종 순효왕順孝王, 충렬왕, 공민왕의 제사를 지내도록 했다. 조선 세종 7년(1425)에 담당 관리가 이야기하기를, '나라의 종묘도 오히려 5대까지만 제사지내는데, 이전 왕조인 고려에 대해서는 8명의 신위를 제사지내 예에 맞지 않는다'했다. 이에 널리 여러 의견을 수렴해서 단지, 태조, 현종, 문종, 원종의 신위만 남겨 두었다. 매년 봄·가을로 임금님께서 향과 축문과 예물을 내려주고, 경기의 여러 고을에서 그 제물을 바치도록 하고, 관리를 보내 제사를 지내게 했다. 조선 문종 2년(1452)에 임금님께서 비로소 왕씨의 후손을 찾도록 지시해 공주에서 왕순례王循禮를 찾아내고 숭의전 부사副使로 삼았다. 제사 때의 관복은 고려 때 종실의 옷과 같았고 서울에서 임금님을 문안할 때에는 세 정승의 윗자리에 배치해 신하로 대우하지도 않았다. 또 토지와, 집, 노비를 내려주었으며, 집안을 일으켜 세우도록 했고 선조의 제사를 주관하게 했다. 이어서 그 사당의 이름을 '숭의전'이라 했다. 무공공武恭公 복지겸卜智謙, 충렬공忠

烈公 홍유洪儒, 장절공壯節公 신숭겸申崇謙, 충절공忠節公 유금필庾黔弼, 무열공武烈公 배현경裵玄慶, 장위공章威公 서희徐熙, 인헌공仁憲公 강감찬姜邯贊, 문숙공文肅公 윤관尹瓘, 문열공文烈公 김부식金富軾, 위열공威烈公 김취려金就礪, 문정공文正公 조충趙沖, 충렬공忠烈公 김방경金方慶, 평장사平章事 안우安祐, 추밀부사樞密副使 이방실李芳實, 정당문학政堂文學 김득배金得培, 문충공文忠公 정몽주鄭夢周의 신주를 곁에 모셨다. 그런 까닭으로 현에서 군으로 승격시켰다. 왕순례가 죽자 아들인 왕천계王千繼가 제사를 이어받고 전감殿監이 되었다. 왕천계가 죽자 아들 왕적王績이 제사를 이어받았는데, 왕적은 후손이 없이 죽었다. 왕적이 젊었을 때 낳은 천첩賤妾의 아들이 장차 제사를 이어 받아 전감이 되려고 하자, 왕순례의 천첩 자손들 가운데 싸움이 벌어졌다. 예조에서 말하기를 '천인은 모두 조상의 제사를 모실 수 없다. 다시 왕씨의 후손을 찾아서 세우는 것만 같지 못하다.' 했다. 중종 36년(1541) 임금님께 보고하여 요청하고는 신창新昌지역에서 찾으니, 이 사람이 바로 왕희王希이다. 왕희는 실로 고종의 9대손으로 아들이 5명이었다. 바야흐로 왕씨의 후손을 찾을 때 여러 왕씨들이 앞 다투어 일어나 왕적을 대신하겠다는 자들이 매우 많았다. 임금님께서 아들이 많은 사람으로 대를 이으라고 특별히 명령해서 왕희가 전감이 되었다. 대개 대 이들 사람을 넓혀 오래 지속도록 하게 하여 우리 조선과 함께 복록을 영원히 무궁하게 하려 한 것이다. 아! 우리 조선에서 멸망한 것을 흥하게 하고 대가 끊어진 것을 이어주려는 뜻과 관대하고 공명하며 충직하고 두터운 인정이 있는 아름다움의 경우, 이는 동루공東樓公을 기杞나라에 봉하고 미자微子를 송宋나라에 봉한 뜻과 같이 모두 지극히 공정한

마음에서 나왔으니 아름답고도 훌륭하구나! 사람들의 말에 따르면 '고려 태조가 왕위에 오르기 전에는 항상 앙암사仰巖寺에서 지냈으며 왕위에 오른 후에 앙암사를 원찰로 삼았다. 죽은 후에도 절의 승려들이 아침저녁으로 공양했다. 고려가 망했음에도 오히려 태조의 초상화를 없애지 않고 항상 보존했다. 때문에 개성에 사당을 세우지 않고 이 곳에 사당을 세우라고 임금님께서 명령했다.'한다. 이것은 더러 믿을 만하도다. 시를 지어 이른다. 하늘이 우리나라 돌보아 天眷東方 / 영웅을 내시었고 篤生英勵 / 삼국통일을 이루어서 功統三韓 / 그 덕은 영원토록 편안했네. 德安萬世 / 높은 산 기슭에 의지하고 高山之麓 / 큰 냇물 용솟음에 마주한 大川之濱 / 사당의 모습 의적하고 廟貌有儼 / 봄·가을로 제사지내네 春秋享祭 / 오랜 세월 길이 길이 於萬斯年 / 영원히 변치 않으리니 永矢不替 / 영령께서는 흠향하시어 昭玆來格 / 바라건대 옛 모습을 살피소서. 尙鑑舊制] 미강서원湄江書院[우의정右議政 문정공文正公 허목許穆을 모신 서원이다. 경오년(1750, 영조 26)에 서원을 세우고, 계유년(1753, 영조 29)에 나라에서 서원의 이름을 지어서 편액을 새겨 내렸다.]

【壇廟】 社稷壇 [自官門南距三里] 文廟 [在郡北距官門三里] 厲壇 [自官門北距四里] 崇義殿 [在郡西五里 ○ 嘉靖癸卯六月 麻田郡守朴世茂記曰 高麗之季 天命已去人心已離 我太祖康獻大王 應天順人化家爲國之 元年卽念松京王氏不祀忽諸 乃命禮曹 立廟於麻田縣西五里之地仰巖寺之址 給祭田十二結 守僕六戶 祀太祖神聖王惠宗義恭王成宗文懿王顯宗元文王文宗仁孝王元宗順孝王忠烈王恭愍王 我世宗七年 有司言國家宗廟 尙且只祭五室 而前朝之乃至八位 未合於禮 於是廣收群議 只留太祖顯宗文宗元宗

每歲春秋傳香祝幣 使畿甸列邑貢其祭物 遣使致祭 我文宗二年 始命求王氏之後 於民間得循禮 於公州封爲崇義殿副使 章服如當代宗室 朝于王京位在三公之上而不臣之 又賜田宅藏獲婢 立門戶以主先祀 仍命其廟曰崇義殿 以武恭公卜智謙忠烈公洪儒壯節公申崇謙忠節公庾黔弼武烈公裵玄慶章威公徐熙仁憲公姜邯贊文肅公尹瓘文烈公金富軾威烈公金就礪文正公趙冲忠烈公金方慶平章事安祐樞密副使李芳實政堂文學金得培文忠公鄭夢周配享 以故陞縣爲郡 循禮死 子千繼當嗣 降受爲殿監 千繼死 子績嗣 績死然後 以少時賤妾之子 將嗣爲監 循禮之賤妾子孫有爭之者 禮曹以爲賤人 皆不可以奉先代宗祀 莫若更求王氏之後而立之 今上三十六年 啓請求之 得於新昌 是爲王希 希實高宗九代孫也 有子五人焉 方更求王氏之時 諸王氏爭起而代績者甚衆 上特命多子者代之 以希爲殿監 蓋欲廣繼嗣期久遠與國咸休永世無窮也 於戲 我國家興滅繼絶之義 寬平忠厚之美 其與封東樓公于杞 封微子於宋之意同 出於至公之心猗歟 休哉 人言王太祖微時常遊仰巖寺 及卽位也爲願刹 薨逝也寺僧朝夕供養 至於國亡猶不廢影幀尙存 故不立廟於故國 而仍命立於此 其或信然歟 乃作諸曰 天春東方 篤生英勳 功統三韓 德安萬世 高山之麓 大川之溢 廟貌有儼 春秋享祭於萬斯年 永矢不替 昭玆來格 尙鑑舊制] 嵋江書院 [右議政文正公許穆書院 庚午建宇 癸酉賜額]

23) 『여지도서』 상 경기도 연천현漣川縣

【壇廟】 사직단社稷壇[현의 서쪽 읍내리邑內里에 있다.] 문묘文廟[향교鄕校[171]에 있

---

171)【學校】鄕校[在縣北邑內里]

다.] 성황사城隍祠[현의 남쪽 읍내리邑內里에 있다.] 여단厲壇[현의 북쪽
읍내리邑內里에 있다.]

【壇廟】 社稷壇 [在縣西邑內里] 文廟 [在鄕校] 城隍祠 [在縣南邑內里] 厲壇 [在
縣北邑內里]

24)『여지도서』상 경기도 광주부廣州府

【壇廟】 사직단社稷壇 · 성황단城隍壇 · 여단厲壇 · 온왕묘溫王廟[모두 남한산성南漢
山城에 있다.]

【壇廟】 社稷壇城隍壇厲壇溫王廟 [俱在山城]

【學校】 향교鄕校[주의 북쪽 동부면東部面에 있다. 관문官門에서 거리가 15리이다.]
【學校】 鄕校 [在州北東部面自官門距十五里]

25)『여지도서』상 경기도 여주驪州

【壇廟】 사직단社稷壇[주의 남쪽 2리에 있다.] 문묘文廟[향교鄕校[172]에 있다.] 성황
사城隍祠[주의 남쪽 3리에 있다.] 여단厲壇[주의 북쪽 10리에 있다.] 기우
단祈雨壇[주의 동쪽 3리에 있다.] 기천서원沂川書院[주의 서쪽 30리에 있
다. 이미 나라에서 서원의 이름을 지어서 편액을 새겨 내렸다. 김안국金
安國의 신위를 가운데 모시고元位, 이언적李彦迪 · 홍인우洪仁佑 · 이원익李
元翼 · 정엽鄭曄 · 홍명구洪命耉 · 이식李植의 신위를 곁에 모셨다.] 고산서

---

172)【鄕校】 [在州南三里]

원孤山書院[주의 서쪽 30리에 있다. 이미 나라에서 서원의 이름을 지어서 편액을 새겨 내렸다. 고려 때의 우정언右正言 이존오李存吾의 신위를 모셨다.]

【壇廟】 社稷壇 [在州南二里] 文廟 [在鄉校] 城隍祠 [在州南三里] 厲壇 [在州北十里] 祈雨壇 [在州東三里] 沂川書院 [在州西三十里 已賜額 元位金安國 配享李彦迪洪仁佑李元翼鄭曄洪命耉李植] 孤山書院 [在州西三十里 已賜額 麗朝右正言李存吾]

26) 『여지도서』 상 경기도 이천도호부利川都護府

【壇廟】 사직단社稷壇[부의 서쪽 4리 설봉산雪峯山 동쪽 기슭에 있다.] 성황단城隍壇[부의 북쪽 1리 향교鄉校의 홍살문紅箭門 밖 오른쪽에 있다.] 여단厲壇[부의 북쪽 5리 설봉산雪峯山 북쪽 기슭에 있다.] 대성전大成殿[6칸이고 동무東廡와 서무西廡는 각각 3칸이다[부府의 북쪽 1리쯤에 있다] 명륜당明倫堂[6칸이고 제관방祭官房은 3칸이며 동재東齋와 서재西齋는 각각 4칸이다. 이전 신미년(1691, 숙종 17)에 부사府使 성시헌成時憲이 고쳐 세우고, 이전 계축년(1733, 영조 9) 부사 홍주언洪柱彦 때에 공자의 사당을 고쳤다. ○ 양촌陽村 권근權近이 지은 기문記文이 전한다. "영락永樂 원년(1403, 태종 3) 여름에 의정부 경력사도사經歷司都事 서선徐選 군이 그의 고을 이천에 향교를 새로 세운 일의 경과를 말하며 요청하기를, '우리 고을은 예전에는 남천부南川府였습니다. 그런데, 고려 태조가 남쪽을 정벌할 때 이곳의 냇물을 지나게 되자, 고을 사람 서목徐穆이 인도하여 무사히 건넜으므로, 임금님이 이천利川이란 이름을 내려주었습니다. 땅이 넓고 기름지

며 백성들은 많고 부유하여 다른 고을에 비해 매우 번성했습니다. 그런데 쇠퇴하는 시기에 이르게 되자, 권세부리던 간신이 제멋대로 다스리자, 관청이나 민간의 재물이 가렴주구로 바닥나고, 아전과 백성들이 뿔뿔이 흩어져 도망가 버렸습니다. 관청 건물들은 기울고 무너져도 손질하지 못해 군수가 백성의 집에서 살기까지 했는데, 어느 겨를에 학교를 돌보았겠습니까?' 홍무洪武 무진년(1388)에 권세를 부리던 간신이 처형되자, 훌륭한 신하를 임명했습니다. 이듬해 기사년(1389. 공양왕 1) 감무監務 이우李遇 군이 선정을 베풀고 흩어진 백성을 모으며 과감히 학교를 부흥할 뜻을 세웠습니다. 처음에는 안흥정사安興精舍에 생도를 모으고 학장學長을 두어서 매우 부지런히 가르치게 했습니다. 무릇 온갖 기물과 자금 및 식량을 모두 넉넉하게 갖추려고 힘썼습니다. 나아가 터를 잡아서 학교 건물學舍을 지으려고도 했습니다. 그런데 그 당시는 바야흐로 백성들을 불러 모아 안정시키던 중이라 공사를 시작할 겨를이 없었는데, 수령 자리에서 갈리게 되었습니다. 그리하여 약간의 곡식과 베를 학장에게 주며 이를 밑천으로 이자를 불려서 뒷날을 기다리도록 했는데, 그 사이 일이 많아서 후임 수령들은 틈을 내지 못했습니다. 신사년(1401, 태종 1) 감무監務 변인달邊仁達 군이 부임하자마자 말하기를, '승려들의 숙소僧廬를 학교로 쓸 수는 없다'했습니다. 그리고는 곧바로 읍내의 서북쪽 1리쯤 되는 가까운 곳에 자신이 직접 터를 잡았습니다. 양쪽 물이 합류하는 안쪽에 자리를 잡았습니다. 언덕과 산봉우리가 감아 도는 형세가 풍수지리서인 만산도萬山圖라는 책의 그림과 들어맞았습니다. 공무를 보는 틈틈이 겨를을 내었고, 백성들의 힘을 빌리지 않고 이졸吏卒들을 공사에 동원했습니다. 산에 들어가 재목을 베고, 향화회도香火會徒를 모이도록 권유해 조를 나누어 실어 날랐습니다. 또한 승려들을 모집하고, 날마다 자신이 공사를 감독했습니다. 임오년(1402, 태종 2) 7월에 공사를 시작해 한 달이 못되어 완공하고, 8월 첫 번째 정일丁日에 공자께 제사지내는 석전釋奠의례를 거행했습니다. 성묘聖廟가 중앙에 우뚝 서고 양편에 재齋와 무廡가 섰으며 동쪽에는 누각을 만들어 여름에도 시원하게 되었습니다. 수 십년 동안 이루지 못했던 일이 단시일에 빨리 이루어져서 보는 사람마다 감탄하며 칭찬하지 않는 이가 없었습니다. 우리 고을의 훌륭한 경관이 이제 이루어졌으니, 우리 주민들도 이를 바탕으로 선량해질 것입니다. 고을 어른들이 들떠서 글을 부탁하여 후손들에게 나타내 보이려고 합니다. 그 글을 통해 이우·변인달 두 감무가 시종일관 베풀어 준 은덕을 잊지 않으려고 합니다. 다행히도 서선이 보좌관이 되어 날마다 곁에서 모시고 있으므로 서선을 시켜 글을 요청한 것이니, '사양하시지 말기 바랍니다.'했습니다. 공자께서 이르기를, '중요한 일이니, 백성을 가르치지 않을 수 없는 것이다. 하늘이 마음 주어 본성이 있었고 인간으로서 지켜야 할 도덕을 지켜 덕을 좋아하니, 이 백성들은 곧 중국의 태평성대인 하·은·주나라 삼대三代 때와 같은 백성이다. 욕심이 있어서 서로 다투고 빼앗으며 지각없이 제멋대로 굴다가 처벌을 받거나 짐승으로 전락하는 것은 백성의 죄가 아니라, 백성의 어른 노릇하는 사람이 학교를 세워 밝게 교화시키지 못한 까닭이다.'했습니다. 지금 이우 군이 처음에 도모했고 변인달 군이 마침내 완성하여, 자랑스럽게 학교를 일으키고 백성들을 교화시키는 일을 급선무로 삼았습니다. 이우 군과 변인달 두 분은 참으로 백성 기르기를 돌아볼 줄 아는 사람입니다. 이제부터 고을 백성들 중 어른들은 어진 정사에 감화되고, 젊은이들은 어진 교화에 젖어들 것입니다. 한갓 글 솜씨 자랑만 일삼지 말고 반드시 몸과 마음을 먼저 바르게 하여 집에는 자애와 효도를 돈독히 하고 일처리에는 충성과 신의를 앞세워야 합니다. 그러면 온 고을의 풍속이 모두 예절과 의리가 진작될 것이고 나아가 장수와 재상이 되어서 나라를 바로잡고 보필하여 문명화된 다스림을 세울 사람이 앞으로 계속해서 배출될 것입니다. 이 어찌 오직 한 고을만의 아름다운 일이며 한때의 다행스런 일이겠습니까, 마땅히 그대 고을 백성들은 길이 힘쓰고 게을러서는 안될 것입니다."] 서원書院 사우祠宇는 3칸이다. [복천福川 서희徐熙, 율정栗亭 이관의李寬義, 모재慕齋 김안국金安國의 신위를 모셨다.] 강당講堂은 4칸이다. 삼현사우三賢祠宇는 가정嘉靖 갑자년(1564, 명종 19)에 부사 정현鄭礥이 고을의 안흥지安興池 가에 세웠다. 만력萬曆 임진년(1592, 선조 25) 전에 설봉산雪峯山 아래로 옮겨세웠다[부府의 서쪽 2리쯤에 있다]. 마침내 설봉서원雪峯書院이라고 이름을 짓고 봄·가을로 제사를 지낸다. 아직 나라에서 내려주는 서원의 이름을 내려주는 현판을 받지 못했다.]

【壇廟】 社稷壇 [在府西四里 雪峯山東麓] 城隍壇 [在府北一里 鄕校紅箭門外右邊] 厲壇 [在府北五里 雪峯山北麓] 大成殿六間東西廡各三間 [在府北一里許] 明倫堂六間祭官房三間東西各四間 [前辛未 府使成時憲重建 前癸丑 府使洪柱彦時 聖廟重修 ○ 權陽村近記 永樂元年夏 議政府經歷司都事徐君選 以其鄕利川新置鄕校事始末 請曰 吾鄕南川府也 高麗太祖南征過其川 郡人有徐穆者導之利涉 故賜號利川 土廣而腴民衆 而富其繁庶 視

他郡爲劇 逮至衰季 權奸擅政 公私匱於掊克 吏民殫於流亡 廨舍傾圮 尚
不克修 爲郡守者寄居民屋 奚暇治庠序哉 洪武戊辰 誅除權奸 選任良宰
明年己巳 監務李君愚 布惠政集流亡 慨然有志於興學 初於安興精舍聚生
徒 置學長教養日勤 凡器四資糧 皆務贍 將欲相地而營黌舍 時方招輯還定
未暇就功而見代 仍以穀布若干授學長 爲本取息以俟後來 中罹多務 繼者
未遑越 辛巳春 今監務邊君仁達既下車謂 不可以僧廬爲學校 卽於郡治西
北一里之近親 自卜地得二水合流之內 岡巒環拱形勢應圖 公務之暇 役以
吏卒不借編氓 卽山代材 誘集香火會徒 分隊以輸 且募髡頂 日自董功 始
於壬申七月不閱月 而告成八月上丁就行釋奠之禮 聖廟中峙 翼以齋廡 東
則爲樓 以凉於夏 數十襆未就之功 一日歘成 觀者莫不歎賞 吾鄉之美 于
今克成 吾民之善 于玆是基 鄉之父老 奮肆姁婾 欲托文辭 揭示來裔 俾不
忘二君 終始惠我之德 以選幸爲寮佐 日從事於左右 使選請願無辭焉 子曰
甚矣 民之不可以無學也 降衷而有性 秉彝而好德 斯民則三代之民也 有欲
爭敎 無知而妄作 陷於刑辟 淪於禽獸 非民之罪也 長民者 不能興學 以明
敎化之故耳 今李君謀之於始 邊君成之於終 拳拳以興學敎民爲先務 二君
眞知長民之道者也 是鄉民爲父兄者觀感於善政 爲子弟者漸摩於善敎毌
徒事於章句 必先正其身心 居家必篤於慈孝 處事必主於忠信 一鄉之俗蔚
然 皆興於禮義則起 爲將相匡輔國家 以建文明之治者 將必繼繼而有作矣
是豈惟一鄉之美 一時之幸哉 宜爾鄉民 永勉無怠] 書院祠宇三間 [徐福川
熙 ○ 李栗亭寬義 ○ 金慕齋安國] 講堂四間 三賢祠宇 嘉靖甲子歲 府使
鄭礥 設立于府內安興池上 萬曆壬辰前 移建於雪峯山下 [在府西二里許]
遂號雪峯書院 春秋享祀而時未賜額

27) 『여지도서』 상 경기도 양근군楊根郡

【壇廟】 사직단社稷壇[군의 북쪽 13리에 있다.] 문묘文廟[향교鄕校에 있다.] 성황
사城隍祠[군의 북쪽 10리에 있다.] 여단厲壇[군의 북쪽 15리에 있다.] 미
원서원迷源書院[군의 북쪽 60리에 있다. 조광조趙光祖 · 김식金湜의 신위를
가운데 모시고, 남언경南彦經 · 이제신李濟臣 · 김육金堉을 추가로 모셨다.
숙종 무진년(1688, 숙종 14)에 처음 세웠다.]

【壇廟】 社稷壇 [在郡北十三里] 文廟 [在鄕校] 城隍祠 [在郡北十里] 厲壇 [在郡
北十五里] 迷源書院 [在郡北六十里 趙光祖金湜主享 南彦經李濟臣金堉
追配 肅廟戊辰刱建]

28) 『여지도서』 상 경기도 지평현砥平縣

【壇廟】 사직단社稷壇[현의 서쪽에 있다.] 문묘文廟[향교鄕校[173)에 있다.] 성황사城
隍祠[현의 북쪽에 있다.] 여단厲壇[현의 북쪽에 있다.]

【壇廟】 社稷壇 [在縣西] 文廟 [在鄕校] 城隍祠 [在縣北] 厲壇 [在縣北]

29) 『여지도서』 상 경기도 죽산부竹山府

【壇廟】 사직단社稷壇 · 성황단城隍壇 · 여단厲壇[모두 비봉산飛鳳山 아래에 있다.]
문묘文廟[향교鄕校[174)에 있다.]

【壇廟】 社稷壇城隍壇厲壇 [俱在飛鳳山下] 文廟 [在鄕校]

---

173)【學校】鄕校[在縣西二里]
174)【學校】鄕校[在府北東部面 自官門距五里]

30) 『여지도서』상 경기도 음죽현陰竹縣

【壇廟】 향교鄕校[현의 북쪽에 있다.] 사직단社稷壇[현의 서쪽에 있다.] 성황사城隍
祠[현의 북쪽에 있다.] 여단厲壇[현의 북쪽에 있다.]

【壇廟】 鄕校 [在縣北] 社稷壇 [在縣西] 城隍祠 [在縣北] 厲壇 [在縣北]

31) 『여지도서』상 경기도 양지현陽智縣

【壇廟】 사직단社稷壇[현의 서쪽 1리에 있다.] 문묘文廟[향교鄕校[175)에 있다. 현의
동쪽 1리에 있다.] 성황사城隍祠[현의 서쪽 2리에 있다.]
{新增} 기우단祈雨壇[현의 남쪽 4리 어은산御隱山에 있다.]

【壇廟】 社稷壇 [在縣西一里] 文廟 [在鄕校 縣東一里] 城隍祠 [在縣西二里]
{新增} 祈雨壇 [在縣南四里御隱山]

32) 『여지도서』상 보유편補遺篇, 경기도 수원부水原府

【壇廟】 사직단社稷壇[부의 서쪽 5리에 있다.] 문묘文廟[예전에는 부의 서쪽 3리
에 있었는데, 현종 2년(1661)에 부의 남쪽 2리 독성산禿城山으로 옮겼다.
이경원李慶遠의 명륜당중수기明倫堂重修記가 있다. "옛날에 정치를 하는데
있어서 학교보다 중요한 일은 없었다. 학교라는 것은 인재를 교육하고
풍습을 교화하여 이끄는 근본이다. 삼대三代의 번성했던 시절, 다스림이
융성해지고 풍속이 아름다워져서 뛰어난 재능을 가진 사람들이 성하게
부쩍 일어난 데에 어찌 다른 이유가 있었겠는가! 가家에는 숙塾이 있고

---

175)【學校】鄕校[在縣東一里]

당黨에는 상庠이 있으며 술術에는 서序가 있고 국國에는 학學이 있어서, 시 · 서 · 예 · 악 4가지 도道인 사술四術을 숭상하고 문文 · 행行 · 충忠 · 신信의 네 가지 가르침인 사교四教를 세운다. 봄과 가을에는 예악禮樂을 가르치고 겨울과 여름에는 시서詩書를 가르친다. 깨우치고 이끌어 주어 학문을 이루게 하는 방법도 모두 차례와 순서가 있기 때문이다. 마침내 우리나라 학교의 제도가 오랜 옛날을 본받아서 서울에는 성균관이 있고 또 고을고을마다에는 각각 향교鄕校를 설치했다. 대성전과 동무 · 서무 · 삼문과 명륜당 · 동재 · 서재와 담장, 창고와 부엌, 욕실 역시 모두가 규범이 되는 틀이 있다. 벼슬하지 않은 선비로 하여금 그 사이에서 책을 읽고 학문에 힘쓰며 마음 편하게 하여 성현을 흠모하며 그 경전을 열심히 외우니 성현께서 향교를 처음 세운 뜻이 이처럼 성대하구나! 후대에 이르러 선비를 길러내는 정치가 점점 쇠퇴하여 지방 고을의 교육을 담당한 관리인 교수를 또 폐지하니 수령이 실로 유학을 가르칠 책임을 겸하게 되었다. 오로지 장부와 문서의 회계 처리만을 급하게 생각하고 재판의 판결만을 중하게 여기니, 성인의 교화를 찬양하여 학교의 가르침을 가다듬어 빛낼 수 있는 사람이 드물다. 이런 이유로 학교라는 이름은 비록 있다 해도 그 실제로는 거문고를 타면서 글을 외는 소리가 들리지 않고 예의의 풍속이 일어나지 않는다. 이러니저러니 하는 소문에 이르자면 서로 견주며 성을 내어 다투니 어그러짐이 심하다고 한다. 학교는 겸손하게 예를 갖추는 곳인데 문득 싸움터가 되었으니 이는 생각 있는 사람이 깊이 탄식하는 바이다. 나는 오직 수원부사 조 사또님의 학교를 중시하는 다스림에 깊이 감탄해서, 이런 공로는 반드시 써서 후대에 보여야 한다고 간절히 생각했다. 수원부의 향교는 현종 경자년(1660, 현종 1)에 옮겨 세웠는데, 명륜당을 쌓은 터는 당시에 날씨가 춥고 땅에 습기가 있어서 단단하게 마무리하지 못했다. 세월이 오래되지 않아서 기울어지고 허물어지니 못쓰게 된 지붕을 기둥으로 지탱했다. 여러 사람이 다 같이 보고는 마음이 흔들려 탄식했다. 조 사또님이 고을에 부임한 초에 전해오는 규정에 따라 문묘를 참배하고는 이어 자리에서 물러나 명륜당에 앉아서 당을 굽어보고 하늘을 우러러보고는 크게 탄식하며 말하기를, '큰 집이 넘어지려 하니 나무 하나로 지탱하기 어렵다는 것은 바로 이것을 두고 하는 말하는 것이구나'했다. 마침내 고쳐서 새로 세우려는 뜻을 품고서 향교의 유생儒生인 대재大哉 유흥기兪興基, 성재誠再 윤성尹誠, 대기大器 정만장鄭晩章, 중찬仲燦 이익현李益鉉, 사익士益 민상우閔相禹, 윤대중尹大仲 님과 함께 토목공사에 백성들을 동원할 일에 대해 헤아려 보며 때에 맞추어 공사를 시작하려 했다. 이전의 부사 김려金礪님이 이미 뜻을 가지고 월급을 내어 놓아 얼마간의 쌀섬으로 그 경비의 밑천을 삼았지만, 오래지 않아 벼슬을 옮겨 떠나갔다. 조 사또님은 그 실마리를 따라 갖은 방법으로 재원을 마련해서 또 돈 수백 꾸러미와 쌀 십 여섬을 얻었다. 대물이 이미 갖추어졌고 의견이 모아졌지만, 백성들을 억지로 부리지 않고 모집했으며 농사에 방해가 되지 않도록 겨를을 보았다. 병오년(1726, 영조 2) 9월에 공사를 시작해서 이듬해 4월에 공사를 마치고 마침내 좋은 날을 가려서 건물을 완공했다. 조 사또님이 재실齋室로 가서 이르기를, '이 명륜당을 세운 것은 아름다운 건물을 보는데 그치려는 것이 아니다. 예전 어진 임금님들의 도道로 장차 여러 유생들을 이끌어 무릇 부모에게 효도하고 형제간에 우애를 지키는 가르침과 예의를 지키고 사양하는 태조로 갖게 하려 함이다. 옛날의 성인이 향음주례鄕飮酒禮를 만들어 어진 사람을 존중하고 나이든 사람을 봉양하며, 효도와 우애 및 예의와 사양을 갖추게 했으므로 예기에 이르기를, 향음주례를 보고서 왕도王道가 매우 쉬움을 알았다 했다. 이제 이 명륜당을 새롭게 했으니 어찌 향음주례를 행해서 그 내용을 실천하지 않겠는가.' 했다. 모두 말하기를 '예, 곧 바로 마음에 새겨 두겠습니다.' 했다. 동지중추부사同知中樞府事 신정申怔이 손님이 되고 사헌부 장령掌令 최도문崔道文과 침랑寢郎 윤관주尹觀周가 개介와 선僎이 되고 조 사또님은 스스로 주인이 되어 예법을 행했다. 멀고 가까운 곳에 있는 선비들이 이 소식을 듣고는 구름처럼 몰려들었다. 차례로 자리에 올라가 희생犧牲의 고기를 잘라 제기에 담았다. 녹명鹿鳴을 노래하며, 번갈아가며 잔을 올리는데 올라가고 내려옴이 절도가 있었다. 악정樂正이 갖추어졌음을 알리고 사정司正이 예법을 감독했다. 무릇 자리에 있는 사람은 그 위엄 있는 의식에 공경하고 삼가지 않을 수 없으며 그 선량한 마음에 기뻐하고 감탄하지 않을 수 없었다. 아! 예법을 가르쳐서 사람을 감동시키는 일이 이처럼 빠르구나! 일을 마치고는 이튿날 양노례養老禮를 행하고 또 다음날 향사례鄕射禮를 행했다. 다만 무너지려했던 집채가 날개를 펼친 듯 모습이 바뀌었을 뿐만 아니라 폐지되어 거행되지 않던 주周의 성대한 예법이 차례대로 연구되어 시행되었다. 진실로 다스림의 핵심과 백성을 교화하는 근본을 깊이 알지 못한다면 어찌 여기에 이를 수 있었으랴! 뒤에 이 고을에 부임하는 사람이 조 사또님의 아름다움을 계승할 수 있다면 주공周公의 예법이 다시 행해지고 새끼개미와 같은 교화가 북돋워질 것이며, 선비들도 조 사또님이 가르쳐 일깨운 뜻을 계승할 수 있을 것이다. 그로 인하여 눈으로 보고 마음을 느낌을 일으켜 나의 마음에서 돌이켜 찾으니, 무릇 사람의 떳떳한 도리와 사물의 법칙이 본래 성性 안에 갖추어져 있음을 알 것이다. 효도와 우애, 예의와 사양의 품행을 실제로 닦아서 들어와서는 제 아비와 형을 섬기고 나가서는 나이 많고 지위 높은 이들을 섬긴다면, 수원 온 고을에는 장차 학문의 교화가 널리 펼쳐지고 백성의 풍속이 나날이 변화할 것이다. 풍습의 교화가 널리 이르니, 또한 사방의 고을에도 반드시 감동하고 사모하여 본받아 행하는 일이 있을 것이니, 이 미친 바가 넓어져 예전 어진 임금님들의 학교에 대한 정치 또한 모두 이로 인해 점점 회복될 수 있을 것이다. 어찌 오직 조 사또님 한 분만의 의로움이나 수원 여러 선비들의 다행에서 그칠 수 있겠는가! 내가 이른바 '반드시 써서 후대에 보여야 한다'고 이야기 한 것은 단지 명륜당 건물 하나의 겉모양이나 자리 잡은 형세, 공사의 과정이 기록할 만다고 해서는 아니다. 조 사또님은 [이름은 정만定萬이고 자字는 정이正而이다] 일찍이 시를 잘 짓는다는 명성이 있었고 사마시司馬試에서 장원을 차지했다. 여러 차례 고을의 수령을 맡아서 번번이 가장 잘 다스렸다는 평판이 있었다. 마침내 수원 부사로 뽑혀 임명되기이 이르렀는데, 다시 충청도 관찰사로 자리를 옮겼다. 조정에서 추천해 기용하는 것을 어찌 특별한 인사라고 말할 수 있겠는가!] 여단厲壇[부의 북쪽 5리에 있다.] 성황사城隍祠[부의 동쪽 5리에 있다.] 매곡서원梅谷書院[부의 서쪽 15리 호매절면好梅折面의 치악산鴟岳山 아래에 있다. 문정공文正公常 송시열宋時烈이 이 지역을 왕래했기 때

문에 많은 선비들이 요청해서 세웠다.]

【壇廟】 社稷壇 [在府西五里] 文廟 [舊在府西三里 顯宗二年移建于府南二里禿城
山 李李慶遠明倫堂重修記曰 古者爲政 莫先於學校 學校者敎育人材 導達
風化之本也 三代盛際 所以治隆俗義而賢才蔚興者 豈有他道 以家有塾 黨
有庠 術有序 國有學 崇四術 立四敎 春秋敎以禮樂 冬夏敎以詩書 啓牖作
成之方 亦皆有次第品節故也 肆惟我國家學校之制 依倣于古昔 旣立 國學
於京師矣 又於逐州逐縣各置鄕校 而殿廡門堂齋序庫庾庖湢亦皆有規度
使布衣博帶之士 莊修遊息於其間 興慕誦法乎 聖賢其創始之意 於是乎盛
矣 逮夫後來 養士之政漸衰 而外州之學官又廢焉 則爲守宰者 實兼師儒
之責 而惟以簿書期會爲急訟獄聽斷爲重而鮮能修明庠序之敎 以贊棫樸
之化者 是以學校之名 雖在而其實 不擧弦歌無聞 禮俗不興甚 或至於言
議相較忿爭乖激賢堂揖讓之地 便作鬪鬨之場 此有識之 所深嘅也 余獨於
隋城伯趙侯之政 學校深有感歎切 以爲此不可不書以示後也 本府鄕校移
建在於顯廟庚子年 明倫堂築基以時寒地濕 不克堅完歲月不久 就傾頹圮
敗屋支柱觀瞻興歎 趙侯下車之 初以故事謁夫子廟下 仍退坐斯堂俯仰太
息曰 大廈將傾隻木難支者 此之謂也 遂有改創之意 與齋中儒生兪興基大
哉 尹誠誠再鄭晚章大器李益鉉仲燦閔相禹士益尹侯大仲商度功役而將及
時經治之 前府伯金侯礪 已有志 斯出捐月俸如干米斛資 其經費未幾移官
而去 趙侯因其緖而多般料理 又得錢數百緡米十餘斛財力 旣俱事無不集
不役民而募不妨農而隙 始工於丙午九月 告訖於明年四月 遂卜日落成 趙
侯進齋而告之曰 斯堂之設 非爲觀義而止也 蓋將導諸生以先王之道使 知
夫孝悌之敎禮讓之節也 古之聖人制鄕人之禮 尊賢養老而孝悌禮讓備焉

故記曰 觀於鄕而知王道之易 易旣新斯堂盍行斯禮以修其實僉曰 諾乃戒
甲同樞惺爲賓崔掌憲道文尹寢郞觀周爲介譔趙侯自爲主人而行禮焉 遠近
章甫聞皆雲集 往往登筵薦折俎歌鹿鳴獻酬交錯升降有節樂正告備司正董
禮凡在位者 莫不敬愼 其威儀興歎 其善心吁禮敎感人之速有如是 夫旣卒
事明日行養老禮 又明日行鄕射禮 不但棟宇之將 傾者翼然改觀成周盛禮
之廢而不擧者 次第講行苟非深知爲治之要化民之本者焉 能及此哉 使後
之茬是府者 能繼趙公之美而復行姬公之禮皷動峨術之化而爲士者亦能承
趙侯敎迪之意 因其觀感興起而反求諸吾心知 夫民彛物則之本俱於性而
修行孝悌禮讓之實入以事 其父兄出而事其長上則隋城一域將見文敎之克
闡民俗之日變而風聲所曁亦必有四方郡縣之興慕而效行者則其所及者 廣
而先王學校之政 亦皆因此而漸復矣 豈獨爲趙侯一人之義 隋城多士之幸
而已哉 余所謂不可不書以示後者也 不但一堂面勢工程可記也 趙侯[名定
萬字正而] 早有能詩聲魁司馬累典州府輒以治最聞 遂至擢拜隋城伯 又轉
湖西觀察使朝家獎用蓋異常調云] 癘壇 [在府北五里] 城隍祠 [在府東五
里] 梅谷書院 [在府西十五里好梅折面鴟岳山下 來文正公常往來此地 故
多士請建]

33) 『여지도서』 상 보유편(경기도) **파주목**坡州牧[176]

【壇廟】 사직단社稷壇[주의 서쪽 2리에 있다.] 문묘文廟[향교鄕校[177]에 있다.] 성황
사城隍祠[주의 서쪽 2리에 있다.]

---

176) "同治拾年玖月 日坡州牧邑誌事例謄出册"으로 되어 있다.

177) 【學校】鄕校[在州北一里]

【壇廟】 社稷壇 [在州西二里] 文廟 [在鄕校] 城隍祠 [在州西二里]

34) 『여지도서』 상 보유편(경기도) 안성군安城郡[178]

【壇廟】 사직단社稷坫. 군의 북쪽 2리에 있다. 여담厲坫. 군의 북쪽 3리에 있다. 사계 김장생金長生의 위패를 모신 사당沙溪 金公諱書院 군의 남쪽 도기리道基里에 있다. 남파 홍우원洪宇遠의 위패를 모신 서원南坡洪公諱書院. 군의 동쪽 마학동擘鶴洞에 있었다. 그러나 두 서원 모두 고종 신미년(1871. 고종 8)에 조정의 명령으로 철거됐다.

【壇廟】 社稷坫 在郡北二里 厲坫 在郡北三里 沙溪金公諱書院 在郡南道基里 南坡洪公諱書院 在郡東擘鶴洞 而兩院今上辛未 朝令撤去

35) 『여지도서』 상 보유편(경기도) 고양군高陽郡

【祠廟】 사직단社稷壇[군의 서쪽에 있다.] 문묘文廟[향교鄕校[179)]에 있다.] 성황단城隍壇[군의 서쪽에 있다.] 여단厲壇[군의 북쪽에 있다.]

【祠廟】 社稷壇 [在郡西] 文廟 [在鄕校] 城隍壇 [在郡西] 厲壇 [在郡北]

36) 『여지도서』 상 보유편(경기도) 김포군金浦郡

【壇廟】 사직단社稷壇. 군의 남쪽 1리에 있다. 여단厲壇. 군의 북쪽 1리에 있다. 우저서원牛渚書院. 군의 서쪽 5리에 있다. 문열공文烈公 조헌趙憲의 위패만을 모시고 제사지낸다. 나라에서 이름을 지어서 편액을 내렸다. 문묘文廟. 군

---

178) "同治十年辛未十二月 日安城郡邑誌及邑事例册"으로 되어 있다.
179) 【學校】鄕校在郡西一里

의 남쪽 1리에 있다.

【壇廟】 社稷壇 在郡南一里 厲壇 在郡北一里 牛渚書院 在郡西五里 文烈公趙憲
獨享 賜額 文廟 在郡南一里

37) 『여지도서』 상 보유편(경기도) 양천현陽川縣

【社厲壇】 사단社壇. 진산鎭山의 서쪽 2리에 있다. 여단厲壇. 진산鎭山의 동쪽 2리
에 있다.

【祈雨祭壇】 읍치성황산邑治城隍山. 한 곳이 있는데, 관문官門에서 북쪽으로 거리
가 2리이다. 주룡산駐龍山. 한 곳이 있는데, 서쪽으로 거리가 10리이
다. 공암산孔巖山. 한 곳이 있는데, 동쪽으로 거리가 3리이다. 우장
산雨裝山. 한 곳이 있는데, 남쪽으로 거리가 6리이다.

【社厲壇】 社壇 在鎭山西二里 厲壇 在鎭山東二里

【祈雨祭壇】 邑治城隍山 有一處自官門北距二里 駐龍山 有一處西距十里 孔巖山
有一處東距三里 雨裝山 有一處南距六里

【鄕校】 [북쪽子을 등지고 남쪽午을 바라보는 방향이다.] 정면의 자리正位에 오
성五聖(공자・안자・증자・자사・맹자)의 위패를 모시며, 양 옆에 현인 20명
의 위패를 모시고 제사지낸다. 교생校生 28인, 동몽童蒙 12명이 4개번番으
로 나누어 문묘文廟, 校宮를 지킨다.

【鄕校】 [子坐午向] 正位五聖位從享二十位 校生二十八人童蒙十二人 分四番 守
直校宮

38) 『여지도서』상 보유편(경기도) 적성현積城縣

【壇廟】 사직단社稷壇[현의 서쪽 1리에 있다. ○ 신실神室 1칸은 정미년(1847, 헌종 13) 가을에 고쳐지었다. 사방을 둘러싼 담장은 예전에는 흙으로 쌓았으나, 을사년(1845, 헌종 11) 봄에 돌로 쌓고 기와를 고쳐 이었다.] 여단厲壇[현의 북쪽 2리에 있다.] 성황단城隍壇[현의 남쪽 2리에 있다.] 감악신묘紺嶽神廟[감악산紺嶽山 꼭대기에 있다. ○ 1칸이다. 음력 1월, 2월, 8월에 향과 축문을 내려 보내 제사를 지내게 한다.] 성황신실城隍神室[객사客舍의 북쪽에 있다. ○ 1칸이다. 기사년(1869, 고종 6) 봄에 새로 지었다.]

【壇廟】 社稷壇 [在縣西一里 ○ 神室一間 丁未秋改建 四圍墻舊土築 乙巳春石築改瓦] 厲壇 [在縣北二里] 城隍壇 [在縣南二里] 紺嶽神廟 [在紺嶽山頂 ○ 一間 孟春仲春仲秋 降香祝致祭] 城隍神室 [在客舍北 ○ 一間 己巳春 新建]

【學校】 대성전大成殿[칠중성七重城 아래에 있다. ○ 대성전이 9칸, 신문神門이 1칸, 동서협문東西挾門이 각 1칸, 명륜당明倫堂이 4칸, 동서재실東西齋室이 각 2칸, 제기고祭器庫가 2칸, 대문大門이 3칸이다. 기사년(1869, 고종 6) 봄에 손질해서 고쳤다. ○ 도유사都有司 1명, 장의掌議 2명, 색장色掌 2명, 교생校生 40명, 수복守僕 1명, 재직齋直 2명, 교비校婢 2명이다. ○ 위전답位田畓이 합해서 5결이다.]

【學校】 大成殿 [在七重城下 ○ 殿九間神門一間東西挾門各一間明倫堂四間東西齋室各二間祭器庫二間大門三間 己巳春重修 ○ 都有司一員掌議二員色掌二員校生四十人守僕一人齋直二人校婢二名 ○ 位田畓並五結]

03

1871년 편찬 『경기읍지京畿邑誌』의 단묘壇廟

1) 1857년 편찬 『중경지中京誌』 3-5[180]

【學校】 성균관成均館[부의 동쪽 5리 마암馬巖의 북쪽에 있다. ○ 예전에는 부의
서쪽 국자동國子洞에 있었다. 공민왕 16년에 이 곳으로 옮겼다.]

【壇廟】 사직단社稷壇[오정문午正門 안에 있다.] 송악산사松嶽山祠[송악정松岳亭에
있다. ○ 사전祀典에는 서악西岳으로 중사中祀로 실려 있다. 해마다 1월에
향香과 축문祝文 및 예물을 내려주고 원장제元狀祭를 지내고 봄·가을로
가운데 달인 중월仲月에 절제節祭를 지낸다. ○ 극심한 가뭄이 들면 개성
부에서 기우제를 지낸다. 고려가 망할 때 송악산사에서 소리가 났다고
한다. 고려도경高麗圖經에 전하기를, 그 신은 본래 고산高山國人이라 했다.
고려 사람들이 전하기를, 상부祥符 연간(1008~1016)에 거란契丹이 왕성으
로 침입해오자, 그 신이 밤중에 소나무 수만 그루로 변화하여 사람 소리
를 내니 적군은 원군이 있는가 의심하고 곧 후퇴하였다. 후에 그 산을 봉

---

180) 1896년 편찬 『中京誌』 3-5 社壇조도 같은 내용이다.

작하여 '숭崧'이라 하고 그 신을 제사지내 받들었다고 한다.] 오관산사五
冠山祠[영통동靈通洞 북쪽에 있다. ○ 해마다 연초 및 봄·가을로 향과 축
문을 내려준다. 소사小祀로 제사지낸다.] 성황단城隍壇[태평관太平館 서쪽
비슬암琵瑟巖 위에 있다.] 여단厲壇[관아의 북쪽 15리, 부아봉負兒峯 남쪽
기슭에 있다. 내소릉內韶陵 냉정동冷井洞에서 옮겨 왔다.] 박연제단朴淵祭
壇[가뭄이 들면 기우제를 지낸다.] 대정제단大井祭壇[예전에는 봄·가을
로 제사지냈다. 지금은 기우제만 지낸다.]

독소纛所[훈련원訓鍊院 뒤에 있다. 예전에는 흥국사興國寺 터에 있었는데,
지금 여기로 옮겼다. ○ 해마다 경칩驚蟄·상강霜降에 제사지내는데, 한
결같은 절차로 거행한다.]

송악松嶽에는 다섯 개의 신당神堂이 있다[승람에는 송악산사松嶽山祠 위
에 다섯 개의 사당이 있는데, 첫째 성황城隍 둘째 대왕大王 셋째 국사國師
넷째 고녀姑女 다섯째 부녀府女라고 하였다. 모두 어떤 신인지 알 수 없
다.] 오정문 밖에 대국大國·덕물德物 두 개의 신당이 있다[대국은 회회세
자回回世子의 소상塑像이, 덕물에는 최영崔瑩의 소상이 있다.] 대정大井에
도 신당이 있다. ○ 명종 병인년(1566. 명종 21)에 유생 김이도金履道 등이
송악의 신당을 불태웠다. 당시에는 송악·대정·대국·덕물 등의 곳에
서 무당과 박수가 성행했다. 대궐 및 여러 궁가宮家에서 시정잡배에 이르
기까지 앞을 다투어 길에 가득하여 어지러우니 겨울과 여름에는 일을 더
욱 소중히 하여 소비하는 재물이 매우 많았다. 김이도와 그 벗 박성림朴
成林이 분하여 여기며 말하기를, '이것을 불사르지 않고 어찌 유학의 도
를 밝히겠는가?'라 했다. 임대수林大秀 등 200여명의 여러 유생을 거느리

고 먼저 송악에 올라가 그 신당을 불태우고 이른바 대왕이니 부인이니 하는 목상 둘을 끌어 내어 깨뜨려 부수어 옮겨 버리고 그 사당을 모조리 불태웠다. 문정왕후가 그 소식을 듣고 크게 성을 내며, 의금부에 명령해 주동자 20여명은 잡아다가 국청鞠廳에서 심문하고 그 나머지 2백명은 개성부에 가두도록 했다. 김이도 등이 감옥에 들어가자, 임금이 그 우두머리를 정하여 참수하게 하자 여러 사람이 각각 다투어 우두머리라고 분분하고 임대수로 정하지 않고 개연慨然이 말하기를, "사군자士君子가 죽으면 함께 죽는게 어떠한가 이것이 분운紛紜이다."라고 하였다. 마침내 그 이름을 윤도형輪圖形 같이 환열環列하고 그것을 바쳤다. 의정부와 육조에서 사람을 보내 안부를 물으며 말하기를 '뜻밖에도 오늘 여러분들의 올바른 기상을 보게 되었다.'라 했다. 먼저 사헌부와 사간원에는 승정원에게 임금의 명령을 돌이키지 못한 것을 공격하며, 여섯 승지를 파직할 것을 청했다. 의정부 · 홍문관에서도 모두 여러 유생들이 한 일은 올바른 기상에서 나온 것이니 죄가 될 수 없다고 말하며 속히 풀어 주어 돌려보낼 것을 청했다. 여러 날을 계속해서 글을 올려 다투니, 임금이 마침내 허락했다. 남명 조식曹植이 이 소식을 듣고 그 덕을 우러르며 속마음을 털어 놓아 말하기를 "내 마음이 이로부터 시원해졌다."라 했다. ○ 조상건趙相乾 윤도설輪圖說에 대해 말하길, "사람이 하고자 하는 것은 생生보다 심한 것이 없고 나쁜 것은 죽음死보다 심한 것이 없다. 그러나 능히 취사取舍의 분分을 안 즉 살아서는 때를 쫓지 않고 죽어서는 피할 바가 없으니, 대저 음사淫祠를 불지른 제인諸人의 윤도형상輪圖形狀을 생각해 본 즉 고금의 성절盛節을 뛰어 넘은 것이다. 천위天威가 진루振疊하고 군현群

賢이 사설絲絏함을 당하여, 추명秋命으로 거수를 정하여 참수하게 한 즉 누가 거수의 도圖를 피하고자 할 것인가. 이에 제공諸公이 다투어 먼저 머리를 내밀어 죽고자 하니, 비록 주운朱雲의 절함折檻일지라도 동선董宣의 거지據地이니, 가히 천억千億의 아름다움이라고 할지어다. 조남명曹南冥의 가슴 속에 품은 말을 털어 놓아 청천聽天의 위시慰詩를 침沈한 것은 단지 음사를 불지른 뜻만 있는 것이 아니라 깊이 윤도대절輪圖大節에 빠진 것이다. ○ 율곡은대일기栗谷銀臺日記에는 이 일이 갖추어 기록되어 있는데, 식자결지識者抉之로 칭해졌다. 근래 풍강風綱이 점점 해이해져 다시 음사淫祠를 산상山上에 베풀고 옛날에 매년 단오일처럼 숭봉崇奉함과 같이, 무녀배巫女輩를 초집招集하여 여항閭巷의 무뢰인無賴人이 가짜 신상神像을 만들어 여러 추천鞦韆을 설치하고 위로는 서로 더불어 표전飄轉하여 그것을 이르기를 대왕이라 하여 추천을 희롱하니 그 포만褻慢함이 심하다. 지금 세상에는 김림제공金林諸公과 같은 사람이 없어 그 사당을 불사르고 그 풍속을 교정할 수 없으니 애석할 진저. ○ 유수留守 심수경沈守慶이 음사淫祠를 불태우며라는 시를 지어 여러 유생들을 위로 했다.[음사의 폐단이 이제 극에 달하여 淫祠爲弊極于今 / 한번에 불태우니 사람들 마음 통쾌했네 一炬燒來快衆心. 이로부터 옛 도읍에 올바른 기상 북돋우리 從此故都培正氣 / 여러 유생 참으로 나의 공자 자아내네 諸生眞箇起余欽. 또 시를 지었다. 유생들이 옥히 간히니 놀랄만한 일지 靑衿繫獄事堪驚 / 임금 분노 갑가지 걷히니 해와 달이 바뀌었네 忽霽天威日月更 / 매우 기쁜 전하의 명령, 선비들 기상 떠받치니 深喜聖朝扶士氣 / 술잔 하나로 그저 여러 유생 위로할 뿐이지 一尊聊用慰諸生] 덕적산신당德積

山神堂[또한 최영의 소상이 있다.]

【學校】成均館 [在府東五里 馬巖之北 ○ 舊在府西 國子洞 恭愍王十六年移于此]

【祠壇】社稷壇 [在午正門內] 松嶽山祠 [在松岳亭 ○ 祀典爲西岳載中祀 每年元
月降香祝及幣致元狀祭春秋仲月致節祭 ○ 亢旱則自本府行祈雨祭 ○ 麗
亡時嶽祠有聲云 ○ 圖經云 其神本曰高山 國人相傳 祥符中契丹侵逼王城
神夜化松數萬作人語 虜疑有援卽引去 後封其山爲崧以祠奉其神] 五冠山
祠[在靈通洞北 ○ 每歲首及春秋降香祝祭以小祀] 城隍壇 [在太平館西琵
瑟巖上] 厲壇 [在府北十五里 負兒峯南麓 自內詔陵冷井洞移此] 朴淵祭
壇 [遇旱則禱雨] 大井祭壇 [古春秋致祭 今只行雩]

靈所 [在訓練院後 舊在興國寺基 今移于此 ○ 每歲驚蟄霜降祀之 一如
京儀]

松嶽有五神堂 [輿覽云松嶽山祠 上有五宇 一曰城隍 二曰大王 三曰國師
四曰姑女 五曰府女 俱未知何神] 午正門外有大國德物二神堂 [大國有面
面世子塑像 德物有崔瑩塑像] 大井亦神堂 ○ 明廟丙寅 儒生金履道等 焚
松嶽神堂時巫覡盛行 松岳大井大國德物等處 自闕中及諸宮家至市井下
賤 奔波載路婆娑 冬夏事之甚 謹糜費不貲 履道與其友朴成林憤曰 此而
不焚 何以明吾道 率諸生林大秀等二百餘人 先登松岳 火其堂 曳出兩木
像 所謂大王夫人者 破毀推轉 盡焚其祠 文定王后聞之大怒 命禁府拿鞫
首倡二十人 其餘二百人囚於本府 履道等就獄 上命定居首者斬之 諸人各
爭爲首紛然 不定林大秀 慨然曰 士君子死則同死 何如 是紛紜也 遂環列
其名如輪圖形以獻之 政府六曹使人候問曰 不意今日 得見諸君子正氣 兩

司先論政院 居喉舌之地 不能繳還嚴旨 請罷六承旨 政府玉堂俱言諸生所爲出於正氣不可罪也 請速放還連日抗爭 上乃允之 曹南宜植聞之 何風開襟曰 我心從此豁然也 ○ 趙相乾輪圖說曰 人之所欲莫甚於生 所惡莫甚於死 然而能知取舍之分 則生有時不趨死 有所不避想 夫焚淫祠諸人輪圖形狀則超古今之盛節也 當天威振疊群賢絲綸之 秋命定居首當斬則孰不欲居首之圖避哉 於是諸公爭先延頸視死如歸 雖朱雲之折檻 董宣之據地可並美於千億矣 曹南冥之開襟沈聽天之慰詩 不但焚淫之義深 有艶於輪圖大節也 ○ 栗谷銀臺日記備載其事稱以識者 抉之近來風綱漸弛更設淫祠於山上 崇奉如舊每年端午日 巫女輩招集閭巷無賴人 假作神像置諸鞦韆上 相與飄轉謂之大王 鞦韆戲其褻慢無謂甚矣 今世無如金林諸公者 無以火其祠而矯其俗 可勝惜哉 ○ 留守沈守慶 作焚淫祠詩 慰諸生曰 [淫祠爲弊極于今 一炬燒來快衆心 從此故都培正氣 諸生眞簡起余欽 又曰 青衿繫獄事堪驚 忽霽天威日月更 深喜聖朝扶士氣 一罇聊用慰諸生] 德積山神堂[亦有崔瑩塑像]

2) 『경기읍지』 1 교동부喬桐府

【壇廟】 사직단社稷壇. 부府의 북쪽 10리에 있다. 향교鄕校. 부의 북쪽 3리에 있다. 여단厲壇. 부의 북쪽 10리에 있다. 성황사城隍祠. 부의 북쪽 72리에 있다.

【壇廟】 社稷壇在府北十里 鄕校在府北三里 厲壇在府北十里 城隍祠在府北七二里

3) 『경기읍지』1 김포군金浦郡

【壇廟】 사직단社稷壇. 군의 남쪽 1리에 있다. 여단厲壇. 군의 북쪽 1리에 있다. 우
저서원牛渚書院. 군의 서쪽 5리에 있다. 문열공文烈公 조헌趙憲의 위패만을
모시고 제사지낸다. 나라에서 이름을 지어서 편액을 내렸다. 문묘文廟. 군
의 남쪽 1리에 있다.

【壇廟】 社稷壇在郡南一里 厲壇在郡北一里 牛渚書院在郡西五里文烈公趙憲獨
享賜額 文廟在郡南一里

4) 『경기읍지』1 양천현陽川縣

【社厲壇】 사단社壇. 진산鎭山의 서쪽 2리에 있다. 여단厲壇. 진산鎭山의 동쪽 2리
에 있다.

【鄉校】 [북쪽子을 등지고 남쪽午을 바라보는 방향이다.] 정면의 자리正位에 오성
(五聖, 공자·안자·증자·자사·맹자)의 위패를 모시며, 양 옆에 현인 20명의
위패를 모시고 제사지낸다. 교생校生 28인, 동몽童蒙 12명이 4개번番으로
나누어 문묘文廟, 교궁校宮를 지킨다.

【祈雨祭壇】 읍치성황산邑治城隍山. 한 곳이 있는데, 관문官門에서 북쪽으로 거리
가 2리이다. 주룡산駐龍山. 한 곳이 있는데, 서쪽으로 거리가 10리이
다. 공암산孔巖山. 한 곳이 있는데, 동쪽으로 거리가 3리이다. 우장
산雨裝山. 한 곳이 있는데, 남쪽으로 거리가 6리이다.

【社厲壇】 社壇在鎭山西二里 厲壇在鎭山東二里

【鄉校】 [子坐午向] 正位五聖位從享二十位 校生二十八人 童蒙十二人 分四番守

直校宮

【祈雨祭壇】 邑治城隍山有一處 自官門北距二里 駐龍山有一處 西距十里 孔巖山
有一處 東距三里 雨裝山有一處 南距六里

5) 『경기읍지』 1 부평부富平府

【學校 鄕校】 [부의 서쪽 2리에 있다. 대성전大成殿은 10칸, 동무東廡는 6칸, 서무西
廡는 6칸, 명륜당明倫堂은 10칸, 동쪽 재실齋室은 7칸 반, 서쪽 재실
은 7칸 반, 전사청典祀廳은 3칸, 공회고公䫅庫는 10칸, 중문中門은 3
칸, 대문大門은 3칸이다.]

【壇廟】 사직단社稷壇[부의 서쪽 2리에 있다. 신실神室은 옛날 읍리邑里 비오卑汚의
땅에 있다. 금상 을사년에 부사府使 이서李溆가 사직단 뒤쪽에 옮겨 세웠
다.] 성황사城隍祠[부의 남쪽 2리에 있다. 성황단은 옛날 노방路傍에 있다.
금상今上 을사년에 옮겨 축조했다. 신실神室의 부의 북쪽 3리에 있다.] 여
단厲壇[부의 북쪽 3리에 있다.]

【學校 鄕校】 [在府西二里 大成殿十間 東廡六間 西廡六間 明倫堂十間 東齋室
七間半 西齋室七間半 典祀廳三間 公䫅庫十間 中門三間 大門三間]

【壇廟】 社稷壇 [在府西二里 神室舊在邑里卑汚之地 今上乙巳府使李溆移建于壇
後] 城隍祠 [在府南二里 壇舊在路傍 今上乙巳移築 神室在府北三里] 厲
壇 [在府北三里]

6) 『경기읍지』 1 안산군安山郡

사직단社稷壇. 읍의 서쪽에서 2리 거리에 있다. 군내면郡內面 장곡리獐谷里에 있다.
여단厲壇. 읍의 북쪽에서 2리 거리 쯤에 있다.

社稷壇 自邑西距二里 在郡內面獐谷里 厲壇在邑北距二里許

7) 『경기읍지』 2 가평읍(加平邑)

【祠廟】 대성전大成殿[즉 향교이다. 관아 서북쪽에 있으며, 북서쪽을 등지고 남동
쪽을 바라본다.] ○ 동무(東廡) ○ 서무(西廡) ○ 명륜당(明倫堂) ○ 전사
청典祀廳[모두 대성전 앞에 있다.] ○ 사직당社稷堂[향교 서당西堂 아래에
단壇이 있다.] ○ 성황당城隍堂[읍의 동쪽 1리에 있다.] ○ 여제단厲祭壇[
성황당 위쪽에 있다.] 잠곡서원潛谷書院[서면西面 수리현秀理峴 즉 잠곡 김
선생의 자취가 있는 곳이다. 숙종 갑자년에 잠곡리潛谷里에 서원을 세웠
고 봄·가을로 향사(享祀)한다. 신미년에 조정에서 령을 내려 훼철毀撤했
다.] 대보단大報壇[조종하면朝宗下面에 조종암朝宗巖이 있다. 암면巖面에는
만절필동萬折必東이라는 4자가 새겨져 있다. 황조인皇朝人 자손인 왕씨王
氏·황씨黃氏·풍씨馮氏 제인諸人이 이 땅에 와서 살았는데, 대개 '조종우
해朝宗于海(육지의 크고 작은 물줄기가 바다로 모여든다)'의 뜻을 취한 것이다.
단壇을 설치하고 제사지냈는데, 지금은 폐(廢)해졌다.]

【祠廟】 大成殿 [即鄉校在官衙西北乾坐巽向] ○ 東廡 ○ 西廡 ○ 明倫堂 ○ 典祀
廳 [並在大成殿前] ○ 社稷堂 [在鄉校西堂下有壇] ○ 城隍堂 [在邑東一
里] ○ 厲祭壇 [在城隍堂上] 潛谷書院 [西面秀理峴即潛谷金先生杖屨之
所也 肅宗甲子建院於潛谷里 春秋享祀 辛未因朝令毀撤] 大報壇 [朝宗下

面有朝宗巖 巖面刻萬折必東四字 皇朝人子孫王氏黃氏馮氏諸人來居此
地 盖取朝宗于海之意也 設壇享祀今廢]

8) 『경기읍지』 2 연천현連川縣

【校院】 향교鄕校. 예전에는 현의 동쪽 1리에 있었다. 효종 9년(1658) 무술년에 현
북쪽 2리 칠전동漆田洞으로 옮겨 세웠다.

【壇祠】 사직단社稷壇. 현의 서쪽 1리에 있다. 여제단厲祭壇. 현의 북쪽 2리에 있다.
성황사城隍祠. 현의 서남쪽 성산城山에 있다.

【校院】 鄕校 舊在縣東一里 孝宗九年戊戌移建于縣 北二里漆田洞

【壇祠】 社稷壇 在縣西一里 厲祭壇 在縣北二里 城隍祠 在縣西南四里城山

9) 『경기읍지』 2 삭녕군朔寧郡

내용 없음

10) 『경기읍지』 2 마전군麻田郡

【대성전大成殿】 18칸이다. 동무東廡는 6칸이고, 서무西廡는 6칸이며 삼문三門은
3칸이다. 명륜당明倫堂은 10칸이고 전사청典祀廳은 3칸이며 수복
사守僕家는 8칸이고 고직가庫直家는 8칸이다. 재齋는 3명이 담당
하며 교생校生은 60명이고 수복守僕은 1명이며 고직庫直은 1명
이다.

【숭의전崇義殿】 ○ 군의 서쪽 10리에 있다. 고려 태조太祖 · 현종顯宗 · 문종文宗 · 원종元宗 4왕의 신위를 전봉奠奉한다. 태조 원년(1392)에 창건하고 정전正殿 18칸을 세웠다. 배신공陪臣公은 16위로, 무공공武恭公 복지겸卜智謙, 충렬공忠烈公 홍유洪儒, 장절공壯節公 신숭겸申崇謙, 충절공忠節公 유금필庾黔弼, 무열공武烈公 배현경裵玄慶, 장위공章威公 서희徐熙, 인헌공仁憲 강감찬姜邯贊, 문숙공文肅公 윤관尹瓘, 문열공文烈公 김부식金富軾, 위열공威烈公 김취려金就礪, 문정공文正公 조충趙沖, 충렬공忠烈公 김방경金方慶, 평장사平章事 안우安祐, 추밀부사樞密副使 이방실李芳實, 정당문학政堂文學 김득배金得培, 문충공文忠公 정몽주鄭夢周를 배향配享하였다. 이안청移安廳은 8칸이고 배신청配臣廳은 3칸이며 주방酒房은 3칸, 향배청香陪廳은 2칸, 삼문三門은 3칸, 전사청典祀廳은 3칸, 수복가守僕家는 5칸이다. 전감殿監은 1명으로 전殿 밑에서 그 후예가 세습한다. 수복守僕은 2명이다.

【사직단社稷壇】 군의 서쪽 1리에 있다. 신실神室 1칸이다.

【여단厲壇】 군의 북쪽 1리에 있다. 신실神室 1칸이다.

【미강서원湄江書院】 군의 남쪽 7리에 있다. 미수眉叟 허목許穆을 모신 서원이다. 경오년(1750, 영조 26)에 서원을 세우고, 계유년(1753, 영조 29)에 나라에서 서원의 이름을 지어서 편액을 새겨 내렸다. 금년 신미년 봄에 조령朝令으로 훼철毁撤되었다.

【大成殿】 十八間 東廡六間 西廡六間 三門三間 明倫堂十間 典祀廳三 間 守僕家

八間 庫直家八間 齋 任三負 校生六十人 守僕一名 庫直一名

【崇義殿】在郡西十里 麗朝太祖顯宗文宗元宗四王位奉奠太祖大王元年朔 建正
殿十八間 陪臣公十 六位武恭公卜智謙忠烈公洪儒壯節公申崇謙忠節
公庾黔弼武烈公裵玄慶 章威公徐熙仁憲公姜邯賛文肅公 尹瓘文烈公
金富軾威烈公金就礪文正公趙冲忠烈公金方慶平章事 安祐樞密副使李
芳實政堂文學金得培文忠公鄭夢周配享 移安廳八間 配臣廳三間 酒房
三間 香陪廳二間 三門三間 典祀廳三間 守僕家五間 殿監一負以殿底
後裔世襲 守僕二名

【社稷壇】在郡西一里 神室一間

【厲壇】在郡北一里 神室一間

【湄江書院】在郡南七里 眉叟許相公 肅廟朝庚午建宇 癸酉賜額 今年辛未 春因
朝令毁撤

11) 『경기읍지』 2 적성현積城縣

【壇廟】사직단社稷壇[현의 서쪽 1리에 있다.○ 신실神室 1칸은 정미년(1847, 헌종
13) 가을에 고쳐지었다. 사방을 둘러싼 담장은 예전에는 흙으로 쌓았으
나, 을사년(1845, 헌종 11) 봄에 돌로 쌓고 기와를 고쳐 이었다.] 여단厲壇
[현의 북쪽 2리에 있다.] 성황단城隍壇[현의 남쪽 2리에 있다.] 감악신
묘紺嶽神廟[감악산紺嶽山 꼭대기에 있다. ○1칸이다. 음력 1월, 2월, 8월
에 향과 축문을 내려 보내 제사를 지내게 한다.] 성황신실城隍神室[객사客
舍의 북쪽에 있다. ○ 1칸이다. 기사년(1869, 고종 6) 봄에 새로 지었다.]

【學校】대성전大成殿[칠중성七重城 아래에 있다. ○ 대성전이 9칸, 신문神門이 1

칸, 동서협문東西挾門이 각 1칸, 명륜당明倫堂이 4칸, 동서재실東西齋室이 각 2칸, 제기고祭器庫가 2칸, 대문大門이 3칸이다. 기사년(1869, 고종 6) 봄에 손질해서 고쳤다. ○ 도유사都有司 1명, 장의掌議 2명, 색장色掌 2명, 교생校生 40명, 수복守僕 1명, 재직齋直 2명, 교비校婢 2명이다. ○ 위전답位田畓이 합해서 5결이다.]

【壇廟】 社稷壇 [在縣西一里 ○ 神室一間 丁未秋改建 四圍墻 舊土築 乙巳春石築改瓦] 厲壇 [在縣北二里] 城隍壇 [在縣南二里] 紺嶽神廟 [在紺嶽山頂 ○ 一間孟春仲春仲秋 降香祝致祭] 城隍神室[在客舍北 ○ 一間 己巳春 新建]

【學校】 大成殿 [在七重城下 ○ 殿九間神門一間東西挾門各一間明倫堂四間東西齋室各二間祭器庫二間大門三間 己巳春 重修 ○ 都有司一員掌議二員色掌二員 校生四十人守僕一人齋直二人校婢二名 ○ 位田畓並五結]

12) 『경기읍지』 2 **파주목**坡州牧
【壇廟】 사직단社稷壇[주의 서쪽 2리에 있다.] 문묘文廟[향교鄕校[181]에 있다.] 성황사城隍祠[주의 서쪽 2리에 있다.]

【壇廟】 社稷壇 [在州西二里] 文廟 [在鄕校] 城隍祠 [在州西二里]

---

181)【學校】鄕校[在州北一里]

13) 『경기읍지』 2 고양군高陽郡

【祠廟】 사직단社稷壇[군의 서쪽에 있다.] 문묘文廟[향교鄕校[182]에 있다.] 성황단城隍壇[군의 서쪽에 있다.] 여단厲壇[군의 북쪽에 있다.]

【祠廟】 社稷壇 [在郡西] 文廟 [在鄕校] 城隍壇 [在郡西] 厲壇 [在郡北]

14) 『경기읍지』 3 장단부長湍府

【祠廟】 사직단社稷壇[부의 서쪽 1리에 있다.] 문묘文廟[향교鄕校[183]에 있다.] 여단厲壇[부의 북쪽 1리에 있다.] 성황사城隍祠[부의 북쪽 2리에 있다.] 덕진묘德津廟[덕진도德津渡에 있다. ○ 사전祀典에는 서독西瀆으로 중사中祀에 실려 있다. 매년 정월과 봄·가을에 향축香祝을 내려 가뭄이 들면 여기에서 비를 빌었다.]

【祠廟】 社稷壇 [在府西一里] 文廟 [在鄕校] 厲壇 [在府北一里] 城隍祠 [在府北二里] 德津廟 [在德津渡 ○ 祀典爲西瀆載中祀 每歲首及春秋降香祝 遇旱則祈雨於此]

15) 『경기읍지』 3 풍덕부豊德府

【社壇】 사직단社稷壇[부의 서쪽 3리에 있다.] 여단厲壇[부의 동쪽 2리에 있다.]

【社壇】 社稷壇 [在府西三里] 厲壇 [在府東二里]

---

182)【學校】鄕校[在郡西一里]
183)【校院】學校[在州北二里]

16) 『경기읍지』 3 교하군交河郡

【壇】 사직단社稷壇 · 성황단城隍壇 · 여단厲壇

【壇】 社稷壇城隍壇厲壇

17) 『경기읍지』 4 양주목楊州牧

【學校】 향교鄉校[주의 동쪽 2리에 있다.]

【祠廟】 사직담社稷坍[읍의 서쪽 2리에 있다.] 문묘文廟[아헌衙軒의 동쪽이다.] 성
황사城隍祠[읍의 동쪽 2리에 있다.] 여담厲坍[읍의 북쪽 10리에 있다.] 양
진사楊津祠[주의 남쪽 70리에 있다. 고양주면古楊州面 광진廣津 물가이다.]

【學校】 鄉校 [在州東二里]

【祠廟】 社稷坍 [在邑西二里] 文廟 [衙軒東] 城隍祠 [在邑東二里] 厲坍 [在邑北
十里] 楊津祠 [在州南七十里古楊州面廣津水邊]

18) 『경기읍지』 4 포천현抱川縣

【祠廟】 향교鄉校[현의 동쪽 1리쯤 반월산半月山 동쪽 기슭 아래에 있다.] 사직단社
稷壇[현의 남쪽 풍류산風流山 1리쯤에 있다.] 성황사城隍祠[반월산성半月山
城 안에 있다.] 여제단厲祭壇[현의 반월산 북쪽 기슭 5리쯤에 있다.] 기우
제단祈雨祭壇 두 곳二所[하나는 반월산성半月山城 밖에 있다. 하나는 수원
산水源山 아래의 명산鳴山 곁에 있다.] 화산서원花山書院[현의 남쪽 20리
화산花山 아래에 있다. 문충공文忠公 이항복李恒福의 위패를 모시고 제사
지낸다. 신미년 가을에 조령朝令으로 훼철되었다.] 용연서원龍淵書院[현

의 북쪽 20리에 있다. 문익공文翼公 이덕형李德馨과 문간공文簡公 조경趙
絅의 위패를 모시고 제사지낸다.]

【祠廟】 鄕校 [在縣東一里許半月山東麓下] 社稷壇 [在縣南風流山一里許] 城隍
祠 [在半月山城內] 厲祭壇 [在縣半月山北麓五里許] 祈雨壇二所 [一在
半月山城外 一在水源山下鳴山傍] 花山書院 [在縣南二十里花山下 享文
忠公李恒福 辛未秋因朝令毁] 龍淵書院 [在縣北二十里 享文翼公李德馨
文簡公趙絅]

19) 『경기읍지』 4 영평군永平郡

【壇廟】 사직社稷[군의 동쪽 1리에 있다.] 문묘文廟[향교鄕校에 있다.] 성황사城隍
祠[군의 동쪽 10리 옛성古城에 있다.] 여단厲壇[군의 북쪽 10리에 있다.
여단의 뒤쪽에 사청射廳이 있다.] 기우제단祈雨祭壇 두 곳二所[하나는 군
의 북쪽 30리 화적연禾積淵에 있다. 하나는 군의 동쪽 60리 백운산白雲
山에 있다.] 옥병서원玉屛書院[현의 서쪽 15리에 있다. 고故 정승相公 사
암思菴 박순朴淳, 문곡文谷 김수항金壽恒, 동은峒隱 이의건李義健을 합향合
享하였다.]

【壇廟】 社稷 [在郡東一里] 文廟 [在鄕校] 城隍祠 [在郡東十里古城] 厲壇 [在郡
北十里 後射廳] 祈雨祭壇二所 [一在郡北三十里禾積淵 一在郡東六十里
白雲山] 玉屛書院[在郡西十五里 古相公朴思菴淳金文谷壽恒李峒隱義
建合享]

20) 『경기읍지』 5 안성군安城郡

【壇廟】 사직담社稷坍. 군의 북쪽 2리에 있다. 여담厲坍 군의 북쪽 3리에 있다. 사계沙溪 김장생金長生의 위패를 모신 사당沙溪 金公諱書院. 군의 남쪽 도기리道基里에 있다. 남파 홍우원洪宇遠의 위패를 모신 서원南坡洪公諱書院. 군의 동쪽 마학동摩鶴洞에 있었다. 그러나 두 서원 모두 고종 신미년(1871, 고종 8)에 조정의 명령으로 철거됐다.

【壇廟】 社稷坍在郡北二里 厲坍在郡北三里 沙溪金公諱書院 在郡南道基里 南坡洪公諱書院 在郡東摩鶴洞 而両院今上辛未以朝令撤去

21) 『경기읍지』 5 용인현龍仁縣

【壇廟】 사직단社稷壇[현의 서쪽 1리에 있다.] 문묘文廟[향교鄕校에 있다. 현의 동쪽 2리이다.] 성황사城隍祠[현의 동쪽 1리에 있다.] 여단厲壇[현의 북쪽 2리에 있다.]

【壇廟】 社稷壇 [在縣西一里] 文廟 [在鄕校 縣東二里] 城隍壇 [在縣東一里] 厲壇 [在縣北二里]

22) 『경기읍지』 5 여주목驪州牧

【校院】 향교鄕校. 주의 남쪽 3리에 있다.

【壇遺】 사직단社稷壇. 주의 남쪽 2리에 있다. 성황단城隍壇. 주의 남쪽 3리에 있다. 기우단祈雨壇. 주의 동쪽 5리에 있다. 여제단厲祭壇. 주의 북쪽 10리에 있다.

【校院】鄕校 在州南三里

【壇壝】社稷壇 在州南二里 城隍壇 在州南三里 祈雨壇 在州東五里 厲祭壇 在州
北十里

23)『경기읍지』5 양지현陽智縣

【사직단社稷壇】 신실 1칸이다. 홍문紅門은 사방四方에 있고, 단壇은 4칸이다.

【여제단厲祭壇】 신실 1칸이다. 단壇은 4칸이다. 신미년에 고쳤다.

【기우제단祈雨祭壇】 남단南壇 1칸이고 북단北壇 1칸이다.

【社稷壇】 神室一間 紅門四方壇四間

【厲祭壇】 神室一間 壇四間 辛未改建

【祈雨祭壇】 南壇一間 北壇一間

24)『경기읍지』5 지평현砥平縣

【壇廟】 사직단社稷壇[현의 서쪽 2리에 있다.] 문묘文廟[현의 북쪽 2리에 있다.]
성황사城隍祠[현의 북쪽 1리에 있다.] 여단厲壇[현의 서쪽 1리에 있다.]

【壇廟】 社稷壇 [在縣西二里] 鄕校 [在縣北二里] 城隍祠 [在縣北一里] 厲壇 [在
縣西一里]

25)『경기읍지』5 이천부利川府

【壇廟】 사직단社稷壇. 부의 서쪽 4리 설봉산雪峯山 동쪽 기슭에 있다. 성황단城隍

壇. 부의 북쪽 1리쯤에 있다. 향교鄕校의 홍살문紅箭門 밖 오른쪽에 있다.
여단厲壇. 부의 북쪽 5리 망현산望峴山 북쪽 기슭에 있다.

【壇廟】 社稷壇在府西四里雪峰山東麓　城隍壇在府北一里許鄕校外紅門右邊　厲
壇在府北五里望峴山北麓

26) 『경기읍지』 5 통진부通津府

【壇廟】 사직단社稷壇[부의 북쪽 3리에 있다.] 여단厲壇[부의 서쪽 2리에 있다.] 문
묘文廟[부의 서쪽 1리에 있다. 옥성부원군玉城府院君 장만張晩 별묘別廟가
부의 동쪽 20리 소이포所伊浦에 있다.]

【壇廟】 社稷壇 [在府北三里] 厲壇 [在府西二里] 文廟 [在府西一里 玉城府院君
張晩別廟在府東二十里所伊浦]

27) 『경기읍지』 5 양근군楊根郡

【祠宇】 사직단社稷壇[군의 북쪽 13리에 있다.] 성황사城隍祠[군의 북쪽 10리에 있
다.] 여단厲壇[군의 북쪽 10리에 있다.]

【祠宇】 社稷壇 [在郡北十三里] 城隍祠 [在郡北十里] 厲壇 [在郡北十里]

28) 『경기읍지』 6 시흥현始興縣

【壇廟】 사직단社稷壇[현의 남쪽 1리에 있다. 1칸이다. 정남쪽午을 등지고 정북
쪽子을 바라보는 방향이다.] 여제사厲祭祠[현의 북쪽 2리에 있다. 정북
쪽子을 등지고 정남쪽午을 바라보는 방향이며 1칸이다.] 단壇[정북쪽子을

등지고 정남쪽午을 바라보는 방향이다.] 성황사城隍祠[현의 남쪽 1리에 있다.] 향교鄕校[현의 동쪽 1리에 있다.] 충현사忠賢祠 주향主享[고려의 태사太師 강감찬姜邯贊이다.] 배향配享[고려 장령掌令 서견徐甄이다. 조선本朝 영의정領議政 이원익李元翼이다. 숙종 계묘년에 현 북쪽 10리 장안동長安洞에 세웠고 숙종 병진년에 나라에서 서원의 이름을 내렸다. 금상今上 신미년에 훼철되었다.]

【壇廟】 社稷壇 [縣南一里 一間 午坐子向] 厲祭祠 [縣北二里 一間] 壇 [子坐午向] 城隍祠 [縣南一里] 鄕校 [縣東一里] 忠賢祠 主享[高麗大師姜邯贊] 配享[高麗掌令徐甄 本朝領議政李元翼 肅廟癸卯建于縣北十里長安洞 肅廟丙辰賜額 當宁辛未毁撤]

29) 『경기읍지』 6 인천부仁川府

【校院】 향교鄕校[부의 동쪽 1리에 있다.]

【祠廟】 사직단社稷壇[부의 서쪽 1리에 있다.] 성황사城隍祠[부의 남쪽 1리에 있다.] 여단厲壇[부의 북쪽 1리에 있다.] 원도사猿島祠[지금은 폐했다.]

【校院】 鄕校 [在府東一里]

【祠廟】 社稷壇 [在府西一里] 城隍祠 [在府南一里] 厲壇 [在府北一里] 猿島祠 [今廢]

30) 『경기읍지』 6 과천현果川縣

【學校】 향교鄕校는 현의 서쪽 2리에 있다. 예전 향교가 병자년 병란으로 불에 탔

다. 기묘년에 현감 최응형崔應亨때 중건하였다. 세월이 오래되어 무너져 내려 경오년에 현감 황이명黃爾明 때 옮겨 세웠다.

【祠廟】 사묘祠廟를 건립하는 까닭은 그 사람을 생각하여 경앙景仰하기를 남긴 향을 움켜쥐고 존숭하는 것이다. 두공부杜工部의 시詩에 이르길, "승상丞相의 사당祠堂을 어느 곳에서 찾을 것인가, 금관성錦舘城 밖에 잣나무가 늘어선 곳이로다." 하였으니, 이것은 그 경모景慕의 깊음이 탄식으로 드러난 것인져.

민절서원愍節書院[현의 북쪽 2리 하가차산리下加次山里에 있다. 단종의 복위를 꾀하다 처형된 6명의 충신인 사육신死六臣을 모셨다. 신유년(1681, 숙종 7)에 처음 세우고 임신년(1692, 숙종 18)에 나라에서 서원의 이름을 지어 내려주었다. 박팽년朴彭年·성삼문成三問·이개李塏·하위지河緯地·유성원柳誠源·유응부兪應孚의 위패를 아울러 모시고 제사지낸다. 신미년 여름에 조령朝令으로 훼철毁撤되었다.]

노강서원鷺江書院[현의 북쪽 20리 상가차산리上加次山里에 있다. 숙종 때 응교應校를 지낸 박태보朴泰輔의 사당이다. 갑술년(1694, 숙종 20)에 사당을 세웠고 정축년(1697, 숙종 23)에 나라에서 서원의 이름을 지어 내려주었다.]

창강서원滄江書院[현의 서쪽 15리 호계리虎溪里에 있다. 병신년(1716, 숙종 42)에 처음 세웠고 나라에서 서원의 이름을 지어 내려주었다. 독암獨庵 조종경趙宗敬과 창강滄江 조속趙涑의 위패를 함께 모시고 제사지낸다. 경오년 봄에 조령朝令으로 훼철毁撤되었다.]

사충서원四忠書院[현의 북쪽 25리 옹막리饔幕里에 있다. 병오년(1726, 영조

2)에 서원을 세우고 11월에 나라에서 서원의 이름을 지어 내려주었다.
정미년(1727, 영조 3)에 서원을 헐었다가 병자년(1756, 영조 32)에 다시 세
웠다. 영의정 충헌공忠獻公 몽와夢窩 김창집金昌集, 좌의정 충문공忠文公 소
재疏齋 이이명李頤命, 우의정 충익공忠翼公 이우당二憂堂 조태채趙泰采, 좌
의정 충민공忠愍公 한포재寒圃齋 이건명李建命의 위패를 함께 모시고 제
사지낸다.]

【學校】鄉校在縣西二里舊校爲丙子兵燹所焚已卯年縣監崔應亨時重建矣歲久頹
圮庚午年縣監黃爾明時移建

【祠廟】建祠立廟所以思其人而景仰挹遺芬而尊崇者也 杜工部詩曰 丞相祠堂何
處尋 錦舘城外栢森

森者 此其景慕之深 發於吟歎者歟

愍節書院 [在縣北二十里下加次山里 端宗朝六臣俎豆處 辛酉自下朔建
肅廟朝壬申賜額 朴彭年成三問李塏河緯之柳誠源俞應孚並享 辛未夏 因
朝令毁撤]

鷺江書院 [在縣北二十里上加次山里 肅廟朝應敎朴泰輔祠宇 甲戌建祠
丁丑賜額]

滄江書院[在縣西十五里虎溪 康熙丙申朔建 未賜額 典翰獨菴趙宗敬掌令
滄江趙涑並享 庚午春因朝令毁撤]

四忠書院[在縣北二十五里瓮幕里 乙巳春賜額 丙午九月建院 十一月賜額
丁未十月毁院丙子八月重建 領議政忠獻公夢窩金昌集左議政忠文公疎齋
李熙命右議政忠翼公二憂堂趙泰采左議政忠愍公寒圃齋李健命並享]

31) 『경기읍지』 6 양성현陽城縣

【學校】 향교鄕校[현의 북쪽 2리에 있다.]

【壇廟】 사직단社稷壇[현의 서쪽 2리에 있다. 건륭乾隆 50년 을사년 정월 26일에 개건改建하였다. 단壇의 장원墻垣이 퇴비頹圮하여 그 터에 축築할 수 없었기 때문에 개축改築하고 기와를 덮었다. 신실神室 주목柱木이 부상腐傷하여 위에서 아래를 누르고 사벽四壁 퇴락頹落하여 동쪽을 향하여 기울어졌기 때문에 단壇을 향하여 앞으로 7보步 나아가게 하여 새로 지었다.] 여단厲壇[현의 북쪽 4리에 있다. 신실神室도 사단社壇과 같다. 을사년 7월 20일에 객사客舍 안 옛 터 남향에 고쳐 세웠다.] 기우단祈雨壇[하나는 천덕산天德山에 있고 하나는 무한성無限城 용추龍湫 가에 있다.] 성황사城隍祠[현의 북쪽 1리에 있다.] 덕봉사우德峰祠宇[현의 남쪽 5리에 있다. 판서判書 충정공忠貞公 오두인吳斗寅의 사당이다. 숙종 갑술년(1694. 숙종 20)에 사당을 세우고 나라에서 서원의 이름을 지어서 새긴 편액을 내렸다.]

【學校】 鄕校[在縣北二里]

【壇廟】 社稷壇 [在縣西二里 乾隆五十年乙巳正月二十六日改建 壇所墻垣頹圮有址無築 故改築盖瓦 神室柱木腐傷 自上壓下 四壁頹落 向東而傾 故向壇所前進七步新建] 厲壇 [在縣北四里 神室亦如社壇 乙巳七月二十日改建于客舍內舊基南向] 祈雨壇 [一在天德山 一在無限城龍湫上] 城隍祠 [在縣北一里] 德峯祠宇[在縣南五里 判書吳忠貞公斗寅祠 肅宗朝甲戌建賜額]

32) 『경기읍지』 6 남양도호부南陽都護府

【壇廟】 사직단社稷壇. 관문官門에서 서쪽으로 2리 떨어져 있다. 여제단厲祭壇. 관문官門에서 서쪽으로 3리 떨어져 있다. 용백사龍栢祠. 관문官門에서 남쪽으로 3리 떨어져 있다. 제갈량諸葛武侯과 문정공文定公 호안국胡安國, 충간공忠簡公 부사府使 윤계尹棨의 위패를 사당에 모시고 제사지낸다. 현종 10년(1669)에 나라에서 사당의 이름을 지어 내려주었다. 안곡서원安谷書院. 관문官門에서 서쪽으로 30리 떨어져 있다. 주위主位는 기묘명현己卯名賢 송촌松村 박선생朴先生 세훈世勳이며 배위配位는 도원재道源齋 문강공文剛公 박선생朴先生 세희世熹를 함께 모시고 추가로 인재忍齋 홍섬洪暹의 위패를 추가로 모시고 제사지낸다. 경종 8년에 서원의 이름을 내렸다. 사원祠院과 함께 신미년에 훼철毀撤되었다.

【壇廟】 社稷壇 自官門西距二里 厲祭壇自官門西距三里 龍栢祠自官門南距三里 諸葛武侯胡文正公諱安國忠簡公尹府使棨從享 顯廟十年賜額 安谷書院 自官門西距三十里 主位名賢松村朴先生諱世勳 配位道源齋文剛公朴先生諱世熹 追享忍齋洪先生諱暹 景廟八年賜額 祠院幷辛未年毁撤

33) 『경기읍지』 6 죽산부竹山府

【學校】 향교鄕校[부의 북쪽 동부면東部面에 있다. 관문官門에서 거리가 5리이다.]

【壇廟】 사직단社稷壇 · 성황단城隍壇 · 여단厲壇. 모두 비봉산飛鳳山 아래에 있다.

【學校】 鄕校[在府在府北東部面 自官門東距三里]

【壇廟】 社稷壇 城隍壇 厲壇 俱在飛鳳山下

【社稷壇】 [현의 서쪽에 있었다. 지금은 현의 동쪽에 있다.]

【文廟】 [향교鄕校에 있다. 5성五聖의 신위를 종사從祀한다[주자周子 · 정자程子 · 정자程子 · 주자朱子, 동방東方의 홍문후紅袚候 · 문창공文昌公 · 문성공文成公 · 문충공文忠公, 본조의 문헌공文獻公 · 문원공文元公 · 문경공文敬公 · 문정공文正公 · 문순공文純公 · 문성공文成公 · 문간공文簡公과 20위位를 아우른다.]

【城隍祠】 [현의 북쪽 1리에 있다.]

【厲壇】 [현의 북쪽에 있다.]

【鄕校】 [在縣東二里　舊校丙子兵亂一併焚蕩至於位版則校底居崔應守以下吏爲慮兵火亂出之初負而藏之淨處事之後草創数間還安位版縣令南斗極慨歎其草創鳩材陶瓦營始於順治甲申不免之畢而遞縣令李山齋繼至丁亥告成殷宇齋堂厨庫門戶僅得備構無東西廡一殿內分 壁以安從祀諸賢崔應守慕聖之心特異擧齋儒俱由官告轉報上司仍爲入啓復戶五結子孫賤役勿侵矣壬寅年間闕失其啓下文書 子孫尙多有之而不得受其復戶]

【社稷壇】 [在縣西今在縣東]

【文廟】 [在鄕校　五聖位從祀[周子程子程子朱子東方紅袚候文昌公文成公文忠公本朝文獻公文元公文敬公文正公文純公文成公文簡公并二十位]

【城隍祠】 [在縣北一里]

【厲壇】 [在縣北]

35) 『경기읍지』 6 음죽현陰竹縣

【學校】 향교鄕校. 관문官門에서 북쪽으로 2리 떨어져 있다.

【壇廟】 사직단社稷壇. 관문官門에서 서쪽으로 2리 떨어져 있다. 여제단厲祭壇. 관
문官門에서 북쪽으로 3리 떨어져 있다.

【學校】 鄕校 自官門北距二里

【壇廟】 社稷壇 自官門西距二里 厲祭壇 自官門北距三里

참고문헌

金海榮, 1994. 「朝鮮初期 祀典에 관한 硏究」, 韓國精神文化硏究院 博士學位論文.

김갑동, 1993. 「고려시대의 산악신앙」, 『진산한기두박사화갑기념 한국종교사상의 재조명. 상』.

김갑동, 1991. 「고려시대의 성황신앙과 지방통치」, 『한국사연구』74.

김동욱, 1983. 「신라의 祭典」, 『신라민속의 신연구』(신라문화제학술발표회논문집 4).

김상범, 2005. 『당대 국가권력과 민간신앙』, 신서원.

김영진, 1985. 『한국자연신앙연구』, 민속원.

김철웅, 2000. 『고려시대잡사연구』, 고려대학교박사학위논문.

김철웅, 2001. 「고려시대의 산천제」, 『한국중세사연구』11.

김철웅, 2007. 『한국 중세의 길례와 잡사』, 경인문화사.

김태영, 1973. 「조선초기 사전의 성립에 대하여」, 『역사학보』58.

김해영, 1994. 「상정고금례와 고려조의 사전」, 『국사관논총』55.

김효경, 1997. 「한국 마을신앙의 인물신 연구」, 충남대학교석사학위논문.

문경현, 1992. 「신라의 산악숭배와 산신」, 『신라사상의 재조명』(신라문화제학술발표회논문집12).

박정숙, 2007. 「南朝樂府 '神弦歌'와 城隍神仰」, 『동양학』41.

박호원, 1995. 「고려의 산신신앙」, 『민속학연구』2.

박호원, 1997. 「한국공동체 신앙의 역사적 연구」, 한국정신문화연구원 박사학위논문.

박호원, 1998. 「朝鮮 城隍祭의 祀典化와 民俗」, 『성황당과 성황제』, 민속원.

반영환, 1991. 『한국의 성곽』, 대원사.

서영대, 1994. 「민속종교」, 『한국사』16.

서영대, 2001. 「한국과 중국의 성황신앙 비교」, 『중국사연구』12.

이기백, 1974. 『신라정치사회사연구』, 일조각.

이욱, 1998. 「조선전기의 산천제」, 『종교학연구』 17.

이욱, 2000. 「조선시대 국가사전과 영험성의 수용–기우제차의 정비를 중심으로」, 『종교와 문화』6.

최종성, 1998, 「국행 무당 기우제의 역사적 연구」, 『진단학보』86.

이욱, 2000, 「조선전기 국가기우제와 산천」, 『Journal Korean Culture』1.

이윤석, 2002, 「명청시대 강남의 문묘와 성황묘」, 『명청사학회』17.

仁井田陞, 1933, 『唐令拾遺』, 東京大學校出版會.

정승모, 1991, 「성황사의 민간화와 향촌사회의 변동」, 『태동고전연구』7.

池田末利, 1981, 「蜡・臘考–古代中國の農耕祭祀」, 『中國古代宗敎史硏究–制度と思想』, 東海大學出版會.

채미하, 2018, 『한국고대국가제의와 정치』, 혜안.

채미하, 2016, 「문헌에 나타난 삼각산의 산신과 기우제」, 『북한산성 연구논문집』, 경기학연구센터.

채미하, 2009, 「신라의 城제사와 그 의미」, 『역사민속학』30.

채미하, 2005, 「청해진의 사전편제와 해양신앙」, 『진단학보』99.

채미하, 2007, 「신라의 명산대천의 사전 편제 이유와 특징」, 『민속학연구』20.

채미하, 2008, 「신라의 사해와 사독」, 『역사민속학』26.

채미하, 2008, 『신라 국가제사와 왕권』, 혜안.

최갑순, 1997, 「중국의 성황신앙」, 『외대사학』7.

최종석, 2004, 「라말려초 성주・장군의 정치적 위상과 성」, 『한국사론』50.

최종석, 2005, 「조선초기 성황사의 입지와 치소」, 『동방학지』131.

최종석, 2006, 「고려 전기 축성의 특징과 치소성의 형성」, 『진단학보』102.

최종석, 2007, 「고려시대 '治所城' 연구」, 서울대학교박사학위논문.

최종석, 2008, 「조선시기 성황사 입지를 둘러싼 양상과 그 배경」, 『한국사연구』143.

최종석, 2009, 「조선 전시 음사적 성황제의 양상과 그 성격」, 『역사학보』204 .

한형주, 2001, 「조선초기 국가제례 연구」, 고려대학교박사학위논문.

한형주, 2002, 『조선초기국가제례연구』, 일조각.

색인

경기그레이트북스 **09**

경기도 제사유적

초판 1쇄 발행 2018년 10월 20일

발 행 처 경기문화재단
          (16488 경기도 수원시 팔달구 인계로 178)
기   획 경기문화재연구원 경기학연구센터
집   필 채미하
편   집 청명전산 (전화 031-298-7712)
인   쇄 청명전산

ISBN 979-11-965096-5-1 04900
         979-11-965096-7-5 (세트)